普通高等教育"十二五"规划教材

民航服务心理学

Psychology in Aviation Service

陈 杰 编著

国防工业出版社

·北京·

内容简介

本书系统阐述民航旅客和民航服务人员及其在相互交往过程中的心理现象和规律。全书以提升民航服务质量为宗旨,以心理学基本理论为切入点,以心理学基本理论在民航服务领域的运用为落脚点。全书内容分七章,详细阐述了民航服务心理学的基本概念,民航服务中的自我意识与知觉,情绪管理,人格差异,态度,人际关系与沟通,群体关系与社会影响等内容。

本书可作为高等院校空中乘务、民航商务、航空经营管理等专业教学用书,也可供相关专业选用和民航服务人员等读者阅读参考。

图书在版编目(CIP)数据

民航服务心理学/陈杰编著. —北京:国防工业出版社,2014.8(2017.5 重印)
普通高等教育“十二五”规划教材
ISBN 978-7-118-09560-9

Ⅰ.①民... Ⅱ.①陈... Ⅲ.①民用航空-旅客运输-商业心理学-高等学校-教材 Ⅳ.①F560.9

中国版本图书馆 CIP 数据核字(2014)第 163300 号

※

国防工業出版社 出版发行
(北京市海淀区紫竹院南路 23 号 邮政编码 100048)
三河市众誉天成印务有限公司印刷
新华书店经售

*

开本 787×1092 1/16 **印张** 11¼ **字数** 272 千字
2017 年 5 月第 1 版第 4 次印刷 **印数** 10001—14000 册 **定价** 30.00 元

(本书如有印装错误,我社负责调换)

国防书店:(010)88540777 发行邮购:(010)88540776
发行传真:(010)88540755 发行业务:(010)88540717

前　言

近年来,随着我国经济的快速发展,民航业在国民经济社会中的战略地位和作用日益凸显,政府越来越重视发展民航业,并将民航业作为加快转变经济发展方式、调整经济结构的重要途径以及发展现代服务业和新兴产业的重要平台。

根据民航强国发展战略目标,21 世纪前二十年是我国民航发展的重要时期。中国既是全球最大的旅游目的地国家,也是全球增长最快的旅游输出国。未来一段时间内,不仅国内的旅客快速增长,而且将有越来越多的国际旅客乘坐飞机进出中国各大机场,航空运输业务量也将大幅度增加;机遇与挑战并存,伴随铁路提速而带来国内运输市场格局所发生的重大变化,交通运输业的竞争也日益激烈。为适应新情况和新变化,民航企业应与时俱进,不断针对民航旅客心理需求,完善服务体系,提升服务质量,以满足和适应不同层次、不同目标的市场需求。

为满足高校培养民航企业高素质应用型人才的需要,作者编写了《民航服务心理学》一书,本书力图运用普通心理学、社会心理学、组织行为学、消费心理学等相关学科的一般理论,在民航服务领域内系统研究民航旅客与民航服务人员心理活动现象及其规律,着重介绍结合民航旅客心理特点的服务方式与技巧。

本书在写作过程中,作者力求广泛借鉴国内外有关最新研究成果。在对相关理论进行全面介绍的同时,注重理论和实践相结合。在每章内容中列举了大量实例进行说明,使全书知识性和实用性融为一体,便于读者理解和运用。

本书由陈杰撰写提纲,并进行修改,由索乃颖撰写第一章、第六章,葛一丹撰写第二章 ~ 第四章,陈爱萍撰写第五章、第七章,期间得到了国防工业出版社的大力支持和帮助,在此表示衷心感谢。

由于本人学识所限,书中难免有错误和疏漏,敬望同行不吝赐教,欢迎读者批评指正。

编　者

2014 年 5 月

目　录

第一章 民航服务心理学概论

第一节 民航服务概述

一、服务

（一）服务的概念

《现代汉语词典（第六版）》对“服”和“务”分别有以下解释：“服”，即是担任（职务）；承当（义务或刑罚）；承认；服从；信服。“务”，即是事情；从事；致力。“服务”就是为集体（或别人）的利益或为某种事业而工作。国内有文献将“服务”界定为：为他人利益或为某种事业而工作，以满足他人需求的价值双赢活动。①

在英语中，“服务”一词对应的是 service，其基本含义是：为他人做有益的事情。国外有文献将其定义为：借助一定资源，以无形的方式发生在顾客和职员之间，满足顾客需求和解决顾客问题的一种或一系列行为。②

综上所述，我们将“服务”界定为：通过某一种或一系列工作，为他人提供所需要帮助，以满足其需求或其目标。

服务从传统意义上来说，被理解为一种无私的奉献行为，但随着社会的发展和进步，人们对服务的理解不断深入，开始意识到服务也是一种可以创造价值的行为，并且可以通过交换的手段使得他人得到满足，将服务看做是一种可以交易的“商品”。所谓“服务业”即是为人提供“服务”这种特殊商品，使其获得满足和方便的行业。这种“商品”有其独特的表现形式，具有功能服务和心理服务的双重内涵。

从产业发展的角度看，通常将服务业划分为传统服务业和现代服务业：传统服务业是与人们生活息息相关，为改善生活质量提供的服务，如交通运输、餐饮住宿、文体娱乐等；现代服务

---

① 向莉，岳继勇. 民航服务心理. 北京：科学出版社，2013.

② 向莉，周科慧. 民航服务心理学. 北京：国防工业出版社，2013.

业是伴随着新技术的应用和发展产生的新型服务行业，如计算机和软件服务、现代通信技术服务、电子商务等。

从产业性质的角度看，将服务划分为生产性服务和生活性服务：生产性服务是为生产、商务活动提供的服务，包括物流、金融、信息、商务等服务；生活性服务是为改善和充实人们生活提供的服务，包括餐饮娱乐、社区服务、房地产等服务。

从产业内容的角度看，可以将服务划分为流通服务、生产生活服务、精神和素质服务及公共服务四个大类：流通服务包括销售、物流、邮政、通信等服务；生产生活服务包括金融、地产、咨询、餐饮娱乐、旅游等服务；精神和素质服务包括教育、文体、宗教、新闻、图书、医疗等服务；公共服务包括是指政府机构提供的如市政、基础设施、权利保护等服务。

由以上几种分类可以看出，服务作为一种特殊的商品，其中的一些可能伴随产品存在，如某些产品销售提供的售后维修等；另一些则可能不伴随产品而独立存在，如航空、旅游等行业，本身服务的过程就构成了商品交易的过程。需要强调的是，服务类型的划分并没有明确的界限，在一定程度上存在着相互交叉、相互重合和相互联系。

（二）服务的本质

服务的本质，简而见之，就是要通过商品交换过程，满足客户的特定需求，创造交换价值，使客户满意程度最大化。

为实现客户满意程度最大化，需要提供最优质的服务，以满足客户需求。服务的质量可以根据提供服务的目的，从低到高可以分为五个不同的层次：

（1）用利服务。用利服务即为了获得短期的利润而提供服务。企业为了“赚钱”提供急功近利的服务，把利润当做提供服务的唯一目的，这种服务是质量最差、层次最低的服务。提供此种服务的机构往往无法做强做大，虽然短期内获得了少量的利润，但是无法持续和长久。

（2）用力服务。用力服务即为完成工作要求而提供服务。企业员工为了“规定”提供规章制度所要求的服务，把完成任务当做提供服务的唯一目的，这种服务质量较差、层次较低，提供此种服务的员工无法给顾客带来好的体验，不考虑顾客个性化的需求，虽然完成制度规定是对员工的基本要求，但是仅仅做到制度的规定是远远不够的，离真正的优质服务还有很远的距离。

（3）用心服务。用心服务即为了顾客舒心而提供服务。企业员工将服务当做自己热爱的事业，将服务每一位顾客、满足他们的需求作为服务的唯一目的，这种服务质量较好、层次较高，提供此种服务的机构和员工在为顾客提供舒心服务的同时，实现了企业效益的最大化。能够提供用心服务是对服务类企业最基本的要求。

（4）用情服务。用情服务即为了顾客满意而提供细致入微的服务。企业员工提供服务的同时付出真心，提供让消费者或顾客满意甚至超出其要求的服务，此种服务质量好、层次高，提供此种服务的企业和员工往往可以让顾客出乎意料的满意，使顾客忠诚于该公司的服务，旅客会再次愿意与公司合作或介绍给他人。

（5）用智服务。用智服务即用智慧为顾客提供服务。企业和员工用文化、艺术和智慧等为顾客提供超乎其想象的服务，是最高层面的服务，也被称为“传奇的服务”。这种服务质量最好、层次最高，提供此种服务的机构往往可以换来顾客的高度忠诚和广泛认可，在竞争中处于不败之地。

以上五个层面的服务中，“用心服务”是对服务业企业和员工的基准要求，“用智服务”则是服务业企业的最高追求。高层次的服务往往包含有低层次的目标，如在"用智服务"过程中，用心、用情也是很有必要的。无论哪一层次的服务，都必须满足顾客的特定需求，致力于践行服务本质。

（三）服务的特征

服务作为商品的一种特定存在形态，与其他商品相比，具有其特殊性，其特征表现为：

（1）差异性。由于顾客性格、需求、情绪、价值观不同，服务必须围绕顾客的不同需求展开，因此服务内容和形式都应有所差异，应体现尊重顾客的特性。顾客在服务这一商品交换过程中扮演参与者，公司提供的服务因顾客的不同而表现得有所差异。提供服务的公司、企业、机构和员工不同，也会体现出服务理念、内容和方式的差异。同一规格、同一层面的服务对于一位顾客来讲是优质、满意的，而对于另一位顾客来讲却有可能是不满意甚至是不合格的。同时，对于服务的提供者来讲，不同的人员或公司提供的服务也有所不同。可以说，供求双方都会体现服务的差异性特征。服务的差异性特征决定了因人而异提供个性化服务是非常重要的。

（2）同时性。服务的提供和接受是同时发生、同时发展、同时结束的。这就意味着服务的供求双方在同一时间提供和享受服务，无论是文体、娱乐，还是其他形式的服务，服务的提供者和接受者往往在同一时间段内完成服务这一特殊商品的交换。

（3）无形性。服务无法提前预知、提前展示。虽然可以对服务内容进行宣传和规定，但是在提供服务之前，服务对象往往是无法预料到其整体效果的。如在乘坐飞机之前，无法预知旅客是怎样的性格，需要为每位乘客提供怎样的服务；在一次音乐会之前，无法预知一位歌手唱得怎样，现场效果如何；即便是餐饮行业中菜肴、酒水等有形商品，虽然可能已经知晓某家餐厅菜肴味道、餐厅服务态度大致状况，但对真正为其提供服务的厨师和服务员服务的水平，仍是无法预知的。

（4）灵活性。需求的不断变化要求服务必须针对顾客需要，提供准确、及时、周到的服务，因此作为服务人员，应当广泛涉猎、充分了解服务对象心理状态，根据其情绪、性格、习惯、风俗等不同特征，采取不同服务方式。在服务过程中也会遇到各种各样的突发状况，在发生突发状况的时候，必要的采取灵活的措施才能使服务更加完备。

（5）不可逆性。服务过程具有不可逆性，一次周到的服务有可能会使顾客非常满意，愿意介绍更多的顾客，而一次失败的服务有可能会导致顾客无法挽回的损失，并损害公司的形象。因此作为服务行业的从业人员，应当做好充足的准备，尽力让服务过程完美无憾。

二、民航服务

（一）民航服务的概念

民航服务，就是指民航服务业从业人员根据民航服务的内容、规范和要求，以民航旅客需求为中心而提供的服务。对于顾客而言，服务是消费项目之一；对于航空公司而言，服务则是其提供的无形产品之一。

（二）民航服务的本质及特征

民航服务，其本质就是通过民航服务人员的优质服务，满足旅客的旅途需求，创造交换价值,能使民航旅客的满意程度最大化。

民航服务具有服务业的共有特征,而由于民航业本身的特殊性,决定了其自身也有一些除共有特征之外的鲜明特征,主要体现在以下方面:

(1) 服务的首要内容是安全。民航服务中最重要的内容之一就是保证将旅客安全地送达目的地,因此,在服务过程中,安全是首要任务,在尊重乘客地前提下,不能以牺牲他人或旅客本人的安全作为代价,在此基础上才能保证服务的质量。

(2) 服务的时间和空间有限。民航服务大多集中在飞行过程中,在飞机客舱这一特殊的时空内,面积狭小、人员众多,甚至某些旅客会紧张、害怕。因此,服务要在高压力、小空间、人员密集的环境中进行。正是基于这一原因,旅客对民航服务质量有更高要求。

(3) 服务的个性化特征明显。航空旅客国籍不同、民族不同、职业不同、年龄不同,有着各自不同的性格和个性。民航服务个性化特征十分明显。就我国来说,北方和南方饮食习惯不同,飞机上的配餐供应要充分注重饮食习惯的南北差异;患病乘客、残疾乘客、商旅乘客等需求各有不同,因此对服务也提出了更为个性化的要求。国际航班需要提供针对不同国家旅客的多样化服务,更要注意尊重旅客的不同习惯,满足旅客的不同需求。

(4) 对服务人员的素质要求高。飞行中突发事件和紧急情况随时有可能发生。从事民航服务的人员要做到处变不惊、沉着应对,在承受巨大心理压力的同时,调整和平复乘客情绪,冷静而积极地处理突发情况。

(三) 对民航服务人员的基本要求

由于民航服务的特殊性,对民航服务人员也有许多与其他服务行业不同的要求,民航从业者要有良好的外在形象、优秀的心理素质、深厚的文化涵养、良好的团队协作精神、强烈的服务意识、丰富的专业知识和稳定的态度与情绪。这些是对民航从业者的基本要求。

(1) 外在形象良好。良好的外在形象不仅指美丽、光鲜的外表,还包括良好的仪容仪表、平稳的情绪状态和优雅的气质。心理学的研究证明,由于“首因效应”的作用,民航工作人员良好的外在形象会增加旅客对服务人员的亲切感,较好的“第一印象”会使旅客信任、支持服务人员,从而使旅客愿意配合服务人员的工作,拉近旅客与服务人员的心理距离,缓解旅客过高的心理压力。

(2) 心理素质优秀。良好的心理素质能够使民航服务人员在出现突发事件情况下有效应对、及时处置问题。作为民航服务人员,所承受的心理压力要远远大于其他服务行业,当面对危险、挫折、打击和不公平待遇时要能保持情绪稳定,积极调节自身情绪,把握行为准则,自始至终为旅客提供优质的服务。

(3) 文化修养深厚。“文化”泛指人文文化与科技文化。“修养”指人的综合素质。所谓“修”,就是吸取、学习,为的是打下知识体系的基础。所谓“养”,是在“修”得的知识基础之上的提炼、批判、反思乃至升华。文化修养就是指了解、研究、分析、掌握人文文化和科技文化,能独立思考、剖析、并不断提升自己世界观、价值观的能力。民航服务人员的良好文化修养,既有利于自身形象气质的提升,又有助于心理素质的完善。

(4) 团队协助良好。团队精神是大局意识、协作精神和服务精神的集中体现。其核心是协同合作,最高境界是全体成员的向心力、凝聚力,反映的是个体利益和整体利益的统一,并以此保障组织的高效率运转。良好的团队精神,可以使民航服务人员齐心协力、协调配合、互相帮助、发挥主观能动性,自觉维护良好服务形象,发挥最大合力,圆满完成服务任务。

（5）服务意识强烈。服务意识是指全体服务人员在与一切企业利益相关的人或企业的交往中所体现出的其提供热情、周到、主动服务的欲望和意识，即自觉主动地做好服务工作的观念和愿望，是服务人员的一种本能和习惯。强烈的服务意识可以帮助民航服务人员具备提前服务的意识，给旅客带来满意甚至惊喜的服务，服务意识与服务技巧相互配合，提供最优化的服务。

（6）专业知识丰富。民航服务人员的专业知识涉及售票、安检、值机、问询、引导、乘务、配载、托运、应急处置、撤离逃生等主要内容，民航服务人员应参加相应的专业知识培训，为旅客提供高效、精准、专业性强的系列服务。

案例阅读

民航乘务员国家职业标准①

1. 职业概况

1.1 职业名称 民航乘务员。

1.2 职业定义 根据空中服务程序、规范以及客舱安全管理规则在飞机客舱内为旅客服务的人员。

1.3 职业等级 本职业共设四个等级，分别为：五级民航乘务员（国家职业资格五级）、四级民航乘务员（国家职业资格四级）、三级民航乘务员（国家职业资格三级）、二级民航乘务员（国家职业资格二级）。

1.4 职业环境 飞机客舱内、常温、高空。

1.5 职业能力特征

具有较强的表达能力和观察、分析、判断能力；具有一定的空间感和形体知觉、嗅觉；手指、手臂灵活，动作协调；身体无残疾，无重听，无口吃，无色盲、色弱，矫正视力在5.0以上；男性身高在1.74m以上，女性身高在1.64m以上；无犯罪和不良记录。

1.6 基本文化程度 高中毕业（或同等学历）。

1.7 培训要求

1.7.1 培训期限

全日制职业学校教育，根据其培养目标和教学计划确定。晋级培训期限：五级民航乘务员不少于300标准学时；四级民航乘务员不少于80标准学时；三级民航乘务员不少于80标准学时；二级民航乘务员不少于100标准学时。

1.7.2 培训教师

培训五级民航乘务员的教师应具有本职业三级及以上职业资格证书或相关专业中级及以上专业技术职务任职资格；培训四级民航乘务员的教师应具有本职业三级及以上职业资格证书或相关专业中级及以上专业技术职务任职资格；培训三级民航乘务员的教师应具有本职业二级职业资格证书（或三级职业资格证书3年以上）或相关专业高级专业技术职务任职资格；培训二级民航乘务员的教师应具有本职业二级职业资格证书3年以上或相关专业高级专业技术职务任职资格。

① 百度文库，http://wenku.baidu.com/view/805f9d6b011ca300a6c39074.html.

1.7.3 培训场地设备

应具有满足教学需要的培训教室、教学辅助设备;技能操作训练还应具备乘务训练模拟客舱、客舱应急设备,应急生存训练器材,舱门训练器,以及客舱服务用具和用品等。

1.8 鉴定要求

1.8.1 适用对象 从事或准备从事本职业的人员。

1.8.2 申报条件

——五级民航乘务员(具备以下条件之一者)

(1) 经本职业五级正规培训达规定标准学时数,并取得《客舱乘务员训练合格证》。

(2) 在本职业连续见习工作1年(含)以上。

——四级民航乘务员(具备以下条件之一者)

(1) 取得本职业五级职业资格证书后,连续从事本职业工作2年以上,经本职业四级正规培训达规定标准学时数,并取得结业证书。

(2) 取得本职业五级职业资格证书后,连续从事本职业工作4年以上。

(3) 连续从事本职业工作6年以上。

(4) 中专(含)以上本专业及大专(含)以上非本专业毕业生,连续从事本职业工作2年以上,经本职业四级正规培训达规定标准学时数,并取得培训合格证书。

——三级民航乘务员(具备以下条件之一者)

(1) 取得本职业四级职业资格证书后,连续从事本职业工作3年以上,经本职业三级正规培训达规定标准学时数,并取得结业证书。

(2) 取得本职业四级职业资格证书后,连续从事本职业工作5年以上。

(3) 连续从事本职业工作10年以上。

(4) 大专(含)以上本专业毕业生,连续从事本职业工作5年以上,经本职业三级正规培训达规定标准学时数,并取得培训合格证书。

——二级民航乘务员(具备以下条件之一者)

(1) 取得本职业三级职业资格证书后,在重型宽体客机上担任带班乘务长5年以上,经本职业二级民航乘务员正规培训达规定标准学时数,并取得结业证书。

(2) 取得本职业三级职业资格证书后,连续从事本职业工作9年以上。

(3) 取得本职业三级职业资格证书后,连续从事本职业工作7年以上,经本职业二级民航乘务员正规培训达规定标准学时数,并取得结业证书。

1.8.3 鉴定方式

分为理论知识考试和技能操作考核。理论知识考试采用闭卷笔试方式,技能操作考核采用模拟现场操作和口试等方式。理论知识考试和技能操作考核均实行百分制,成绩皆达到60分及以上者为合格。各级民航乘务员技能操作考核分为3~4个鉴定模块,每个模块的考核成绩均达到本模块分值的60%(含)以上为合格。

二级民航乘务员还须进行综合评审。

1.8.4 考评人员与考生配比 理论知识考试考评人员与考生配比为1∶15,每个标准教室不少于2名考评人员;技能操作考核考评员与考生配比为1∶3,且不少于5名考评员;综合评审委员不少于5人。

1.8.5 鉴定时间

理论知识考试时间为90分钟;技能操作考核时间不少于40分钟;综合评审时间不少于

30分钟。

1.8.6　鉴定场所设备

理论知识考试在标准教室进行；技能操作考核在乘务模拟舱中进行。

2. 基本要求

2.1　职业道德

2.1.1　职业道德基本知识

2.1.2　职业守则

(1) 遵纪守法，诚实守信。

(2) 爱岗敬业，忠于职守。

(3) 保证安全，优质服务。

(4) 钻研业务，提高技能。

(5) 团结友爱，协作配合。

2.2　基础知识

2.2.1　民用航空及主要航空公司概况

(1) 中国民用航空概况。

(2) 中国主要航空公司概况。

(3) 国际民航组织概况。

(4) 国际航空运输概况。

2.2.2　地理知识

(1) 中国地理一般知识。

(2) 中国各省、自治区、直辖市、特别行政区简介。

(3) 世界地理一般知识。

(4) 世界部分国家、城市简介。

2.2.3　航行一般知识

(1) 航线知识。

(2) 航空机械。

(3) 航空气象。

(4) 航空卫生。

2.2.4　宗教礼俗

(1) 基督教。

(2) 佛教。

(3) 伊斯兰教。

(4) 犹太教。

2.2.5　各地礼俗

(1) 中国少数民族的风俗习惯。

(2) 部分国家的风俗习惯。

(3) 部分国家和地区的饮食习惯。

(4) 部分国家的国花、国鸟和国树。

(5) 重要节日。

2.2.6　礼仪知识

(1) 仪容。
(2) 仪表。
(3) 仪态。
(4) 礼貌。
(5) 礼节。
2.2.7　航空旅客心理常识
(1) 航空乘客心理研究的意义。
(2) 马斯洛需求层次理论。
(3) 心理服务的要素。
(4) 乘务员心理品质的培养。
2.2.8　机组资源管理
(1) 人为因素概述。
(2) 机组资源管理概述。
(3) 差错管理及预防对策。
2.2.9　航空运输常识
(1) 旅客交运行李及手提物品规定。
(2) 航班不正常情况的一般规定。
(3) 客票使用的一般规定。
(4) 订座的一般规定。
(5) 退票的一般规定。
2.2.10　相关法律法规
(1)《中华人民共和国民用航空法》相关知识。
(2)《中华人民共和国安全生产法》相关知识。
(3)《中华人民共和国劳动法》相关知识。
(4)《中华人民共和国合同法》相关知识。
(5)《中华人民共和国治安管理处罚法》相关知识。
2.2.11　常用术语
(1) 民航乘务员专业术语。
(2) 民航乘务专业英文代码的含义。
(3) 民航乘务专业常用词汇中英文对照。

复习题

1. 什么是服务？服务的本质是什么？
2. 如何实现客户满意程度最大化？
3. 服务的特征有哪些？
4. 什么是民航服务？民航服务的本质是什么？
5. 民航服务的特征有哪些？
6. 民航服务人员的基本要求是什么？

第二节　心理学概述

一、心理学的研究对象

（一）心理学的概念

心理学是研究人的行为和心理活动规律的科学，是一门兼有自然科学和社会科学性质的边缘学科。它既是一门理论学科，也是一门应用学科。心理学主要包括理论心理学与应用心理学两大领域。理论心理学也称为体系心理学，主要研究心理学的基本理论和基本原理，通过揭示外在的心理现象之间和心理现象与现实之间相互联系的规律，解释、预测并有意识地支配人的行为和心理活动。应用心理学主要研究心理学基本原理和基本理论在实际领域的应用。民航服务心理学就属于应用心理学的一个研究分支。

（二）心理学的研究对象

心理学通常把人的心理现象划分为既相互联系又相互区别的两个主要部分，即心理过程和人格。这两个部分就是心理学的主要研究对象。

1. 心理过程

心理过程指在一定时间和环境中发生、发展的心理活动过程，心理学家根据心理过程能动反映客观事物之间关系的角度不同，将心理过程分为认知过程、情绪情感过程和意志过程。

1）认知过程

认知过程指人们认识客观事物或对信息进行加工处理的过程，是人们由表及里、由现象到本质地反映客观事物的性质与内在联系的心理活动。认知过程主要包括感觉、知觉、记忆、思维和想象等。

感觉，是指人们接受外界传来或发自体内组织和器官刺激的特性，是人脑对直接作用于感觉器官的客观事物个别属性的反映。

知觉，指一系列组织并解释外界客体和事件所产生的感觉信息的加工过程。它与感觉的区别在于：对客观事物的个别属性的认识是感觉，对同一事物的各种感觉的结合或整体的认识就形成了对这一事物的知觉。

记忆可以分为广义的记忆和狭义的记忆。广义的记忆指大自然的记忆和生命体力活动的记忆；狭义的记忆单指人类大脑的记忆。在心理学中，所谓的记忆是人类心智活动的一种，特指狭义记忆，指的是一个人对过去活动、感受、经验的印象累积。在记忆形成的步骤中，将信息处理方式分为三个基本步骤：第一为译码，即获得信息并加以处理和组合；第二为储存，即将组合整理过的信息做永久记录；第三为检索，指将被储存的信息取出，回应一些暗示和事件。

思维和记忆一样，也有广义和狭义之分。广义的思维指人脑对客观现实概括的和间接的反映，它反映的是事物的本质和事物间规律性的联系，主要包括逻辑思维和形象思维。狭义的思维主要是指逻辑思维。通常心理学意义上的思维专指逻辑思维。在心理学研究中，思维是主体对信息进行的能动操作，是一个复杂的心理过程，主要包括采集（搜集）、传递、存储、提取、删除、对比、筛选、判别（判断）、排列、分类、变相、转形、整合、表达等步骤。

想象，是指人脑对已储存的表象进行加工改造而形成新形象的过程，是人们将过去经验中已形成的一些暂时联系进行新的结合。它是人类特有的对客观世界的一种反映形式。想象与思维有着密切的联系,都属于高级认知过程,都产生于问题情景,都由个体需求所推动,并且都能够预见未来。根据是否有预定目的,想象可分为无意想象和有意想象,有意想象又分为再造想象(根据别人的描述或图样,在头脑中形成新形象的过程)、创造想象(不根据现成的描述,而在大脑中独立地产生新形象的过程)、理想(符合事物发展规律、并可能实现的想象)与空想(不以客观规律为依据甚至违背事物发展的客观进程,不可能实现的想象)。想象能使人超越个人狭隘的经验范围和时空限制,获得更多的知识,使人们更好地理解抽象的知识,使之变得具体、生动、易于掌握。积极的想象是创造力实现的必要条件,是科学预见的一部分,是激励人们创造的重要精神力量,是个人和社会存在与发展的精神支柱。无意想象是指在一定刺激作用下没有预定目的,自然而然地产生的想象,如做梦、幻觉等。

2. 情绪情感过程

情绪情感过程指人脑对客观事物是否满足自身物质和精神需要而产生的态度体验,是人对客观事物要求的反映,具体的情绪情感包括喜、怒、哀、乐、爱、憎、惧等。情绪和情感虽然属于同一类心理过程,但是它们彼此间有一定的区别。情绪主要是与机体的生理需要发生联系的体验,而情感主要是与人的社会性需要发生联系的体验;情绪具有情境性,而情感具有相对的稳定性和持久性;情绪具有明显的外部表现,而情感表现相对复杂而高级。随着人的成长,情绪情感的发展遵循一定的规律,并在每一阶段表现出鲜明的特色。

3. 意志过程

意志过程指人自觉确定目的,通过克服内部和外部困难,力求实现预定目标的心理过程。它与其他心理过程有着千丝万缕的联系。意志的产生以认识过程为基础,并对认识过程起支配和调节作用。积极的情绪和情感可成为意志行动的动力。

意志过程包括采取决定和执行决定两个阶段:采取决定是意志行动的准备阶段,在这一阶段里,经过多种方案的比较、竞争和选择,最终确立意志行动的方向、行动部署和结果;执行决定是意志行动的进行和完成阶段,在这一阶段里,意志由内部意识向外部行动转化,程式化的概念、计划、部署转化为实际行动,人的主观目的转化为客观结果。①

(三) 人格

"人格"的英文原词是"personality",从拉丁文 persona 演变而来,本意是"面具",用来表明戏剧中的人物身份或性格特征。人格的概念是心理学、教育学、哲学、社会学、法学、管理学、文化学、人类学、文艺学等多个学科探讨和广泛使用的概念。总的来说,人格是人在社会化过程中,由遗传特性与环境交互作用而形成的稳定的、带有个人倾向性的身心组织系统。人格主要有四个特性:内在性(人格是内在结构和组织)、个体性(人格是每个人不同于别人的特色)、持久性(人格是个体特点的持久统一)和相互性(人格是社会化过程中环境与个人的相互统一),其内涵主要表现在心理动力和心理特征两个方面。

1. 心理动力

心理动力是指人对客观事物的态度以及对活动对象的选择与趋向,是人从事活动的指向性与基本动力,主要包括需求、动机、兴趣、价值观、人生观和世界观等。

---

① 意志与行为. 心身疾病预防与心理调节精品课程(在线). 陕西师范大学,http://xinli. snnu. edu. cn/Article/index. asp.

2. 心理特征

心理特征是人在认知过程、情绪情感过程和意志过程中形成的稳定而经常表现出来的心理特点，是个体多种心理特点的独特结合，集中反映了一个人的心理面貌的独特性、个别性，主要包括能力、气质和性格。

二、心理学的学科门类

心理学根据研究对象、研究重点和研究角度的不同，主要分为四大心理学门类。

（一）普通心理学

普通心理学是研究正常成人的心理过程和个性心理特征的一般规律的学科，是心理学最基本、最重要的基础学科。普通心理学主要研究心理过程的发生发展和个性心理特征形成的最一般的理论和规律，建立心理学研究的最一般方法论原则和具体方法，研究对象既包括过去研究中已经定论的、为科学实践所证实并为科学家所公认的理论和规律，也包括虽不一定为大家所公认，但却有重大影响的学派的理论和学说，还包括处于科学发展前沿的新成果和新发现。普通心理学以正常成人的心理活动为研究对象，从整体上看，正常成人的心理活动达到心理发展的高级水平，体现出典型人类心理活动的特征。普通心理学之所以称为“普通”，是因为它并不研究人的某一年龄阶段或某一特定社会生活顿域中的心理现象的特殊规律，而是研究整个人类的所有的心理现象及一般规律，例如有关感受性的测量和各种感知觉的机制，学习与记忆的形式和过程，思维的各种操作，言语的知觉和理解，能力的测量和人格的结构等。这些研究所得到的结果具有一定的普遍意义，在一定程度上能适用于人的不同年龄和不同的活动领域。可以说，普通心理学主要是通过对正常成人的心理活动的研究来揭示心理现象的一般规律的。

在普通心理学的研究领域内，按照心理活动的基本过程和个性心理特征，还可分为感觉（视觉、听觉、触摸觉、运动觉、嗅味觉等）心理学、知觉心理学、记忆心理学、注意心理学、思维心理学、言语心理学、情绪心理学、动机心理学、智能心理学、气质心理学、人格心理学等分支基础科学。

（二）生理心理学

生理心理学是探讨心理活动的生理基础、脑的机制及其与行为关系的学科。它的研究包括脑与行为的演化；脑的解剖与发展及其和行为的关系；认知、运动控制、动机行为、情绪和精神障碍等心理现象；行为的神经过程和神经机制等。生理心理学从人脑的生理结构出发，从解剖学、生理学的研究发现大脑机能定位，到心理活动的脑物质变化的生化研究，再到脑电波、脑成像技术的应用。生理心理学在现代脑科学研究成果和现代技术方法的基础上，揭示各种心理现象在脑的解剖部位及脑功能上发生的规律，涵盖神经心理学、心理生物学、动物心理学等分支学科。

随着心理科学、生物学、神经科学和新技术的发展，生理心理学超越了传统生理心理学的视野和方法，越来越明显地表现出自身多学科交叉的发展特点和趋势。科学家们延伸并重新命名了这个领域，因此生理心理学也称为生物心理学（Biopsychology）、行为神经科学（Behavioral Neuroscience）、行为脑科学（Behavioraland Brain Sciences）等。这一学科的发展促进了将行为水平的研究方法渗透到神经生物学微观领域，同时将神经生物学研究方法渗透到心理学领域，从多学科、多方面、多角度、多层次对心理行为现象展开研究。

（三）社会心理学

社会心理学主要是研究个体在特定社会、群体条件下，心理、动机、人际关系发生、发展及其规律的学科，是心理学和社会学的一门综合边缘学科，主要包括民族心理学、家庭心理学等分支学科。

社会心理学着重探讨个体社会化的条件和规律、个体的社会动机与态度的形成、人际关系和群体心理的形成与影响等方面的一般规律。其基本特点在于研究具体社会情境对于心理和行为的影响。因理论观点侧重点不同分为不同的研究方向，即社会学方向的社会心理学和心理学方向的社会心理学。

（四）变态心理学

变态心理学又称病理心理学，它用心理学原理和方法研究人的心理与行为的异常，包括认知活动，情感活动，动机和意志行为活动，智力和人格特征等方面的异常心理的表现形式、发生原因和机制及其发展规律，探讨鉴别评定的方法及矫治与预防的措施，是研究和揭示心理异常现象的发生、发展和变化规律的一门科学。

变态心理学是医学心理学中的一个重要分支，它与医学心理学的其他分支交叉渗透，互为补充。人们通常将在群体中出现频率高的心理现象称为常态，反之则称为变态。变态心理学对变态心理发生的原因和机制有多种途径的探索，试图解释各种病态心理或行为的变态心理模式，即根据统计结果区分病态和常态，研究变态心理和常态心理之间存在连续的量的改变。变态心理学通常用于智力障碍、精神障碍或犯罪心理等领域的研究。

三、心理学的发展历程

早在古代中西方的哲学体系中就包含着心理学的思想。现代心理学的诞生一般认为从心理学鼻祖——德国的哲学家、生理学家冯特 1879 年在德国莱比锡大学建立世界上第一个心理学实验室开始。用自然科学的方法研究心理活动，心理学才从哲学中脱离出来，成为一门独立学科。在心理学的发展历程中，产生过很多不同的理论流派，其中最主要的有以华生、斯金纳等为代表的行为主义学派，以弗洛伊德、荣格、阿德勒为代表的精神分析学派，以皮亚杰等为代表的认知心理学派，以马斯洛、罗杰斯为代表的人本主义学派等。一百多年来，相近学科的发展与心理学的相互影响和实际生活的需要促进了心理学迅速发展。如今，心理学的理论和方法被广泛地应用到教育、咨询、心理治疗、工业组织、市场营销、企业管理、广告宣传以及军事、法律等各个领域，并且与其他学科交叉，形成了许多新兴分支学科。

（一）构造主义学派

冯特作为一门独立科学的心理学的创始人，建立了现代心理学第一个学派——构造主义学派，该学派从 1879 年冯特建立心理学实验室为开始，兴盛了二三十年。

构造主义学派认为，人的心理意识现象是简单的“心理元素”构成的“心理复合体”，它致力于研究心理意识现象的“构造”，分析心理意识现象的“元素”，设想心理元素的“结合方式”。构造主义心理学的研究对象主要是是意识经验，主张心理学应该采用实验内省法分析意识的内容或构造，并找出意识的组成部分以及它们如何连接成各种复杂心理过程的规律。

因此,该学派又被称为“元素主义心理学”。主要代表人物是冯特和其学生铁钦纳。这一学派的主要研究观点有:①心理学是研究直接经验的科学;②元素分析与创造性综合;③实验内省法(对自己的心理活动进行自我观察、体验)。

构造主义学派是心理学发展历程中最早的学派,受英国经验主义和德国实验生理学的影响,强调心理学的基本任务是理解正常成人的一般心理规律,不重视心理学的应用,不关心个别差异、教育心理、儿童心理等心理学领域,以及其他不可能通过内省法研究的行为问题。

(二)机能主义学派

机能主义学派是与构造主义相对立的一个心理学研究流派,它没有明确的起始标志和终点,是构造主义与行为主义之间的一个过渡。作为美国的第一个心理学流派,机能主义心理学集中在实际的、功利性的探讨有机体适应环境或心理过程。创始人为詹姆斯,代表人物有杜威、安吉尔等。

该学派反对心理学仅仅分析意识内容,反对把意识分析为感觉、感情等元素,反对把心理看做一种不起作用的副现象,反对把心理学只看做一门纯科学,反对把心理学局限于正常人的一般心理规律;主张研究意识的机能或功用,主张把心理学的研究范围扩大到多个领域。强调意识是一个连续的整体;心理和意识是有机体适应环境的产物;认知和行为是人类适应环境的手段。认为心理学应该研究“有目的的心理”,即个体在适应环境时的心理机能和意识活动,人的意识是一条永远变化着和流淌着的表象和感觉的河流,并不是心理元素的集合,它具有选择功能。

在机能主义学派的影响下,个别差异心理学、各种心理测验、学习心理学、知觉心理学等在美国有了明显的发展,促进了应用心理学的发展,为行为主义心理学开拓了道路。

(三)行为主义学派

行为主义是20世纪初起源于美国的心理学流派,主要代表人物是美国心理学家华生、苏联生理学家巴甫洛夫、美国的斯金纳和桑代克。行为主义心理学主张心理学应该研究可以被观察和直接测量的行为,反对研究没有科学根据的意识。行为主义是唯物主义的一种形式,否定一切关于精神的重要性。

华生认为,心理学研究的对象应该是可以为他人观察到的外显行为。心理学的研究要遵循观察“刺激—反应”公式,把研究的内容由内隐的心理与意识活动转向外显的可以观察的行为,认为环境刺激是行为产生、变化和发展的因素,而遗传的影响可以不必理会。行为主义者在研究方法上摈弃内省,主张采用客观观察法、条件反射法、言语报告法和测验法。

新行为主义学派把心理学的对象限制在用眼能看到的行为上,并把行为解释成为肌肉和腺体对感觉刺激的反应的结合。跟元素论、机械结合论的观点相反,新行为主义心理学派更着重从整体上来认识行为,考虑到有机体的能动性,确立“刺激—有机体—反应”的关系。托尔曼、赫尔、坎特等是新行为主义学派的代表。

(四)格式塔学派

格式塔学派是心理学重要学派之一,兴起于20世纪初,由韦特墨、苛勒和考夫卡三位德国心理学家在研究似动现象的基础上创立。格式塔是德文 Gestalt 的译音,意即“模式、形状、形式”等,指的是“能动的整体”。格式塔心理学又称为“完形心理学”,代表人物包括德国哲学家康德、物理学家马赫等。

格式塔心理学派强调整体并不等于部分的总和，整体乃是先于部分而存在并制约着部分的性质和意义。格式塔心理学家们从这一观点出发，坚决反对对任何心理现象进行元素分析，这对于揭发心理学内的机械主义和元素主义观点的错误具有一定的作用。同时，他们在知觉领域里进行了大量的实验研究工作，并取得了很多具有科学价值的成果。格式塔体系的关键特征是整体性、具体化、组织性和恒常性，其最基本的规则是蕴涵律、闭合律、相似律、接近律和连续律。

格式塔心理学派把意识经验看做心理学的一个合法的研究领域，并继续促使人们对意识经验的研究；同时也对同时期的学派进行中肯而坚定的批评，对心理学的发展具有重要影响。其局限性在于，把直接经验世界看做是唯一确实而又可知的世界，把全部心理学问题完全简化为数理问题。

（五）精神分析学派

精神分析学派重在研究精神分析理论，又称心理分析论。该理论是在治疗精神障碍的实践中产生的，后来成为一种强调无意识过程的心理学理论，也被称为"深层心理学"。创立者为奥地利心理学家S·弗洛伊德。以弗洛伊德为代表的早期精神分析理论也称弗洛伊德主义，之后的发展被称为新弗洛伊德主义或新精神分析理论。

精神分析学派是弗洛伊德在精神医疗实践中对人的病态心理经过无数次的总结、多年的累积而逐渐形成的，主要着重于精神分析和治疗，并由此提出了人的心理和人格的新的独特的解释。弗洛伊德精神分析学说强调人的本能的、情欲的、自然性的一面，它首次阐述了无意识的作用，肯定了非理性因素在行为中的作用，开辟了潜意识研究的新领域。弗洛伊德认为，人的心理包含着两个主要的部分：意识和无意识。意识是能够觉察得到的心理活动；无意识是由于人的本能冲动和出生以后被社会行为规范压抑的人的欲望不能被满足，而不能唤起的意识，也叫做潜意识。后来，弗洛伊德又提出前意识的概念，认为前意识是介于意识和无意识之间的一种中间心理状态，是此时此刻虽然意识不到，但在集中注意认真回忆搜索的情况下，可以回忆起来的经验。弗洛伊德把人的心理结构分为本我、自我、超我三个层次，并强调和重视潜意识动机的作用和儿童期经验对人的心理及人格的影响。精神分析学说对心理学理论和临床实践的发展，乃至整个文化艺术的发展产生了深远的影响。

精神分析学派的经典理论学说主要包括：

（1）精神层次理论。这一理论阐述人的精神活动，包括欲望、冲动、思维，幻想、判断、决定、情感等会在不同的意识层次里发生和进行，包括意识，下意识和潜意识三个不同的意识层次。

（2）人格结构理论。这一理论认为人格结构由本我、自我、超我三部分组成。本我(id)即原我，是指原始的自己，包含生存所需的基本欲望、冲动和生命力，是一切心理能量之源，按快乐原则行事，不理会社会道德、外在的行为规范，唯一的要求是获得快乐，避免痛苦，本我的目标乃是求得个体的舒适，生存及繁殖，它是无意识的，不被个体所觉察。自我(ego)处于本我和超我之间，具有防卫和中介的职能，按照现实原则来行事，其心理能量大部分消耗在对本我的控制和压制上。超我(superego)是人格的高层领导，代表着良心、社会准则和自我理想，它指导自我，限制本我。

（3）性本能和死亡本能理论。性本能理论认为人推动个体行为的精神活动的能量来源于本能。人类最基本的本能有两类:一类是生的本能,另一类是死亡本能或攻击本能。生的本能包括性欲本能与个体生存本能,其目的是保持种族的繁衍与个体的生存。弗洛伊德是泛性论者,在他的眼里,性欲有着广义的含意,是指人们一切追求快乐的欲望,性本能冲动是人一切心理活动的内在动力,当这种能量积聚到一定程度就会造成机体紧张,要寻求途径释放能量。弗洛伊德将人的性心理发展划分为口欲期、肛门期、性蕾欲期、潜伏期和生殖期五个阶段,认为成人人格的基本组成部分在前三个发展阶段已基本形成,所以儿童的早年环境、早期经历对其成年后的人格形成起着重要的作用,许多成人的变态心理、心理冲突都可追溯到早年期创伤性经历和压抑的情结。死亡本能理论(thanatos)认为,死亡是促使人类返回生命前非生命状态的力量。死亡是生命的终结,是生命的最后稳定状态,只有在此时,生命不再有焦虑和抑郁。死亡本能可能派生出攻击、被坏、战争等一切毁灭行为。当它转向机体内部时,导致个体的自责,甚至自伤自杀,当它转向外部世界时,导致对他人的攻击、仇恨、谋杀等。

(4)释梦理论。释梦理论认为梦是通向潜意识的通道,通过对梦的分析可以窥见人的内部心理,探究其潜意识中的欲望和冲突。通过释梦可以治疗神经症。弗洛伊德认为梦的作用就在于满足人的愿望,可以保护睡眠,而人们的惊醒并非是梦导致的,而是由防御机制造成的,但他仍没有对于噩梦本身的产生给出合理的解释。

(5)心理防御机制理论。其主要观点是,心理防御机制是自我的一种防卫功能,很多时候,超我与本我之间,本我与现实之间,经常会有矛盾和冲突,这时人就会感到痛苦和焦虑,这时自我可以在不知不觉之中,以某种方式,调整一个冲突双方的关系,使超我的监察可以接受,同时本我的欲望又可以得到某种形式的满足,从而缓和焦虑,消除痛苦,这就是自我的心理防御机制,它包括压抑、否认、投射,退化、隔离、抵消转化、合理化、补偿、升华、幽默、反向形成等各种形式。人类在正常和病态情况下都会不自觉地运用。运用得当,可减轻痛苦,帮助度过心理难关,防止精神崩溃,运用过度就会表现出焦虑抑郁等病态心理症状。

(六)人本主义学派

人本主义学派是当代心理学主要流派之一,在20世纪50至60年代兴起于美国。人文主义学派以马斯洛、罗杰斯等人为代表,与精神分析学派和行为主义学派分道扬镳,因此被称为心理学中的第三思潮。受现象学和存在主义哲学影响比较明显,反主流文化运动,反对将人的心理低俗化,动物化的倾向。

(1)马斯洛的自我实现论。马斯洛认为人类行为的心理驱力不是性本能,而是人的需要。他将其分为七个层次,由下而上依次是生理需要,安全需要,归属与爱的需要,尊重的需要,认识需要,审美需要,自我实现需要。马斯洛认为人在满足高一层次的需要之前,至少必须先部分满足低一层次的需要。马斯洛认为人类共有真、善、美、正义、欢乐等内在本性,具有共同的价值观和道德标准,要达到人的自我实现,关键在于改善人的"自知"或自我意识,使人认识到自我的内在潜能或价值,人本主义心理学就是促进人的自我实现。

(2)罗杰斯的自我理论。罗杰斯认为刚出生的婴儿并没有自我的概念,随着他(她)与他人、环境的相互作用,最初的自我概念形成,人的自我实现趋向开始激活,驱动儿童在环境中进行各种尝试活动并产生出大量的经验。满足、愉快的经验会使儿童寻求保持、再现,不满足、不愉快的经验会使儿童回避。儿童不断通过自己的行为体验,不自觉地将这些本属于父母或他人的价值观念内化,变成自我结构的一部分,被迫放弃按自身机体估价过程去评价经验,变成用自我中内化了的社会的价值规范去评价经验,这样儿童的自我和经验之间就发生了异化,当经验与自我之间存在冲突时，个体会预感到自我受到威胁，因而产生焦虑并运用防御机制（歪曲、否认、选择性知觉）来对经验进行加工。他认为人本主义的实质就是让人领悟自己的本性，重新信赖、依靠机体估价过程来处理经验，消除外界环境通过内化而强加给他的价值观，自由表达自己的思想和感情，由自己的意志来决定自己的行为，掌握自己的命运，修复被破坏的自我实现潜力，促进个性的健康发展。

人本主义心理学派反对仅仅以病态人作为研究对象、把人看为本能牺牲品的精神分析学派，也反对把人看做是物理的、化学的、客体的行为主义学派，主张研究对人类进步富有意义的问题，关心人的价值和尊严。但是它忽视了时代条件和社会环境对人的先天潜能的制约和影响。

（七）认知心理学派

认知心理学有广义、狭义之分，广义的认知心理学是指凡是研究人的认识过程心理学都属于认知心理学，而目前心理学界通常所指的认知心理学，指狭义的认知心理学，也就是所谓的信息加工心理学，指用信息加工的观点和术语，通过与计算机相类比，通过模拟、验证等方法来研究人的认知过程。认知心理学起始于20世纪50年代中期，60年代以后飞速发展。1967年美国心理学家奈瑟《认知心理学》一书的出版，标志着认知心理学已成为一个独立的流派，与冯特心理学一脉相承，并受格式塔心理学思想影响。

认知心理学认为人的认知过程就是信息的接受、编码、储存、交换、操作、检索、提取和使用的过程，并将这一过程归纳为四种系统模式，即感知系统、记忆系统、控制系统和反应系统，强调人已有的知识和知识结构对他的行为和当前的认知活动起决定作用。其最重大的成果是在记忆和思维领域的突破性研究。现代认知心理学的基本观点是将人看成是信息传递器和信息加工系统，能将事物分类编码并分别储存。

案例阅读

心理学的故乡在中国？①

伟大的科学史专家乔治·萨顿说："希腊科学的基础完全是东方的，不论希腊的天才多么深刻，没有这些基础，它并不一定能够创立任何可与其实际成就相比的东西。我们没有权利无视希腊天才的埃及父亲和美索不达米亚母亲。"

关于心理学的起源，学者间也存在不同的观点。美国心理学史家加德纳·墨菲（G. Murphy）曾说过：世界第一个心理学故乡在中国。距今2500多年前的东方，也有着早期哲学的思辨思想。

春秋时期的孔子提出："知之者不如好之者；好之者，不如乐之者"（《论语·雍也》），"学而时习之，不亦乐乎"（《论语·学而》）以及"因材施教"等诸多观点，已蕴涵现代心理学中的兴趣、记忆和个性差异等问题。代表人物：孔子（公元前551——公元前479），名丘，字仲尼，春秋末期鲁国陬邑（今山东曲阜市东南）人，是我国古代著名的思想家、教育家、儒家学派创始人。

孔子3岁丧父，随母亲颜征在移居阙里，并受其教。孔子幼年，"为儿嬉戏，常陈俎豆，设

① 39心理频道 http://xl.39.net/xltm/105/21/1296593.html.

礼容”。少时家境贫寒,15岁立志于学。及长,做过管理仓库的“委吏”和管理牛羊的“乘田”。他虚心好学,学无常师,相传曾问礼于老聃,学乐于苌弘,学琴于师襄。30岁时,已博学多才,成为当地较有名气的一位学者,并在阙里收徒授业,开创私人办学之先河。相传有弟子三千,贤弟子七十二人,孔子曾带领弟子周游列国14年,曾修《诗》、《书》,定《礼》、《乐》,序《周易》,修《春秋》。其思想及学说对后世产生了极其深远的影响,弟子及再传弟子将其思想言行整理编成《论语》。

孔子经其终生倡导和历代儒家的发展,使得儒家学说成为中华文化的主流,作为中国人的指导思想逾两千余年。孔子思想体系的核心是德治主义,他执著地倡导德化社会与德化人生。德化社会的最高标准是“礼”,德化人生的最高价值“仁”。孔子教导人们积极奉行“己欲立而立人,己欲达而达人”,“己所不欲,勿施於人”的“忠恕之道”,以建立正确的人生观和正确处理人与人之间的关系。孔子倡导“天人合一”之教,以善处人与自然的关系,他还阐述和弘扬了人不仅要“仁民”,也要“爱物”的道理。

孔子坚决主张国家要实行“富之教之”的德政,使社会与文化得到发展。孔子认为文明的最高成就在于造就理想人格以创立理想社会,通过潜志躬行“内圣外王之道”,以达到“天下为公”“大同世界”之境界。这些思辨的方法正是心理学最早的形态,这个时期,也是心理学整个历史过程中的孕育时期。

第一个心理学实验室创始人:威廉·冯特①

威廉·冯特(Wilhelm Wundt,1832—1920),德国心理学家,哲学家,第一个心理学实验室的创立者,构造主义心理学的代表人物,1832年8月16日出生在德国曼海姆北郊内卡劳,求学于杜宾根大学和海德堡大学,主修医学,后改行研究生理学。1866年,冯特获得医学博士学位,1875年任莱比锡大学哲学教授,1879年在莱比锡大学建立世界上第一座心理实验室。冯特编写的《生理心理学原理》是近代心理学史上第一部最重要的著作。

1832年8月16日,冯特出生在巴登地区曼海姆北郊的一个村庄—内卡劳(Neckarau),是家中的第四个孩子,父亲马克西米利安·冯特是村里的路德会牧师,母亲名叫玛莉·弗里德里克。祖先中曾经出过大学校长、医生和学者,算是书香门第。

冯特在童年时期的表现并不出色,在课堂里总是做白日梦,神情恍惚,经常受到老师的责罚。直到在海德堡读中学期间,才逐渐控制住在课堂上做白日梦的习惯,不过成绩仍不突出。

1851—1856年,冯特先后在图宾根、海德堡和柏林求学。他选择进入图宾根学医,是因为当时父亲去世,医生的收入可以使家庭维持体面的生活。大学一年级结束的时候,窘困的家境使他受到刺激,并发誓痛改前非,发奋读书,并转入海德堡大学。

1855年,冯特毕业于海德堡大学医学系,取得博士学位,并在全国医学会考中取得第一名的成绩。但是他对从事临床医学并不感兴趣,而是又前往柏林大学深造一年,师从乔安·穆勒。1857年,冯特回到海德堡大学担任生理学讲师。1858年,赫尔曼·冯·亥姆霍兹来到该校,创办了一所生理学研究院,冯特担任其实验室助手。当时,尚未完婚的冯特疯狂地投入实验室工作,并于数年后完成了《感官知觉理论文集》(1858—1862年)。

正是在这一时期,冯特开辟了第一个教授科学心理学的课程。在这个课程中,他开始使用来自自然科学的实验方法和神经生理学的研究成果来研究心理学,并于1862年率先提出实验

① 叶浩生.心理学通史.北京:北京师范大学出版社,2006.

心理学的名称。他的讲义被编辑为《人类与动物心理学论稿》(1863 年)。该书被评价为"生理学家的朴素心理学"。1864 年,冯特被提升为助理教授。

1871 年,亥姆霍兹离开海德堡大学,但是冯特未能得到本该由他接替的职位,只得到了临时教授的头衔。这时,他的收入状况允许他与未婚妻索菲·毛完婚。婚后的冯特致力于写作心理学历史上最重要著作之一:《生理心理学原理》(1874 年出版)。在这部书中,他把关于心理实验的结果整理成为一个系统,着手将心理学从哲学中独立出来,发展成一门系统的科学,来研究人的以下心理活动:感觉、情感、意志、知觉(冯特称之为统觉)和思维。这部著作使他得到了苏黎世大学的教授席位。

1875 年,冯特又被莱比锡大学聘为哲学教授。1879 年 12 月,他在大学里孔维特楼(寄宿招待所)三楼的一个小房间里,创建了世界上第一个心理学实验室。

冯特直到去世一直住在莱比锡,几乎从不外出旅行,除了欣赏音乐会以外,也不热衷于公众活动;不过,他和妻子经常在家中招待高年级的学生和助手们。如同康德一样,冯特一直过着严谨有规律的生活,上午的时间主要用于写作,下午访问实验室、上课,然后散步。冯特在课堂上富于激情,口若悬河,充分体现对于本专业的无所不知。

冯特直到 85 岁高龄才退休。他去世于 1920 年 8 月 31 日,享年 88 岁。同年出版了花费他 20 年时间完成的十卷巨著《民族心理学》。

复习题

1. 什么是心理学?
2. 心理学的研究对象是什么?
3. 心理学分为哪些门类?
4. 心理学有哪些主要流派?
5. 格式塔学派的主要观点是什么?
6. 人文主义学派的主要观点有哪些?

第三节　民航服务心理学概述

一、民航服务心理学的界定

(一) 民航服务心理学的研究对象

民航服务心理学主要研究在民航工作中所需要的心理学知识,主要包括民航服务人员的服务心理与行为和民航旅客的消费心理与行为。

民航服务人员的服务心理和行为主要包括空中乘务人员,机场商场和售票销售人员,民航地勤服务人员的需求、态度、动机、人际关系等心理活动的特点和规律。

民航旅客的消费心理和行为主要包括旅客的服务需求、服务动机、情绪情感、社会文化、旅途中的行为习惯等相关心理活动的特点和规律。

随着民航服务业的不断发展,服务水平的日益提升,民航服务人员的心理调节、突发事件的应急处置能力、旅客的个性化需求等问题日益成为民航服务心理学的重要研究对象。

（二）民航服务心理学的研究原则

（1）客观性原则。民航服务心理学研究要遵从民航服务的客观实际与发展现状，由于我国民航服务业起步较晚，在发展中存在的问题较多，民航服务心理学的研究必须尊重这一客观现实。

（2）实践性原则。民航服务心理学研究要坚持心理学研究和民航服务实践相结合的原则，实践是研究的目的，也是研究对象的来源。民航服务心理学并不注重研究心理学基本原理，而是强调将心理学研究的理论成果运用于民航服务实践，提升民航服务质量。

（3）动态性原则。民航服务心理学研究要重视动态性的研究，用发展、变化的眼光看待民航服务中出现的各种问题，确保将心理学研究的科学性和服务的灵活性相结合。

（4）相关性原则。民航服务水平受民航企业文化、服务人员的个性特征等诸多因素影响，因此在民航服务心理学的研究过程中，不能单纯某一个角度去研究，而是要开展多角度、多层次的相关性研究。

（5）服务性原则。民航服务心理学的研究目的，在于使得民航服务更加优化，因此，研究民航服务心理学要时刻谨记心理学为民航工作服务的根本目的，这样的学习和研究才会更有实际意义。

二、民航服务心理学的研究方法

和其他学科的研究一样，民航服务心理学也有一定的方式方法，最常见的方法有观察法、访谈法、问卷调查法、心理测验法、经验总结法和案例分析法等。

（一）观察法

观察法是研究者根据一定的研究目的、研究提纲或观察表，利用眼睛、耳朵等感觉器官去感知观察对象或借助辅助工具去探索、观察被研究对象，从而获取资料的一种方法。由于人的感觉器官具有一定的局限性，观察者往往要借助各种现代化的仪器和手段，如照相机、录音机、录像机等来辅助观察。科学的观察具有目的性、计划性、系统性和可重复性。常见的观察方法有核对清单法、级别量表法、记叙性描述法等。在民航服务心理学中，主要是对旅客和服务人员行为举止的观察。

（二）访谈法

访谈法（interview）又称晤谈法、访问法，指通过和受访人面对面交谈了解受访人的心理和行为的基本研究方法。由于研究问题的性质、目的和对象的不同，访谈法具有不同的形式。根据访谈进程的标准化程度，可将它分为结构型访谈和非结构型访谈。访谈法的优势是运用面广，可以提出问题有针对性的收集多方面的工作分析资料。在民航服务心理学中，访谈法主要运用于发生矛盾冲突或突发事件后调查研究。

（三）问卷调查法

问卷调查法是通过发放、回收、整理和分析问卷而获取资料的一种方法，按照问卷填答者的不同，可分为自填式问卷查和代填式问卷调查。问卷一般由卷首语，问题与回答方式，编码，其他资料，结束语等部分组成。问卷的问题设计要遵循客观性、必要性、可能性和自愿性原则，问题表述要具体、单一、通俗、准确、简明、客观，回答方式通常有开放型回答、封闭型回答和混合型回答三种基本类型。民航服务满意度调查、问题征询等就是问卷调查法的重要运用。

（四）心理测验法

心理测验法是根据标准化的实验工具，引发和刺激被测试者的反应并记录反应结果，通过一定的方法予以量化，描绘行为的轨迹，并对其结果进行分析的方法。这种方法的最大特点是对被测试者的心理现象或心理品质进行定量分析，具有很强的科学性。心理测试的形式包括智力测验、个性测验、心理健康测验、职业能力测验、职业兴趣测验、创造力测验等。心理测验法主要在民航从业人员入职测试等环节发挥作用。

（五）经验总结法

经验总结法是对实践活动中的具体情况，进行归纳与分析，使之系统化、理论化，上升为经验的一种方法。总结推广先进经验是人类历史上长期运用的较为行之有效的领导方法之一。经验是指在实践活动中取得的知识或技能。在总结经验时，一定要树立正确的指导思想，对典型要用马克思主义的立场和观点进行分析判断，分清正确与错误、现象与本质、必然与偶然。经验一定要观点鲜明、正确，既有先进性、科学性，又有代表性和普遍意义。经验总结法主要是用于民航服务中各种各类事件的处理。

（六）案例分析法

案例分析法又称个案研究法，是通过分析典型案例获取结果或结论的一种研究方法。这种方法有机地结合社会生活中的典型个案进行分析、综合和评价，从而由具体到抽象得出概念、范畴和理论。案例分析强调知识的横向联系，突出知识的重新组合，注重能力的综合应用，是心理学常用的一种研究方法，在民航服务中尤其对新进人员的教育、管理等方面经常用到这种方法。

三、学习民航服务心理学的意义

认真学习民航服务心理学，对提高民航营销能力、提升民航服务质量和增加服务人员心理健康都有非常重要的意义。

民航服务价格高、安全要求高，服务对象的人口、年龄、职业、收入等存在一定差异性，民航企业必须根据旅客的不同心理需求确定营销策略。在激烈的市场竞争中，民航企业的投入不仅要看他们如何对待对手，更重要的是要看他们如何对待旅客。旅客决定了一切消费行为，也是对民航企业营销能力和服务水平的重要检验。在同样的硬件条件下，旅客选择的一定是可以提供优质服务的航空公司。在某种程度上可以说，能否满足旅客的不同心理需求对民航企业有着决定性的意义。

随着我国旅游业、民航业的迅猛发展，民航企业的管理者和经营者都应该而且必须去了解旅客的心理需求，从而通过满足他们的需求，提高航空公司的服务水平。航空公司的服务能力是航空公司核心竞争力重要组成部分。近年，民航旅客的数量大增，对民航服务的要求在不断提升，民航企业要在激烈的市场竞争中立于不败之地，就必须基于旅客心理提升服务质量，满足旅客不同心理需求。

学习民航服务心理学有利于增进民航服务人员自身心理健康。首先，心理学可以让民航服务人员更好地了解自己，加强自我修养，提升职业形象，解决民航服务人员在工作、生活等过程中遇到的矛盾和问题，消除不利因素，创造有利环境，自我分析心理上出现的问题并及时进行自我调节；其次，心理学可以让民航服务人员正确处理人际关系，理解旅客的行为习惯，为每个旅客不同心理需求提供个性化服务，同时提升自己职业满意度，职业生涯得到更好的发展；最后，心理学知识可以让民航服务人员更好的与旅客相处，为自身创造良好的工作环境，科学的理解和解决旅客遇到的种种问题，为自己创造一个良好的工作氛围。

案例阅读

航班中的性格色彩①

如果我告诉您，人的性格是有色彩的，您相信吗？

在东航开展的"性格色彩"培训中，我知道了人的性格基本上可以分为四种类型：热情洋溢的红色、谨守分寸的蓝色、具有大将之风的黄色、温顺和谐的绿色。每种颜色的人有优点也有缺点。掌握"性格色彩"理论，既能让我们很好地认识自己，也能够让我们更深入地了解别人，扬长避短，让我们工作和生活如鱼得水，事半功倍。

学以致用，那天，我就将"性格色彩"的理论运用到航班中去。通过我平时对组员的了解，开准备会分号位时，我就将红色和绿色性格的乘务员分做外场，将蓝色性格的乘务员分做内场，而作为乘务长的我，就应该在工作中加强黄色性格的优势：责任感、全局观、雷厉风行、坚持不懈。

果然，当天的客舱气氛非常好。红色性格的乘务员主动热情，迎客时就让旅客如沐春风；绿色性格的乘务员温柔细心，很好地体现了公司的"两微"服务；而蓝色性格的内场乘务员呢，把厨房收拾得干干净净、工作程序安排得有条不紊。一个半小时的航班，由于内外场的协调配合，50 分钟大家就把工作完成了。

不巧的是，回程航班由于交通管制原因而延误了，旅客只能坐在飞机上焦急地等待着。这时候擅长与人沟通的红色外场乘务员开始巡视客舱了，她主动与面露焦虑的旅客攀谈解释，用活泼亲切的话语使紧张的客舱气氛缓和起来。"我先给您倒杯水吧"，"再等一会儿吧。报纸看完了？我帮您调换一种看看"……忽然，有一位旅客开始按捺不住了，很显然，这应当是一名容易冲动的红色性格的旅客。此时，绿色性格的乘务员迎难而上，她是最佳的倾听者，极富耐心，能够巧妙地化解冲突。在旅客发泄出心中的不满后，绿色性格乘务员听出他还没有吃饭，适时地递上一份热腾腾的晚餐，旅客的情绪得到了安抚，平静了下来。

"叮咚——"头等舱的呼唤铃响了，我立即满面微笑地迎了上去。还没等我开口，头等舱的一名旅客就说："不要给我解释，我只要知道起飞时间！"一看就知道这名旅客是黄色性格——缺乏耐心，遇事只要结果，不讲过程。"好的，我去问一下机长，马上给您答复！"我与机长沟通后，迅速回到旅客面前说："先生，我们的飞机排在第三架起飞，大约还需要等半小时。您还需要其他服务吗？"旅客对我的回答略感满意，看了看手表说："不需要了。"

尽管延误了一段时间，飞机终于还是顺利起飞了，一切都平静下来。"性格色彩"在航班中的运用，让我们平添了一种沟通和服务的技巧，能够更加轻松愉快地完成航班任务。这其中

① 张蓉. 中国民航报，2008－11－12.

更深的奥妙，还是让我们一起探索吧！

第69名旅客对我说“你好”①

当你站在机舱门口迎接旅客的时候，是否会因为旅客对你的问候没有反应而变得越来越不耐烦？

有一次我们的航班飞海口，上客时我仔细数了一下，连续问候了68名旅客却没有一个人回应我。当时我对自己说：越没人理我，我就态度越好，看最后能不能感动一个人。还好，第69名旅客笑眯眯地对我说了一声：“你好！”

现在很多乘务员总是说服务工作越来越难做，旅客越来越挑剔，却忽略了在自己身上找原因，尤其是服务意识的养成和提高。一名乘务员在客舱中所做的不仅是安排行李和送餐送饮，也不单纯是给旅客提供一种程序化的“上帝”式服务，而是应当站在旅客的角度去思考，给旅客一种亲情式的服务。

服务意识的养成和提高，贯穿于平时的工作生活中的每一件事情。从早上航班进场准备时起，乘务员就应该调整好自己的心态，不管个人的心情如何，都要调整到一种最佳的工作状态。有人说“我前一天晚上没休息好，今天心情不好”等理由，而这些理由往往会造成带情绪飞行。在这种情况下，我建议就不要去飞行，换备份人员去执行航班，因为这样做至少有两点好处：对公司来说少了一份影响公司形象的风险，对个人来说也少了一份被投诉的可能。

当迎来一批又一批旅客，开始了一天的服务工作，我们不应该只是想着平安无事地把旅客送达目的地，没有投诉就算完成了任务。作为乘务员，我常常在想：如果我是一名乘客，我乘机时会遇到什么样的乘务员？会是一种什么样的心情？有的旅客上机后向乘务员索要报纸，而报纸就在乘务员身旁，只要一伸手就能拿到，这时候是不是可以给他拿一份呢？事实是部分乘务员的回答是：“你先入座，报纸一会儿我们会发。”口气很是严肃。此时，我不知道别人会怎么想，如果我是那位旅客，我会觉得很没面子，尤其是在还有同行者的时候。

当然，树立好的服务意识也并不是事事都顺从旅客。飞行时经常会遇到一些旅客不对号入座，打电话不听劝阻的情况。我曾跟我的同事们聊起过着类似情况，有人说：“差不多就算了，不能太认真，因为现在领导的要求是不能有投诉，你管了被投诉怎么办？”这是一种自我保护的方法，但我想，当乘务员对违反安全规定的人睁一眼闭一眼的时候，其他旅客就不会投诉你的不作为吗？

对于违反安全规定的事情，我们要做的是严格制止，但在制止或劝阻时要注意自己的态度和用词。比如，对于不对号入座的旅客，我们是不是可以态度和蔼、语气坚决地说明：“是因为配载平衡的原因，在平飞后可以调整座位，但起飞下降时每个人必须对号入座，这是为了您的安全，也是为了大家的安全。”对使用手机的旅客，可以一直站在使用手机旅客的旁边，他不关机我不离开，但也要注意不能为了制止一个人而忽略了其他工作。

服务意识不仅体现在一个人的身上，也体现在乘务组之间的配合。给旅客发完餐食，乘务员要给旅客加餐后饮，经常是在加水加到一多半的时候，有的旅客已经用完餐，他们就会把用过的餐盒递给加水的乘务员，而我们的乘务员就只能一遍遍地说：“请稍等，我一会儿加完水后来收餐盒。”而这时我们其他乘务员是不是可以拿托盘先收一下旅客用完的餐盒，这样一是减轻了其他乘务员的工作量，同时也会让旅客感到我们的服务很周到、很及时。

---

① 唐德刚. 中国民航报，2007-6-13.

如果不能给旅客提供一种优质而满意的服务，那么旅客就会选择其他航空公司的班机。作为一名员工，就会因其所带来的不良后果和连锁反应（旅客间对服务质量评价的传播），而影响到公司的利益和发展。每一位乘务员都不会想听到旅客说自己公司的服务不如哪家航空公司之类的话，所以，就从工作和生活中的每一件小事来培养和提高自己的服务意识吧。

当你站在机舱门口迎接旅客时，如果第 69 名旅客仍然对你的问候没有回应，那就继续对第 70 名旅客说“你好”，看能不能感动下一个人。

复习题

1. 民航服务心理学的研究对象是什么？
2. 民航服务心理学有哪些研究方法？
3. 民航服务心理学研究有什么意义？
4. 心理学研究方法中观察法如何分类？
5. 谈话法的优点和缺点是什么？
6. 问卷法和测验法有什么区别？

第二章

民航服务中的自我意识与知觉过程

第一节　自我意识

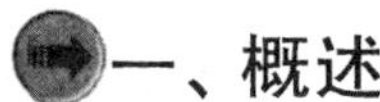

一、概述

（一）自我意识的概念

自我意识，也叫自我认知（self - cognition）或自我，是一种多维度、多层次的复杂心理现象，是人对自己身心状态及对自己同客观世界的关系的意识，即对自身认识过程的认知，具体包括认识自己的生理状况（如身高、体重、体态等）、心理特征（如兴趣、能力、气质、性格等）以及自己与他人的关系（如自己与周围人们相处的关系，自己在集体中的位置与作用等）。

人不仅能意识到周围事物的存在，而且也能意识到自己的存在。能意识到自己在感知、思考和体验，也能意识到自己有什么目的、计划和行动，以及为什么要这样做而不那样做，这样做的后果将是怎样，应如何调节自己的行动等，这就是人的自我意识。自我意识是人的意识的最高形式，自我意识的成熟是人的意识的本质特征。它以主体及其活动为意识的对象，因而对人的认识活动起着监控作用。通过自我意识系统的监控，可以实现人脑对信息的输入、加工、贮存、输出的自动控制系统的控制，这样，人就能通过控制自己的意识而相应地调节自己的思维和行为。

（二）自我意识的结构

自我意识的结构是从自我意识的三层次，即从知、情、意三方面分析，由自我认知、自我体验和自我调节（或自我控制）三个子系统构成。因此，自我意识也叫自我调节系统。

自我认知是自我意识的认知成分。它是自我意识的首要成分，也是自我调节控制的心理基础，它又包括自我感觉、自我概念、自我观察、自我分析和自我评价。自我分析是在自我观察的基础上对自身状况的反思。自我评价是对自己能力、品德、行为等方面社会价值的评估，它最能代表一个人自我认识的水平。

自我体验是自我意识在情感方面的表现。自尊心、自信心是自我体验的具体内容。自尊心是指个体在社会比较过程中所获得的有关自我价值的积极的评价与体验。自信心是对自己的能力是否适合所承担的任务而产生的自我体验。自信心与自尊心都是和自我评价紧密联系在一起的。

自我调节是自我意识的意志成分。自我调节主要表现为个人对自己的行为、活动和态度的调控。它包括自我检查、自我监督、自我控制等。自我检查是主体在头脑中将自己的活动结果与活动目的加以比较、对照的过程。自我监督是一个人以其良心或内在的行为准则对自己的言行实行监督的过程。自我控制是主体对自身心理与行为的主动掌握。自我调节是自我意识中直接作用于个体行为的环节,它是一个人自我教育、自我发展的重要机制,自我调节的实现是自我意识的能动性质的表现。自我意识的调节作用表现为:启动或制止行为;心理活动的转移;心理过程的加速或减速;积极性的加强或减弱;动机的协调;根据所拟订的计划监督检查行动;动作的协调一致等。

(三)自我意识的形成机制

自我意识是个体社会化的结果。自我意识的形成大致可以分为三个阶段,即生理的自我、社会的自我和心理的自我。

1. 生理的自我

生理的自我又称为物质的自我,它是一个人对自己身躯的认识,包括占有感、支配感和爱护感。心理学家奥尔波特等人认为,婴儿出生以后,最初他们不能区分属于自己与不属于自己的东西。对于自己的手、脚和周围的玩具,都视为同样性质的东西加以摆弄,3 个月的婴儿能对人发出微笑,这表示婴儿对外界的刺激发生了反应。8 个月的婴儿开始关心自己在镜子里的形象,但 10 个月的时候依然不知道镜子里的形象就是自己。一般认为,婴儿要到 2 岁零 2 个月以后,才会认识自己在镜子里的自我形象,大约与此同时,开始学会使用“你”这个人称代词。心理学家大都认为儿童要到 3 岁的时候,自我意识中的生理自我才能形成,同时也开始更多地使用人称代词“我”字。这时候儿童所表现出来的行为,大都是以我为中心的,所以有些心理学家称这一时期为“自我中心期”。

2. 社会的自我

社会的自我时期又称为个体客观化时期。这个阶段大约是从 3 岁到青春期之前,即到十三四岁的时候,这段时间是个体接受社会影响的重要时期,也是个体实现社会自我的最关键的阶段。这期间儿童的游戏,往往是成人社会生活的缩影,儿童在游戏中扮演某种社会角色,也是他们学习角色行为的一种方式,在游戏中儿童揣摩着角色的心理状态,体验着角色与角色间的相互关系。特别是儿童通过学校中的社会化生活,更加速了他们社会自我的形成过程。

学校中的社会化过程,是个体自我意识形成的重要阶段。学校与家庭不同,在家庭中儿童往往是以我为中心,尤其是独生子女,而学校则是中性的,对任何人都一视同仁,老师对每一个学生都一样的关心,一样的严格要求。儿童在学校只能是班级和集体的一分子,而不能像在家里那样可以为所欲为地指挥别人,在学校他们必须承担一定的社会义务和社会责任,要完成这些义务和责任,本身就是一种压力,压力则可以使他们产生焦虑和不安。在家里可以听之任之的事,在学校则要认真对待,否则就要受到集体舆论的谴责,在学校必须学习文化科学知识,掌握各种技能技巧,按照一定的道德规范严格要求自己,逐步地使自我实现的愿望和动机与社会的要求相吻合,最终达到社会的自我。

3. 心理的自我

心理的自我又称精神的自我,这个阶段主要是从青春期到成年大约10年的时间。这期间,个体无论在生理上还是在心理上,都发生了一系列急剧的变化,骨骼的增长,性器官的成熟,想象力的丰富,逻辑思维能力的日益完善,进一步使个体自我意识的发展趋向主观性。所以,这一时期又称为主观化时期。个体的主观性主要表现在以下四个方面:

(1) 独立地认识外部世界。这个阶段的青年人,往往用自己的观点来认识和评价客观事物,自我意识是个体认识外界事物的中介因素。青年与儿童不同,在客观化时期,儿童是以社会的观点来认识和评价事物的,他们以成人的观点为指导,而青年人则不同,他们不愿意盲目地追随别人,把跟在别人的后面随声附和看成是耻辱,在观点上喜欢标新立异,在行为上喜欢别具一格。个体自我意识的发展并不是到此为止,否则人类社会的进步和创造力就无从谈起,人类社会将变成一个划一的群体。其实个体早在客观化时期,就已经不断地把他们从社会吸取的知识、观点、理想和愿望等进行了综合加工,到了主观化时期,个体就把这些经过综合加工形成的主观态度和主观意识作为评价客观事物的依据。

(2) 个人价值体系的产生。在这个时期,青年人常常强调自己所独有的人格特征,目的是用以保护和提高自己在社会上的地位。强调自己的个人价值,实际上是一种自我防御机能。例如,一个身怀绝技的青年人,往往过分强调该项技能的重要性,同样一个学习优异的青年人,也会强调学习文化知识的重要。青年人大都具有自我欣赏的人格特征,心理学中把这种自我欣赏的人格特征纳入一个人的价值体系,它能使一个人感到自豪、自信和自尊。实际上,这种价值体系也是在个体自我意识发展的过程中产生的,并被看成是一个人的价值观。

(3) 追求自我理想。自我理想就是一个人对追求目标的向往。个体所追求的目标对他本人来说总认为是最有意义的。想当医生的人,就认为医生的职业最高尚,想当企业家的人,就认为企业家的工作最有意义,同样,想当社会活动家的人,也就认为社会活动家的工作最光荣等。由此可见,自我理想往往与价值观是一致的。一般来说,青年人在这个时期,由于精力充沛,大都具有自己追求的目标。目标在这个时期往往成为他们自我奋斗的一种象征,并由此产生巨大的吸引力。

(4) 抽象思维的发展。抽象思维的发展是个人智力发展的一个飞跃。抽象思维能力提高了,就能使人们的思维超越具体的环境,而进入精神的境界,即所谓达到心理的自我。心理的自我主要是通过人们的思维和想象实现的。当自我意识的发展从成人的约束下独立出来,而强调自我价值和自我理想的时候,这时,个体的自我意识也就确立了。因此,自我意识形成的过程,也就是个体不断成长的过程。

总之,人的一生是一个不可逆过程,要提高人的社会价值,使人生更有意义,就必须善于认识自己、设计自己、安排自己、控制自己,使个人的发展与社会的进步相协调、相和谐,尽可能去发展每个人的自我监控能力。这样,不仅有利于每一个人,而且有利于整个社会、整个人类。

二、旅客常见的自我意识

(一) 自我时间意识

人们常说时间就是金钱,然而时间是无价的,是无法用金钱来衡量的,因为时间具有不可储存性,不会停止,也不可能增加,无法转让,也无法被交易。时间是最宝贵的资源,也是最难以有效利用、最经不起浪费的资源。同时,时间又是不会停止,也是不可能增减的,但时间又是公平的，每个人拥有的时间都是相同的，但时间在每个人手里的价值却是不同的。

随着现代生活节奏的加快和生活内涵的多样化，人民生活水平不断提高，生活质量也在不断提升，人们的时间观念越来越强，所以提升速度、提高办事效率迫在眉睫。

民航旅客通过购票、值机、候机、登机、客舱、到达或经中转后到达最终目的地实现位移，航空公司的服务也围绕这些环节展开，形成一条服务链，对链条上各个环节的关键时刻加以关注，不断改进服务。

掌握航班动态信息是旅客日益明确的需求，也体现出旅客的自我时间意识越来越明确；而"提前通知"则是旅客对航空公司缺失的服务做出的呐喊，对"知情不报"的航空公司信誉和信任的质疑。

追根溯源，旅客选择飞机作为交通工具最根本目的是实现快速位移。按时起飞、准时到达是最基本的需求。购买机票，就确定了出行日期和时间。在享受安全、快捷、舒适、贴心（不管航空公司怎样定位）的航空旅行服务之前，旅客最近的一个关注点是能否按照计划开始旅行。如果旅客在这个接触点没有好的消费体验的话，后续的服务水准再高，恐怕也不能弥补旅客的不满。航空公司在现有服务链中各环节，无论售票、值机、候机、登机、客舱、到达或中转，都不断创新服务产品，丰富旅客的消费体验，却始终忽略旅客最基本的需求，可谓舍本逐末。

旅客对航班按时出发这个基本需求是应该首先被服务的。如果因各种原因导致航班不能正点起飞，旅客应该被提供另外一项服务：航班实时动态信息的通知服务。

旅客在制订好计划之后都不希望被干扰。不能按计划实施会使大多数人感到烦躁，尤其是不期而至的干扰，当旅客按照机票标注的时间安排了工作，提前出发，到达机场，却发现航班不能按时起飞，所有的计划都被打乱，于是对航空公司释放不满情绪。并且旅客很容易把这种干扰视为"蝴蝶效应"振动的翅膀：航班延误要对所有的后果承担责任。当旅客发现航空公司明知航班不准却"不早说"时，会感觉延误了调整计划的时机，从而更加不满。

在通讯不发达的年代，人们听天由命，只能一次次到机场看，一天天等航班，很少会有被提供实时航班动态信息这样的需求，即便有，也只是美好的想象。

随着移动电话、短信、网络论坛、博客、手机微博、3G 等信息传递技术的发展，人们美好的想象变成了现实，航班动态信息服务的缺失很容易被理解为是航空公司"故意隐瞒"。在购票到值机（进一步到登机之前）的"关键时刻"，"提供实时航班动态信息"才是旅客真正需求的服务产品，也是目前具有差异化领先优势的营销策略。

（二）自我安全意识

1. 财产安全和人身安全

作为一位对自己负责的旅客，在顺利登机，放好行李，坐在座位上之后，还需要具备应有的安全意识。在就座以后，需要认真观看乘务员关于安全带和氧气面罩的演示；需要知道此航班是否有跨越水域的飞行，若有，救生船在哪里；需要会穿救生衣；需要翻开座椅前面的口袋，看看这个机型有几个撤离门，并且知道如何撤离。

尽管飞机是最安全的现代交通工具，但它在设计制造并且对机组人员进行训练时，也考虑到了可能出现的紧急情况。出现突发状况后，怎么才能安全迅速地让所有旅客从飞机上撤离？以空中客车 A380 这样的"巨无霸"客机为例，民航监管当局要求在满客的情况下（最多能坐 800 人）在 90 秒内完成撤离。

有些撤离，机组人员和旅客都能够提前准备。例如，飞机在空中遇到突发的故障，要求飞机在落地后尽快完成撤离，机组可以在航班上对旅客再三讲解撤离的注意事项。但更多时候的紧急撤离，机组和旅客准备时间较少，要做到安全、迅速地撤离，就需要机组人员和旅客的无缝隙配合。此时，旅客乘机的安全知识和安全意识就格外重要。众所周知的“哈德逊河上的奇迹”，就是一架飞机在无动力的情况下迫降在哈德逊河上，在飞机接地后，机组人员在机长萨伦伯格的带领下迅速组织了撤离，150 位旅客和 5 位机组人员全部生还。这次撤离成为水上迫降和水上撤离的经典范例，这次撤离的成功也和旅客具有丰富的安全知识、具备很强的安全意识、能够和机组密切配合有关。

一般而言，乘务组接到机长发出的撤离口令后，会打开所有可用的舱门。舱门在预位的情况下，会释放紧急撤离的滑梯，滑梯会迅速充气伸展，一般一个滑梯撤离 50 位旅客，在 90 秒内就能完成撤离。如果发生起火冒烟，旅客也用不着惊慌，因为航空煤油的自燃点很高，大概在 500℃，而且飞机的座椅等也是用阻燃材料设计制作的，所以飞机接地破损到燃起大火，一般都要几分钟。而在这段时间内，旅客在飞行机组指挥下，完全能够有序完成撤离，远离飞机。

旅客搭乘飞机出行，除了带着行李外，还不能忘记要带上安全意识，而且这种意识要一直保持到安全地离开飞机为止。有了安全意识，自然而然就会注意飞机上所有的安全提示，也会心无旁骛地认真牢记空乘的演示。从安全提示和安全演示中，旅客就能学习到很多重要的安全知识。例如，认真阅读座椅前方口袋里的紧急撤离指示图，就能知道离自己最近的撤离门在何处；知道客舱出现烟雾，就最好能用湿毛巾等捂住口鼻，俯身弯腰或者爬行；知道要收好尖锐物品，脱下高跟鞋，因为滑梯的材料是尼龙做的，这样的物品有可能刺破充气滑梯。紧急撤离时若带上行李，不仅影响自己的撤离速度，也有可能堵住通道，影响到他人安全。

飞机上的紧急撤离，不是儿戏，关乎每一位机上人员的生命。带上安全意识乘飞机，既是对自己负责，也是对他人负责。

2. 安全带的使用

1）旅客使用安全带的必要性

为保护乘机旅客的安全，飞机上每个座椅都配有安全带。安全带是装在座椅骨架上的一条不起眼的带子。你可不要小看它，认为它像我们的腰带一样，想怎样使用就怎样使用，系紧点儿、系松点儿都不要紧，甚至不喜欢用就不用。其实不然，这一条小小的带子，在关键时候，在飞机飞行中或起降过程中，起着约束身体、确保人身安全的大作用。特别是紧急着陆的情况下，它可以保住你的生命。飞机起飞前在跑道上高速奔驰，速度超过 200 千米小时。如果遇到突发的意外情况将被迫终止起飞；飞机降落接地后，需要迅速地减速。在这两种情况下，如果旅客没有系好安全带，就会被飞机强大的惯性和阻力射离座位而撞伤。飞机在平飞过程中，有时会遇到强气流的作用而产生严重颠簸，甚至大起大落。此时旅客若不系好安全带，也容易被抛离座位而发生危险。不少旅客因忽视系安全带，已有过深刻的教训。

因此，乘客应根据机组的提醒随时系好安全带。飞机起飞时，速度很快，而且因爬升的原因有很大的角度，为防止因低空云、风或驾驶员操作原因出现飞机的颠簸、抖动、侧斜等，致使乘客因碰撞而受伤或其他意外事故，所以乘客在飞机起飞前要系好安全带；出于同样的原因，飞机在空中穿越云层或遇扰动气流时，飞机在显示出系好安全带，只要飞机上显示出系好安全带的信号，旅客应当迅速照办。

“女士们，先生们，我们的航班即将起飞，请您在座位上坐好，调直座椅靠背、收起小桌板，系好安全带……”乘务员的这段广播词，相信乘机旅客们并不陌生，系安全带已成为乘机时的例行程序。作为安全保障的有效手段，飞机上的安全带与汽车安全带、摩托车头盔一样，绝不是一种摆设。一旦遇到意外，安全带能起到保护作用，最大限度地避免旅客受到伤害。

有相当多的旅客对系安全带不以为然，某外企职员李小姐的想法颇具代表性："坐了这么多次飞机，从来都没有遭遇过空中惊魂，每次都平稳安全地到了目的地，而且真要出事，这区区一根带子又能起多大作用？所以我一直觉得系不系安全带都无所谓，既然乘务员再三叮嘱，还挨个检查，我就在起降时系上安全带，平飞后就松开了，因为不舒服，碍事。"

其实，系安全带是一种必要的预防措施，当飞机在起降过程中紧急刹车或遇到强气流发生强烈颠簸时，未系安全带的旅客往往来不及防范而受到意外伤害，这种情况在国内外已不少见。2007 年 10 月 17 日，从昆明飞往香港的中国南方航空公司 CZ341 航班在香港上空遇到强烈气流，飞机在 10 秒之内从 6400 米的高空下降到 5800 米，很多没有系仔安全带和正在上厕所的旅客被抛向机舱的空间，并撞到天花板上，共有 45 名旅客受伤。在这次南航航班上许多乘客因系好了安全带而安然无恙，而那些未系安全带的乘客面对突如其来的变故部受到不同程度的伤害，可见安全带的作用不可小看。

2）安全带的使用方法

首次乘坐飞机的旅客，需要尽快掌握安全带使用的方法。当旅客进入客舱坐在旅客座椅上以后，用两手从两边拿起安全带，将没有金属扣件的一端，顺沟槽和孔穿过金属扣件，就像人们平时栓皮带一样。一只手按住金属扣件，另一只手拉住织带，直到拉紧为止，不要留下间隙，可以动动上身和臀部，使其紧靠椅背，拉好安全带，使其系紧。从感觉上来说，系上时既不可勒得太紧，也不宜太松。旅客还应立刻学会麻利地解开，又熟练地系上。解开时，让腹部有些收缩，用一只手拿牢释放装置，另一只手推动释放扣，安全带就立刻松开了。安全带的精巧设计，为旅客提供了快捷系紧和放开的方便，使旅客在使用时不至于因慌乱而出错，从而达到保护旅客安全的目的。

在客机从机场起飞、平飞到安全着陆之前的整个飞行过程中，不管旅客正在客舱中干什么，只要客机上系好安全带的警示灯一亮，或者是空中小姐提示后，你就应该立刻回到自己的座位上，各就各位坐好，并马上系好安全带。一般人只注意到在客机起飞降落时系好安全带，而容易疏忽在正常的飞行之中系好安全带。

客机在飞行之中，驾驶员还可能根据"空中交通警察"——空中交通管制人员的命令，突然中断爬高而紧急下降到规定高度或猛地来个急转弯，以避免与另一航空器相撞。这些机动急速回避动作，也会影响到客舱里旅客。当机警敏锐的驾驶员预见到上述这些难以避免的情况要发生或收到空中交通管制人员的指挥口令时，便应先打开系好安全带的指示灯，同时与机组人员配合一致，专心对付这些突然遭遇。这些意外情况，一般不容易受到旅客的重视，所以问题也就往往出在这里。未意识到指示灯转亮，而又忽视广播内容或空中小姐提醒的旅客，就不可能及时系好安全带，特别是正在厕所或走动的人，就有可能在那倒霉的一刹那发生碰撞，从而导致死伤。据有关 79 例事故的统计，因客机遇到湍流，虽无一人死亡，但有 125 人受重伤，226 人受轻伤，绝大多数遭殃者都因正在上厕所，或在座位上因没注意指示灯而没系好安全带。

由此可见，严格按照指示灯和空中小姐的提醒系好安全带是多么的重要。正因为这样，空中小姐常常会不厌其烦地提醒旅客："除非你需要离开座位，在整个飞行中，您半躺着睡觉或专心阅读时，请松松地系着安全带，当遇到意外的强烈颠簸时，您来得及系紧、系好安全带。"

这个善意的提醒也许可以使旅客化险为夷。

3. 手机等的使用

近年来,随着便携式电子设备特别是移动电话的日益普及,在民用航空器上使用移动电话和其他电子设备的现象也日渐增多,对飞行安全已构成威胁。大量证据表明,在飞机上使用移动电话等便携式电子设备会产生电磁干扰,造成飞机导航设备、自动驾驶仪系统失灵进而严重危及航空安全。特别是航空器无线电导航和通信系统在起飞、爬升、进近和着陆阶段,由于航空器处于低高度,任何电磁干扰都有可能造成机毁人亡的后果。这个问题已引起社会各界的广泛关注。

民航法规有明令,移动电话等属于全程禁止开机。尽管不少旅客认为飞机上不关手机也无所谓,但我国民航是有明确的法规和条例严格要求乘坐航班的旅客遵守机上使用电子设备规定的。

据《公共航空运输承运人运行合格审定规则》(CCAR-121-R4)第121.573条规定:从飞机为开始飞行而关闭舱门时刻起,至结束飞行打开舱门时刻止,飞机上的乘员不得开启和使用,机组成员也不得允许其开启和使用与飞机正常飞行无关的主动发射无线电信号的便携式电子设备,这些设备包括:移动电话(包括飞行模式的移动电话);对讲机;遥控玩具和其他带遥控装置的电子设备;以及局方或者合格证持有人认定干扰飞机安全运行的其他无线电发射装置。对于便携式计算机、收音机、CD播放机、电子游戏机、视频录放机等不会干扰飞机航行或通信系统的便携式电子设备,在飞机起飞、爬升、下降、进近、着陆等飞行关键阶段也应限制使用。

目前旅客飞机上违规使用手机情况越来越多的情况,主要是两方面原因造成,一是机组本身安全意识不强;二是部分旅客安全意识不强,抱有侥幸心理。对于违规使用手机的旅客,听劝者通常可既往不咎,对制止不听者的确可行政拘留。

在飞行中,如果手机处于联网状态甚至接通状态,会干扰飞机接收地面信号。飞机起飞前6分钟和降落前7分钟,被称为"黑色13分钟",此时是飞行员操纵飞机最为紧张繁忙、精力高度集中的阶段。飞机上的仪表设备要同时接收地面航向台、下滑台、信标台等的引导信号,飞行员除要始终与指挥塔台保持无线电联络、听从塔台的指挥外,还要保持规定的飞行数据,在下滑进近阶段飞机的安全完全由机上仪表的指示准确程度所决定。此时一旦出现其他干扰,飞行员很难在短时间内控制住飞机,航向、高度稍有偏差,就可能飞出进近安全保护区,与地面障碍物相撞或着陆失败,造成空难事故。

手机使用飞行模式也是不被允许的。这是因为部分品牌手机仍会有蓝牙、导航功能。所谓飞行模式其实就是关闭电话通信功能,即不能接打电话和发短信,与基站没有信号联系,在飞行模式下,手机会自动切断所有网络连接,使得手机不能接收和发送短信,也无法打电话和上网,但某些品牌的手机还是处在待机状态并能拨打紧急电话。同时,手机的蓝牙、红外及GPS导航仍然可以使用,特别是手机的GPS导航信号有可能影响到飞机的导航系统,严重的甚至可以干扰飞机与地面控制中心的通信对话,给空中安全带来隐患。从专业的角度来说,飞行模式是各手机厂商自行开发的一项技术,目前尚无统一的执行标准和技术规则,只是商家一个吸引顾客的卖点而已。因此,旅客在飞行过程中即便是开"飞行模式"也不行。

(三)自我权利意识

近年来,旅客对航空公司的忍耐性越来越低,要求越来越高,权利意识大幅提高。

随着社会的发展,公民的权利意识越来越强,乘坐航班出行的旅客常常因为权利得不到有效、及时的保障，和航空公司之间发生纠纷。旅客曾因为“航空公司提供虚假信息，违法取消航班”起诉航空公司，民航总局相应对有关航班延误、取消补偿的制度进行了修订。虽然改变了很多，但是由于航班延误、取消使旅客合法权利得不到保障的事件还是频繁发生。航空公益维权律师常常接到很多旅客发来的求助，有些经过呼吁，得到了满意的结果，但是很多的案件，因为航空公司的不配合，无法正常处理，让人感到非常的无奈。

当个体的权利意识逐渐觉醒，并转而崇尚个体权利时，这种权利意识当然也会在航空运输中体现出来。同时，还要指出的是，今天我国的航空运输已从“贵族时代”走向了“平民时代”。坐飞机不再需要开介绍信，不再是身份的象征，航空运输只是平常百姓出行的一种交通方式而已。但是，我们的旅客对航空运输这种运输方式却知之甚少，或者说根本不了解。一旦坐上飞机，可能要求航空公司很多，而对自己的言行不加注意，这样，发生冲突不可避免。旅客应以平和的心态去看待机组人员所提出的要求，并予以积极配合，没必要针尖对麦芒。

当前公民的权利意识逐渐觉醒，这本来是一件好事，但大多数公民对法律略懂其一，不知其二，仅仅简单理解了属于自身权利的一方面，而对权利包含的丰富法律内涵却缺乏全面理解，更对自己的义务漠不关心。法理学上的“权利”作为法律术语本身就包含正当、合法及理性之意，权利本身具有诚实信用及禁止滥用的双重属性，一旦超出正当行使权利的边界，就可能构成过度维权甚至滥用权利，而闯停机坪正是典型的过度维权之举。擅闯者显然只片面关注了自己权利的一面，以此去跟航空公司谈赔偿，却没有意识到自己已经将遵守航空安全的义务踩到了脚下。

造成过度维权的主要原因，首先是规则本身的不健全。中国航空协会在 2010 年下发了《航空运输服务质量不正常航班承运人服务和补偿规范(试行)》，但事实上这个规则并没有实质性的约束力，而且长期以来，各航空公司自行制定赔偿标准，想赔就赔，不想赔就不赔。其次，“大闹大解决，小闹小解决，不闹不解决”的现状，事实上从侧面助长了一些旅客过度维权。航空公司为了赶紧息事宁人，甚至纵容闯停机坪乘客，超额赔偿 1000 元，颇有是非不分之嫌，也为“大闹大解决”平添了一个生动的注脚，此后再次发生闯停机坪事件也未必不是受此启发。因此，当事主体在自己的法定范围内享受权利，遵守义务，才是一个可期的法治氛围。尽管《民用航空法》和相关行业规定，如同所有行业性的制度一样，主要是为行业服务，而不是为旅客服务的，制度更倾向航空公司利益，而不是旅客利益。但在过错中，分清责任，各自承担，才能从根本上杜绝类似拦飞机这样过度维权的事件一而再再而三地发生。

(四) 自我“上帝”意识

随着社会的发展，公民的“上帝”意识越来越强，要求航空公司面对旅客，以旅客为上帝，旅客永远是对的。公众历来把民航服务作为服务业的标杆，一旦认为服务水平最高的民航服务出现问题，旅客心理落差较大，往往会出现一些过激行为。

民航与旅客之间信息传送中间环节多，可能导致旅客不能及时得到航班延误信息，旅客由此可能会产生被“抛弃”的感觉，认为自己的知情权受到侵犯，航空公司的服务态度太差，从而情绪激动，拒绝登机，导致航空公司一直担当“被告”角色，逐渐也会产生抵触情绪。长此以往，便会形成恶性循环。无论航班因何种原因延误或取消，都不应改变民航为旅客提供优质服务的宗旨。

此外，由于缺乏公平、透明、高效的责任认定与补偿机制，航班延误后，本来就损失不小的航空公司想尽量降低代价，乘客则怀疑航空公司的诚信，一定程度上使延误频频演变成激烈对抗。

世界万物，都有相互性。很多时候，只有你把别人当"上帝"，别人才会把你当"上帝"。在民航服务过程中，服务人员和旅客之间难免会发生矛盾或误解。面对旅客的抱怨甚至是过激行为，服务人员首先要让自己冷静下来，不要急于辩解；要控制好自己的思想情绪，要包容一切，做到喜怒不形于色，既不冲动也不消极；要虚心、耐心、诚心地对待旅客，不计较旅客的语气和表情。

三、民航服务人员的积极自我意识

（一）服务意识

1. 以客为尊

尊重旅客而不是阿谀奉承，而是尊重其人格和关切；理解旅客不是刻意迎合，而是理解其思想和感觉；关心旅客不是问长问短，而是关心其所需和要求；帮助旅客不是给予施舍，而是帮助其理解和配合；信任旅客不是言听计从，而是信任其能力和智慧。

优质服务没有定式。恪守人本、专业、安全的服务理念，围绕服务礼仪、岗位执勤、规范服务、微笑服务等环节，从着装仪态、接待问候等细节入手，促进日常服务养成，积极细化民航服务标准，全面加强业务培训，为旅客送上最具人性化、亲和力的服务。

真诚执着构筑"优质"。旅客的满意度是民航工作的唯一标准。把"旅客的满意度"作为评价民航服务的理念，引导民航服务人员学会换位思考，把民航旅客当亲人、当朋友，时刻站在旅客角度考虑问题，把被动服务转变成一种自觉行动，树立起民航服务人员可亲、可爱、可敬的新形象。从细微处抓好民航服务定式的养成，做到服务细心、解答耐心、帮扶热心，不断完善和改进服务工作，为旅客展现全新的民航服务理念。

弥补服务助力"优质" 。迎送旅客一张笑脸、一抹笑意，都是面对世界，代表国家，使用"无声语言"的心态服务定式，要求民服务人员学会调整心态，将甜美的微笑展现给每一位旅客，把优质服务提供给每一位旅客，使旅客感受到被尊重、感觉到被关心，以友好的态度及优质热情的服务赢得广大旅客的认可。

2. 以客为友

山不在高，有仙则名；水不在深，有龙则灵。民航服务人员要把旅客当做亲人朋友来对待。民航服务人员是航空公司一道靓丽的风景线，她们所具备的以客为尊的服务理念、良好的职业形象、精湛的服务技能和全面的综合素养对航空公司的服务品质起到举足轻重的作用，在一定程度上代表着企业形象、民航形象和国家形象。

民航服务人员要有真诚关怀旅客的主动意识。真诚指的是真实、诚恳、没有一点虚假，不欺骗，以诚待人，思想和言行保持一致，以从心底感动他人，而最终获得他人的信任。真诚表现了人的善良、诚实的美好品行。真诚服务的具体表现为时刻为旅客的利益着想。为旅客着想就是要求从旅客购票的那一刻起，服务人员时时处处为旅客行方便，为旅客谋利益，使旅客得到真正的实惠。民航服务人员应思旅客之所思，想旅客之所想，站在他们的角度感知、体会、思考服务中的问题和不足，采取平等、商量的口气和旅客沟通、交流，切忌高高在上，杜绝官商习气和霸道作风，体谅旅客、感激旅客，一切为旅客着想，洞察先机，将最优质的服务呈现在旅客面前。

3. 让客于理

在民航服务过程中，民航服务人员要认真体会旅客的要求和抱怨，建立“抱怨是金”的服务理念，掌握必要的语言技巧，发挥细腻的观察力。语言是服务的工具，是沟通的最基本手段，语言沟通具有意义表达迅速、准确等优点，能有效地帮助旅客形成对民航服务的信任。因此在工作中使用的语言要柔和，切忌使用伤害性语言，不讲有损旅客自尊心的话，也不能讲讽刺挖苦旅客的话，要处处体现出对旅客的尊重：语意明确，使用文明用语，在语言上表现出热情、亲切、和蔼、耐心。通过细致的观察，寻找提供服务的奇迹，最大限度地满足旅客的服务要求。

民航服务人员要认真倾听旅客的合理诉求，保持良好的服务心态，积极完善服务内容和质量。倾听，就是细心地听取，不仅用耳朵听，还要用心灵一起去倾听。这是信任和尊重最行之有效的方法。耐心倾听旅客叙说事情，迅速分析前因后果，有针对性地提出好的建议和解决方法，是每一名民航服务人员必须掌握的工作原则。面对旅客的抱怨甚至是过激行为，服务人员要控制好自己的言语和行为，要耐心、诚信地对待旅客，学会站在旅客的角度换位思考，充分理解旅客的心情和疑问，对旅客集中的矛盾点真诚地进行解释并加以说服引导，通过坚持不懈的努力，获得旅客的谅解和支持。

4. 超越期待

在服务过程中，要善于发现和留心旅客当中的各种需求，主动为旅客提供贴心服务，使旅客感受到超值服务，超越原本的期待。当旅客享受的服务高于其原本的心理期待时，旅客才能真正体会到自己是上帝的感觉，这通常要求服务人员具有敏锐的观察力和较强的注意能力。要想为旅客提供优质服务，就必须研究旅客的真正需求。通过细致的观察、敏锐的触角、经验的积累和感性思维等方面进行培养。服务人员可以通过观察和注意寻找出提供服务的奇迹，最大限度地满足旅客的服务要求。用心观察，总能在熙熙攘攘的客流中迅速发现最需要帮助的人，通过观察旅客的言行举止来判断旅客需要什么样的帮助。

在服务过程中，民航服务人员还要注意微笑、目光的交流、手势姿势等细节。因为温和的表情、适当的目光交流、得体的举止和姿态会增加对方的信任感和亲切感，而微笑和认真倾听的神态会让对方感受到受重视和关怀。在现实中，微笑具有奇妙的力量，它是礼貌待人的基本要求，真诚的微笑能传递出友善、关注、尊重和理解等信息。旅客可以通过服务人员的眼神和表情来把握对他们的欢迎和关心程度，也可以从中获取对方是否可靠的线索。

（二）团队意识

1. 集体荣誉至上

民航服务人员要树立以公司为荣、集体荣誉至上的服务理念，将维护集体荣誉这一观念融入到日常的服务工作当中去，培养团队意识，用优质的团队服务，贴心服务旅客，树立良好的服务团队形象。

2. 精诚合作

民航服务工作是一种需要团体协作的工作，旅客从购票到安全落地，中间涉及到很多民航服务环节，这就需要各个环节的民航服务人员，通力合作，竭尽全力发挥自身岗位的作用，为旅客提供全程优质服务。这就要求工作人员在服务过程当中，学会分工合作，互相补台不拆台，共同打造作风良好、氛围和谐的服务团队。

3. 团队的软肋——木桶定律

木桶定律，又称水桶效应，是指一只水桶想盛满水，必须每块木板都一样平齐且无破损，如果这只桶的木板中有一块不齐或者某块木板下面有破洞，这只桶就无法盛满水。也就是说一只水桶能盛多少水，并不取决于最长的那块木板，而是取决于最短的那块木板，也可称为短板效应。因此，在民航服务过程中，各个部门的工作人员要互帮互助，不让一人落队，这样才能使民航服务质量获得整体提升。

4. 微小的强大——蝴蝶效应

蝴蝶效应的理念始于美国麻省理工学院气象学家洛伦兹（Lorenz）的发现。为了预报天气，他用计算机求解仿真地球大气的13个方程式。为了更细致地考察结果，他把一个中间解取出，提高精度再送回。而当他喝了杯咖啡以后回来再看时竟大吃一惊：本来很小的差异，结果却相去甚远。计算机没有毛病，于是，洛伦兹（Lorenz）认定，他发现了新的现象："对初始值的极端不稳定性"，即"混沌 "，又称"蝴蝶效应"。因此，在民航服务过程中，工作人员要切记，勿以善小而不为，勿以恶小而为之。有时可能因为服务人员的一句带有情绪的话或一个冲动的行为，引发不可挽回的后果。

5. 合作的歧途——社会懈怠

社会懈怠效应是指个人与群体其他成员一起完成某种事情时，或个人活动时有他人在场，往往个人所付出的努力比单独时偏少，不如单干时出力多，个人的活动积极性与效率下降的现象，也叫社会惰化作用。一个和尚有水吃，两个和尚抬水吃，三个和尚没水吃。这个古老的中国寓言故事很好地揭示了社会懈怠效应的作用。在民航服务过程中，要时刻保持团队意识，正确认识自己的团队贡献，不因个人的消极懈怠而影响整个团体的工作效率，每个人把握好自己的工作责任，发挥自己在团队中的应有作用，才能充分发扬团队精神，提升团队服务质量。

（三）营销意识

1. 树立品牌留住旅客

树立良好的营销意识，一个重要的途径是通过树立品牌留住旅客。例如，国航品牌"凌燕"乘务示范组（图2-1），是东航著名的高端服务品牌，是由东航优秀乘务员组成的先进示范群体，是东航青年优秀人才的熔炉。

图2-1 "凌燕"乘务示范组

在过往的岁月里，凌燕走出了无数的服务明星、职业能手、劳动模范。"全心全意为旅客服务"是凌燕组服务的中心，"满意服务高于一切"是凌燕组服务的目标。自1989年成立至今，凌燕组先后获得"全国五一劳动奖状""全国民航先进集体""民航共青团先进乘务组""上海市劳模集体""全国青年文明号十年成就奖""全国城乡最佳巾帼文明集体""全国用户满意服务明星班组"等多项殊荣。

又如，中国西南航空公司，成立于 1987 年 10 月 15 日，是中国民航第一家按照政企分开改革原则组建起来的国家骨干航空公司，曾多次被中国民用航空总局授予特级和一级安全飞行奖章。

1996 年 4 月，中国西南航空公司加入国际航空运输协会。1997 年 3 月，中国西南航空公司正式成为国际航协多边联运协议成员。

中国西南航空公司经营的主导方针是“安全第一、正常飞行、优质服务”。1996 年和 2000 年，公司两度荣获中国民航航空安全最高奖——“金鹏杯”。中国西南航空公司还成功地开辟了成都通往世界海拔最高的民用机场——西藏邦达机场的航线，在国际航空界享有声誉。

2. 良好公关才能赢得旅客

在竞争日益激烈的社会中，社会形象已成为一个组织立足社会的必备条件。组织形象是一个组织向社会介绍自己的最好名片；一个组织良好的社会想象，是最重要的无形资产；树立良好的组织形象需要服务人员通过良好的公关能力，赢得旅客的支持与信任逐步建立起来。在现代社会中，任何一个民航部门都要处理好与自身发展密切相关的内外公众关系，树立良好的服务形象。

2004 年 7 月 23 日，东方航空公司一飞往哈尔滨的航班中途迫降后又取消航班，原来承诺的住宿安排也未兑现，致使 240 多位旅客在机场滞留一夜，其中有 70 多岁的老太太，还有抱在怀中的小孩。24 日上午飞机依然没有起飞，在此过程中，乘客没有见到过东航的工作人员。旅客只得与当地的代理接待人员交涉，要求东航赔偿。东航最终同意每人补贴 500 元，但旅客认为不足以补偿他们的损失。不少旅客对“天气原因”和取消航班提出疑问。航班的改变虽然由于天气原因，但航空公司的一些“窗口”服务部门公关能力不足，可能是造成旅客不满的主要原因。航空公司“窗口”服务部门的公关能力亟待提高，对旅客不应敷衍了事，甚至盛气凌人。许多矛盾只有在耐心和诚意中才能化解。

3. 积极宣传吸引旅客

随着社会的不断发展和进步，宣传与媒体的重要作用在民航服务工作中越来越突显出来，因此，要着眼大局，把握重点，扎实做好民航宣传工作。民航服务宣传的主要功能是宣传行业、引导行业，使旅客对民航服务有最直接和清晰的了解。要坚持“旗帜鲜明、生动活泼、耐人寻味、催人奋进、引导发展”的方针。一是要及时宣传党中央、国务院的精神，宣传中央领导同志对民航工作的重要指示；二是要宣传民航局党组的重大举措；三是要宣传民航的政策法规；四是要反映行业最关心的重大问题；五是要反映提升民航地位和扩大行业影响的活动；六是要反映行业发展的新经验、新规律；七是要宣传行业的先进典型；八是要回答行业和旅客关注的热点问题。这样才能进一步明确目标任务，助推民航又好又快地发展。

要加强领导，务实创新，努力提高民航宣传工作的科学化水平。宣传工作政策性强、敏感度高，是一项政治性、思想性、综合性、业务性很强的工作，必须加强领导，落实责任，建设高素质宣传队伍。要进一步落实宣传工作责任制，加大对宣传工作的投入。要进一步转变观念、开拓创新。加强和改进新时期宣传报道工作，要在精心策划、提高效果、利用新兴媒体、调动积极性四个方面多下功夫。要把宣传队伍建设作为基础性、战略性工程来抓，按照政治过硬、业务熟练、作风踏实、勇于创新的要求抓好落实。各单位要从政治上、工作上、生活上多关心宣传工作者，为他们创新创造、成长成才提供有利条件。

案例阅读

“上帝”,请放下挥舞的拳头①

暑运期间,因天气原因,大连—上海航班延误4小时以上,一名过激的旅客一拳打在航空公司工作人员的脸上,顿时,工作人员的右眼开始出血,额头也出现淤血,警方随后赶到,才将事态平息。

2007年8月份的一天,北京至深圳某航空公司航班因飞机故障被迫取消,次日早上补班。当飞机次日上午降落在深圳机场后,100多名机上旅客情绪激动,拒绝下机,并推打谩骂工作人员,占机时间长达3个多小时,进而导致后续数个航班出现延误。

长时间航班延误后,航空公司工作人员筋疲力尽,旅客“拳头挥舞”。随便点击最近一段时期的新闻网站,旅客霸机、冲飞机、拒绝登机、与航空公司工作人员发生冲突等事件屡见不鲜。

航空业:有苦难言

按照民航部门的统计,造成航班不正常的原因有20多类,其中有航空公司原因,也有乘客方面问题,但有6大类原因较为常见:飞机晚到、天气变化、流量控制、航空公司调配计划、飞机机械故障、旅客晚到等。在这6大类原因中,天气原因导致航班延误最常见。大风、降雨、雷电等可能导致飞机事故,能见度等达不到标准会影响飞机正常起降。有时即使天气好转,因航班大面积延误打乱了交通管制的正常放行计划,飞机也不能及时起飞。

旅客:“点火即燃”

当今社会,不同群体间和群体内部,积聚了相当强烈的怨恨和敌意,比如乘客与航空公司、铁路之间,垄断行业的监管部门与普通消费者之间。一旦发生改变,相对处于弱势地位的一方愤怒、对抗、报复等情绪便会集中爆发出来。于是,延误之后,长时间霸占飞机、追打工作人员者有之,损坏设备设施、强行阻挠其他航班起飞、违法维权者常有之。这种不加节制的、非理性的激情,使“上帝”捍卫自身权益的行为变了味。

和谐:共同营造

应该说,“旅客是上帝”这句话,包含两层意思,一层是说服务单位应该把旅客视为“上帝”一样,对旅客进行无微不至的关心和照顾;另一层意思是说,被尊为“上帝”的旅客应该有道德底线,应该克制自己的言行。要营造文明的乘机环境,就需要服务方(航空公司和机场)与服务对象(旅客)之间多一分理解,多一分支持。

航空公司应该努力做到:一是要合理安排航班的衔接和飞机运力的调配;二是要充分尊重旅客的知情权,保持信息渠道的畅通;三是要懂得旅客心理学,工作人员要用热情、周到、细致的服务赢得旅客的理解和支持,并妥善安置旅客,尽最大努力减少对旅客造成的损失。

对于旅客来说,也要理解服务机构,航班延误也是服务机构不愿见到的,他们和滞留旅客一样着急,“有理也得依法办事”。旅客情绪激动可以理解,但不要有过激行为,甚至因一时气盛,做出拒绝登机、强占航空器等违法的事情,结果不仅于事无补,而且还会害人害己,实在不足取。因为根据《民航法》规定,如果航班不正常是因为天气、流量控制等非主观原因造成的,航空公司不给予赔偿,对聚众扰乱机场秩序的,可依照刑法追究其刑事责任。

---

① 罗小君.“上帝”,请放下挥舞的拳头.中国民航报,2007-9-19.

101%的满意①

现在我看书看游记，电视看旅游卫视，上网看马尔代夫群岛，上了飞机看见旅客我会猜测他们是去度假吗？想象着每个踏上旅途的人的心情是否也会和我一样快乐，虽然我只是在遐想中度假。

昨天飞了一班海口，经典的旅游航线。旅客一登机，就如我们所预料的一样，有不知如何找座位的，也有一上飞机就忙着照相留念而堵塞通道的。乘务员处理这种状况都很老练，一边引导旅客入座，一边有礼貌地劝阻他们不要对乘务员拍照。为了加快登机速度，我也用浅显简洁的语言进行登机广播而不是播放预录广播。

等旅客们都进入客舱了，仍出现不少这样那样的情况：按错呼唤铃的，不会系安全带的，随意换座的……直到飞机起飞时我还能听见旅客的说笑声。

飞机冲出云层后，旅客又开始活跃起来，纷纷打开行李架拿相机开始拍照。送餐时我发现还有几位旅客站在过道里拍照，便请他们先回到座位上坐好，等我们服务完后再拍照，这几位旅客才恍然大悟笑呵呵地回到座位上。送完餐饮后，一位乘务员很委屈地来跟我说："刚才有位旅客上洗手间时说'你们服务太差了，那么多旅客开行李架你们都不管'。"

听完她的话，我急忙回想刚才是不是有行李架长时间打开而没有及时关上的情况，但确实没有，旅客打开行李架时，我们都请他们拿完东西后把行李架关好，忘记关的，我们也都赶快过去关上了，只有去问问这位旅客了。谁知还没等我问完，这位旅客一下子站起来对我说："你还好意思问我，这里简直跟集贸市场一样，你们也不管一下。"

顿时，周围原本还在说笑的旅客都停下来看着我们，我还试图进行解释，可这位旅客又是没等我的话说完就说："没坐过这样的飞机，像进了市场一样，你走你走，别跟我说了。"我也只得作罢。后来乘务员看见这名旅客把头顶上方的行李架打开了也不关上，便上前去关上了。不知这位旅客是自己忘了关，还是对我们的再次考验。

那天航班上有101位旅客，这位先生也许是一名常坐飞机的旅客，我想他不高兴的原因可能是觉得其他旅客影响到他休息了，对我们的指责也只是一种发泄不满的方式吧。

作为一名乘务长，我没有办法让100位旅客都保持安静，都不要去开行李架，我们所能做的只有耐心地去和这100位旅客沟通，用我们标准、规范的语言去引导和提醒他们：请您系好安全带；颠簸时请您暂时不要用洗手间，先就近坐下来；女士，这是您的孩子吗，请照看好他，小心孩子跌倒……这些就是我们一遍又一遍、不厌其烦地对这101位旅客所说的话。因为我们周到的服务，我们赢得了100%的满意，但我们不能忽视还有1%不满意的存在，它会让我们感到一丝缺憾。100%的满意不代表着完美，因为这样的满意是我们付出了1%不满意的代价换来的。在飞机逐渐成为一种大众的交通方式时，不要忘记普及乘机知识也是航空公司的责任和义务，而我们就是实现这些责任和义务的使者，只要大家多一点点耐心、宽容和微笑，也许有一天我们就能实现101%的满意。

复习题

1. 简述自我意识的形成机制。
2. 民航服务中旅客常见的自我意识有哪些？

---

① 程丹. 101%的满意. 中国民航报，2007－7－18.

3. 简述民航服务中如何体现“以客为尊、以客为友”？
4. 简述“木桶定律”及其在民航服务中的意义。
5. 简述“蝴蝶效应”及其在民航服务中的意义。
6. 简述民航服务过程中如何树立营销意识。

第二节 知 觉

一、概述

（一）概念

知觉是直接作用于感觉器官的客观事物的整体在人脑中的反映，是一系列组织并解释外界客体和事件产生的感觉信息的加工过程。

（二）知觉组织原则

1. 接近性原则

人倾向于在视野中，把在时间或空间上相邻或接近的刺激物更易知觉为整体，这是由于在知觉过程中，当刺激物之间的辨别性特征不明显时，人经常会借助自己已有的知识经验，主动寻找刺激物之间的关系，进而获得合乎逻辑或有意义的知识经验。如图 2－2 所示，图（a）与图（b）同样是由 20 个圆点组成的方阵，如单就各个圆点去看，它们之间不容易找出可供分类组织的特征。但如仔细观察，两图中点与点之间的间隔距离不尽相等：图（a）中两点之间的上下距离较其左右间隔为接近，故而看起来，20 个点自动组成四个纵列；图（b）中两点之间的左右间隔较其上下距离为接近，故而看起来是 20 个点自动组成四行。此种按刺激物间距离关系而组成知觉经验的心理倾向称为接近法则（1aw of proximity）。

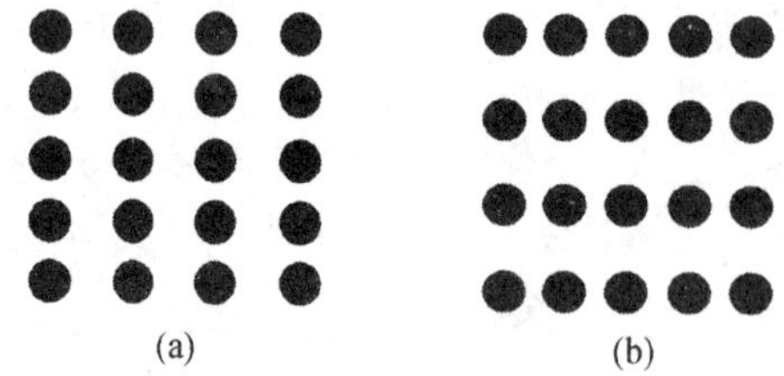

图 2－2 接近性法则

2. 相似性原则

人倾向于把在大小、形状、颜色、亮度和形式等物理属性相同或相似的刺激物组合在一起形成一个整体。这种按照刺激物相似特性进行组织的知觉倾向，符合知觉组织的相似性原则。如图 2－3 所示，在方阵中，圆点与斜叉各自相似，很明显地被看成是由斜叉组成的大方阵当中另有一个由圆点组成的方阵。此种按刺激物相似特征组成知觉经验的心理倾向称为相似法则（law of similarity）。

3. 连续性原则

知觉的续性原则是指个体倾向于把具有彼此连续或运动方向相同的刺激物，或即使其间并无连续关系的刺激组合在一起形成一个整体，如图 2－4 所示。知觉上的连续法则所指的“连续”，未必指事实上的连续，而是指心理上的连续。知觉上的连续法则在绘画艺术、建筑艺术以及服装设计上早已广泛应用 。以实物形象上的不连续使观察者产生心理上的连续知觉，从而形成更多的线条或色彩的变化，藉以增加美的表达。听知觉也会有连续心理组织倾向。对于多人一起合唱或多种乐器合奏，有音乐修养的人不会把不同声音混而为一，而是能分辨出每一种声音的前后连续。

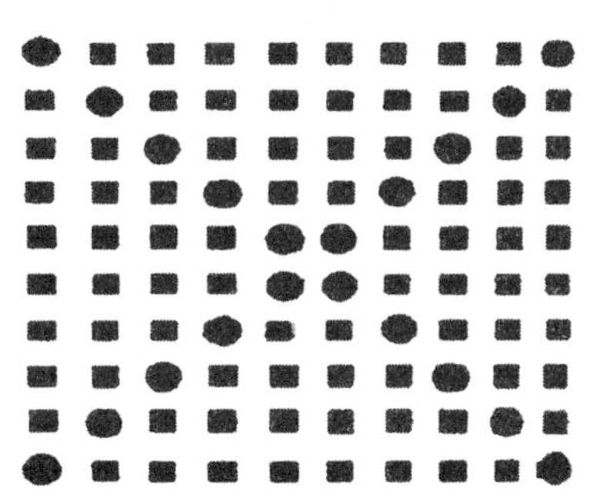
图 2－3　相似性法则

图 2－4　连续性法则

4. 闭合性原则

人能将图形刺激中的特征聚合成形，即使其间有断缺之处，也倾向于形成一个连续的完整形状。而在实际图形中，它们根本不存在，因为没有线条或轮廓将它们闭合成图形，只不过观察者在心理上将这些线条或轮廓闭合起来，产生了主观轮廓，形成了完整图形的知觉经验，体现了知觉组织的闭合原则，如图 2－5 所示。

图 2－5　闭合性法则

5. 同域性原则

人倾向于将处于同一地带或同一区域的刺激物组合在一起形成一个完整形状，这种知觉组织原则称为知觉的同域原则。

（三）知觉的特征

1. 整体性

知觉整体性是指个体利用已有的知识经验，把直接作用于感觉器官的客观事物的属性整合为一个整体的过程。人所接受的客观事物的感觉信息是单一的、零散的，知觉是把这些感觉信息进行整合的过程，是从整体上把握某事物的基本特征。人之所以能够把具有不同属性的事物组成一个整体，是由于事物的属性或部分本来是结合在一起的，是一个复合刺激物。

知觉整体性主要具有以下特点：知觉整体性不仅与刺激物本身的特征（如接近、连续或相似等）以及各部分之间结构成分密切相关，而且还受到个体的主观状态，特别是个体原有的知识经验的影响；刺激物的各个部分、各种属性对个体产生整体知觉的作用不同；客观刺激物的关键性成分或关键性特征对知觉的整体性起决定作用。

2. 选择性

知觉选择性是指个体根据自己的需要与兴趣，有目的地把某些刺激信息或刺激的某些方面作为知觉对象而把其他事物作为背景进行组织加工的过程。由于人每时每刻所接触到的客观事物众多，因此不可能对同时作用于感觉器官的所有刺激信息进行反映，而是主动地挑选某些刺激信息进行加工处理，从而排除其他信息的干扰，以形成清晰的知觉，并迅速、有效地感知客观事物来适应环境。人在知觉客观世界时，总是有选择地把少数事物当成知觉的对象，而把其他事物当成知觉的背景，以便更清晰地感知一定的事物与对象。知觉的这一特征称为选择性。例如，在课堂上，教师的声音为知觉的对象，而环境中的其他声音成为背景。

知觉选择性主要具有以下特点：受客观刺激物特点的影响，刺激物强度大、对比明显、颜色鲜艳时容易成为知觉的对象，光线强、声音响、轮廓分明的刺激物容易被成为知觉对象而被加工；刺激物在空间上的接近、连续，或形状相似时容易成为知觉的对象，符合知觉组织的原则；刺激物符合“良好图形”原则，即图形具有简明性、对称性时，容易成为知觉的对象；刺激物轮廓封闭或趋于闭合时容易成为知觉的对象，符合知觉组织的闭合原则；知觉选择性受人的主观因素的影响，与知觉者的需要和动机，兴趣和爱好，目的和任务，已有的知识经验，刺激物对个体的意义等主观因素密切相关。

3. 理解性

知觉理解性是指在知觉过程中，个体根据自己已有的知识经验对客观事物进行解释，并用语词加以概括标志以赋予其意义的组织加工过程。同一个知觉对象，具有不同知识经验背景的人对它的组织加工是不同的，由此形成的知觉经验也会存在差异。

心理学家黎柏(Leeper, 1935)以如图2－6所示的三张图片为材料，研究个体先前的知觉经验对后续知觉理解的影响。图(a)为一位年轻女子，图(c)为一位老妇人，图(b)则同时具有两者的特征，既可以看成是年轻女子，也可以看成是老妇人。结果表明，如果先看图(a)，再看图(b)，100%的被试者会把图(b)看成是年轻女子；如果先看图(c)，再看图(b)，96%的被试者会把图(b)看成老妇人。个体因为先前知觉经验的不同而导致对同一知觉对象的理解产生如此大的差异，充分表明个体对刺激信息的理解在很大程度上受到自己已有知识经验的影响而形成了知觉定势。

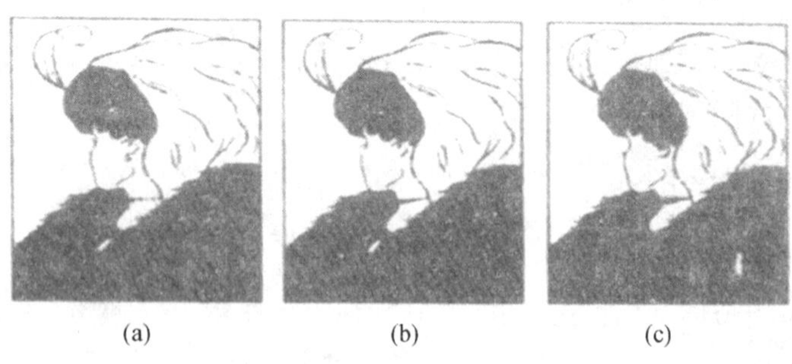

(a) (b) (c)

图2－6 知觉的理解性

知觉理解性主要具有以下特点：人已有的知识经验是对信息进行加工处理的前提，知识与经验是知觉理解的基础。不同的人，由于知识与经验不同，对同一客观事物的知觉理解程度也会有所差异，从而导致对该事物的不同知觉。知觉理解性受言语指导的重要影响。言语指导可以为知觉理解性指引组织方向。当刺激信息判断标志不甚明显的时候，适当的言语指导可以帮助个体唤起过去的知识经验，促进个体对知觉对象的理解。

4. 恒常性

知觉恒常性是指人在一定范围内,不随知觉客观条件的改变而保持其知觉映像的过程。知觉恒常性是个体知觉客观事物的重要知觉特征,它在视知觉中表现比较明显。在视觉范围内,知觉恒常性的种类有大小恒常性、形状恒常性、方向恒常性、颜色恒常性和亮度恒常性等。

二、民航服务中的知觉

(一) 旅客对民航服务的知觉

(1) 旅客对民航企业的知觉。包括民航企业的服务意识与态度,即是否具有主动、服务创新能力;企业形象,主要涉及企业精神、知名度、美誉度、在公益事业中的形象以及发挥的作用;民航企业所提供的服务环节服务环境,其中色彩、亮度、音量、舒适感对于旅客的知觉有着重要影响,如听觉在超过140分贝时就会令人产生痛觉,感到不适;航空公司硬件设施,如航线、航班是否符合旅客的知觉需要。

(2) 旅客对飞机的知觉。各种飞机所具有的功能从本质上来说是相同的,它们之间的区别对于大多数旅客来说也难以区分。旅客对客运班机的选择,主要与以下几个因素密切相关:飞机起飞的时间,飞机是否能够准点起飞与到达,飞机中途着陆的次数,空乘服务员的服务态度,旅客以往的乘机经历,媒体的报道等。

(3) 旅客对民航服务的知觉。主要包括民航服务质量和服务特色,取决于服务质量的高低和服务项目的新颖。对服务质量的国际评价标准有如下几点要求:有形标准,包括机上设施、服务人员的仪表;可靠性标准,包括民航可靠、准确提供许诺的服务的能力;信任性标准,指民航是否具有给人以信任和信心的服务人员;责任心标准,指民航服务人员热情帮助旅客的意愿是否充分,能否体现自身的责任感;移情作用标准,指民航服务人员对旅客的关心和个别照顾。

(二) 民航服务人员对旅客的知觉

民航服务人员可通过旅客的表情、个性、角色来形成对旅客的知觉。

1. 表情

"察言",即注意一个人的声音。言为心声,一个人的言语节奏、语调高低、语速缓急,都是了解旅客内心世界和性格特征的有效途径。笑声朗朗,说明旅客性格开朗、心情愉快;唉声叹气、语调沉缓,说明旅客心情优郁、闷闷不乐,似有愁心之事;语调高、速速快,说明旅客性子较急,脾气暴躁,情绪较难控制;语调低、语速慢,则说明旅客性情温和、性子较慢,情绪变化不明显。

"观色",即观察一个人的面部表情。面部表情是一 个人喜怒哀乐的晴雨表。"愁眉苦脸""眉开眼笑",分别表达人的哀与乐;目光炯炯、神采奕奕,说明情绪高涨、心情愉快;目光呆滞、脸色阴沉,说明情绪低落、心中不快;东瞧瞧、西望望,好奇心较强,说明可能是第一次乘飞机;入座后两臂相抱、低头沉睡,说明可能比较劳累,属于商务旅行;入座后动作比较多、精力旺盛,说明心情比较好,精力充沛。

2. 个性

1) 言词所反映出的性格

"服务员,请您……":自然、随和、令人愉快的。

"您能否……":令人愉快、离兴的。

“我想要……”:清楚、明确的期望,可能是愉快的或要求很高。

“我需要……”:清楚、明确的期望和要求,可能是愉快的或要求很高。

“我说的是……”:困难的、要求很高。

“我听到的不是如此!”:不耐烦、沮丧、争议、生气。

2）语调所反映出的性格

慢、低:自然、随和、高兴或疲倦,不兴奋。

欢欣的:高兴、愉快。

讽刺的:不耐烦、不高兴、找麻烦。

强烈的:要求很高。

大声的、爽快的:高兴、兴奋或豪爽。

3）仪表仪容反映出的性格

仪表整洁:体面、令人愉快,有较高的期望。

运动衫、牛仔裤:可能在度假,比较随便、轻松、愉快的。

领带纠结,西装多绉:疲倦,不舒服,不在意的。

衣着怪异,发型潮流:艺术人物或怪异的、自以为是的人物。

4）身体语言所反映出的性格

挺直胸膛:坦率、直爽,不说废话。

弯腰驼背:疲倦、压抑、不高兴、思考。

膝盖晃动:不耐烦。

手指关节作响,玩弄筷子等:不耐烦、焦急。

走路迅速:热情,似要求很高。

歪头倾听:集中注意力,感兴趣的。

手放在口袋里玩弄零钱:焦虑、不自在。

双臂交叉:防御,表示不喜欢这个场面或谈话的内容。

手指指着对方:气愤、心烦意乱。

眯着眼睛:疲倦、冷漠的,不在乎,不能集中注意力。

3. 角色

民航服务人员可根据旅客个人的社会地位和职业特点,推断旅客的行为和心理特征。如旅客谈吐文雅、学识渊博,据此可以推断他的角色属于教师和科研人员一类；如果旅客神志较为严肃、不苟言笑、言谈谨慎,则可以推断他的角色可能属于政府公务员一类。

三、民航服务中常见的知觉偏差

（一）首因效应

首因效应,也被称为第一印象,是指人们在首次接触某种事物时所形成的印象,它将对今后交往有一定的影响。第一印象的形成有一半以上内容与外表有关,不是只有一张漂亮的脸蛋就足够了,还包括体态、气质、神情和衣着的细微差异。第一印象有大约40%的内容与声音有关。音调、语气、语速、节奏都将影响第一印象的形成。第一印象中只有少于10%的内容与言语举止有关。

实验显示,见到一个陌生人时,头发的样式比面部特征更能吸引对方的注意。长发暗示着健康和性感,短发看起来自信而成功,自然、中长、没有特定款式的发行,则让人感觉智慧和真实。此外,握手也能传递重要信息。研究发现,那些握手时目光和人直接接触、手掌干燥、坚定有力、自然摆动,而不是无力、潮湿、试探性的人,不仅能让你对他感觉良好,还能博得你对他的信任。

在民航服务中,由于服务人员与旅客的交往多数是一次性的,因此要以最佳的言行给旅客留下良好的第一印象。要想产生好的印象,必须采取正确的态度。一个容易令人接受的表情或几句恰当的话语都能表达出积极、乐观的态度。民航服务人员要喜欢见到客人,要享受自己的工作,要有清晰的语言表达能力,穿着打扮要得体,要注意个人卫生,要用微笑、真诚、热情、关心给旅客留下良好的第一印象。

(二）近因效应

所谓近因效应与首因效应相反,是指在多种刺激一次出现的时候,印象的形成主要取决于后来出现的刺激,即在交往过程中,我们对他人最近、最新的认识占据主导地位,掩盖了以往形成的对他人的评价。

同首因效应相反,近因效应使人们更看重新近信息,并以此为依据对问题作判断,忽略以往信息的参考价值,从而不能全面、客观、历史、公正地看待问题。近因效应是存在的,首因效应也是存在的,那么怎样去解释这种矛盾的现象呢?通过大量的实验证实,首因效应和近因效应依附于人的主体价值选择和价值评价。在主体价值系统作用下形成的印象,被赋予了某种意义,被称为加重印象。一般而言,认知结构简单的人更容易出现近因效应,认知结构复杂的人更容易出现首因效应。

在民航服务中,树立民航企业的良好形象固然重要,在后续的工作中继续保持民航企业的美誉度则更加重要。因此要求民航服务人员克己受礼,在民航服务工作中始终如一,用专业的服务、热情的态度对待旅客。民航服务也可以运用近因效应的正向价值,在处理突发事件、公关危机当中,通过与旅客的真诚沟通,体现自身的服务品质,以提升在旅客心中的印象,达到挽回形象的效果。

(三）晕轮效应

晕轮效应,又被称为光圈效应,就是在人际交往中,人身上表现出的某一方面的特征掩盖了其他特征,从而造成人际认知的障碍。

俄国著名的大文豪普希金因决斗而死。他狂热地爱上了被称为“莫斯科第一美人”的娜坦丽,并且和她结了婚。娜坦丽容貌惊人,但与普希金性情不合。当普希金每次把写好的诗读给她听时,她总是捂着耳朵说:“不要听!不要听!”相反,她总是要普希金陪她游乐,出席一些豪华的晚会、舞会,普希金为此丢下创作,弄得债台高筑。在普希金看来,一个漂亮的女人也必然有非凡的智慧和高贵的品格,然而娜坦丽并非如此,这种现象被称为晕轮效应。普希金的死,可以归结为晕轮效应的作用。

晕轮效应是一种以偏概全的主观心理臆测,其错误在于:

(1) 它容易抓住事物的个别特征,习惯以个别推及一般,就像盲人摸象一样,以点代面。

(2) 它把并无内在联系的一些个性或外貌特征联系在一起,断言有这种特征必然会有另一种特征。

(3) 它说好就全都肯定,说坏就全部否定,这是一种受主观偏见支配的绝对化倾向。

(四) 刻板印象

所谓刻板印象,是指在人的头脑中存在的对某人或某一类人的比较固定概括而笼统的印象。

《三国演义》中曾与诸葛亮齐名的庞统去拜见孙权,“权见其人浓眉掀鼻,黑面短髯、形容古怪,心中不喜”;庞统又见刘备,“玄德见统貌陋,心中不悦”。孙权和刘备都认为庞统这样面貌丑陋之人不会有什么才能,因而产生不悦情绪,这实际上也是刻板效应的负面影响在发生作用。

人们一般认为工人豪爽,农民质朴,军人雷厉风行,知识分子文质彬彬,商人较为精明,诸如此类都是类化的看法,都是人脑中形成的刻板、固定的印象。此外,性别、年龄等因素亦可成为刻板效应对人分类的标准。例如,按年龄归类,认为年轻人上进心强,敢说敢干,而老年人则墨守成规,缺乏进取心;按性别归类,认为男人总是独立性强、竞争心强、自信、有抱负,而女性则依赖性强、喜好整洁、温柔细心、会持家。

刻板印象包含一定的合理、真实的成分,或多或少地反映了知觉对象的若干实际情况,有助于简化人们的认知过程。但刻板印象一旦形成具有较高的稳定性,很难随现实的变化而变化,往往阻碍人们接受新事物,容易导致成见。

民航服务人员在工作中需要避免以偏概全、固守已有的偏见和传统,客观、公正地对待每一位旅客。

(五) 定势效应

所谓定势效应,是指人们因为局限于既有的信息或认识的现象。

研究者向参加实验的两组大学生出示同一张照片,但在出示照片前,向第一组学生说:这个人是一个穷凶极恶的罪犯;对第二组学生说:这个人是一位大科学家。

然后他让两组学生各自用文字描述照片上这个人的相貌。

第一组学生的描述是:深陷的双眼表明他内心充满仇恨,突出的下巴证明他沿着犯罪道路顽固到底的决心……

第二组的描述是:深陷的双眼表明此人思想的深度,突出的下巴表明此人在认识道路上克服困难的意志……

对同一个人的评价,仅仅因为先前得到的关于此人身份的提示不同,得到的描述竟然有如此戏剧性的差距,可见心理定势对人们认识过程的巨大影响。

(六) 透明度效应

透明度效应,指人们总能敏锐地意识到自己的情绪,并认为如果意识到自己很快乐,那么面部表情就会清楚地表现出这种快乐并且使别人注意到。透明度效应是社会心理学很重要的观点,我们会过高地估计别人对自己的注意,高估自己的透明度,或者说高估他人对自己的了解程度。

处在一段关系中的双方,都希望对方能和自己有默契,以心传心。然而,别人对你的了解并不如你想象得那么多,有时候你不明确地说出来,对方又怎么能知道你是如何想的呢? 在任何一段关系的特定阶段,都需要良好的表达,才能让对方更加了解你。不经过这一阶段,是很难建立默契的。

旅客常常会认为,民航服务人员应该知道旅客的所思、所想。民航服务人员也常常会以为,旅客应该知道乘坐民航的一些要求,并且不会去违背这些要求。双方因为透明度效应,而使得沟通不能顺畅进行,往往坐失了沟通的最佳时机,造成遗憾。

(七) 基本归因错误

归因理论的一个现象是人们常常把他人的行为归因于人格或态度等内在特质上,而忽略他们所处情境的重要性。例如,尽管我们在评价他人的行为时有充分的证据支持,但我们总是倾向于低估外部因素的影响,而高估内部或个人因素的影响。这种现象解释了当销售人员的业绩不佳时,销售经理更倾向于将其归因于下属的懒惰而不是竞争对手的实力。

基本归因错误描绘人们在考察某些行为或后果的原因时高估倾向性因素(谴责或赞誉人)、低估情境性因素(谴责或赞誉环境)的双重倾向。最主要的一个原因就是,与其他的环境因素相比,行为者的行为是最容易观察的信息。个人的一言一行、一举一动都很容易被注意到,而社会环境、社会角色、情境压力等外部条件则难以引起注意,于是,我们就忽视了这些外部因素的作用,而过多地强调个人自身的原因。此外,还有一个可能的原因就是,我们有一种基本的信念,觉得个人应该对自己的行为负责,于是,在分析行为的原因时,我们就会追溯个人自身的原因。例如,我们倾向于认为一个人的生活状况与自己的努力奋斗有很大关系,所以,当我们看见一个人生活拮据时,可能会想:“为什么你不勤奋一点儿呢?”

当旅客与服务人员争执时,常常会出现“XX 服务员怎样怎样,这素质也太低了……”等评价和责备,这是基本归因错误在民航服务中的典型表现。

(八) 自我服务偏见

人们常常从好的方面看待自己,当取得一些成功时,常常容易归因于自己,而做了错事之后,怨天尤人,把它归因于外在因素,即把功劳归于自己,把错误推给人家。这是一种主观主义的表现,也是一种归因偏见。

人们常常把成功归结于自己的才能和努力,却把失败归咎于“运气不佳”“问题本身就无法解决”等外部因素。无论年龄、性别、信仰、经济地位或种族有多么不同,有一个特点是所有人都有的,那就是在每个人的内心深处都相信,我们比普通人要强。我们也相信我们在多数主观的和令人向往的特质上强于一般人。

我们假定,他人的语言和行为能够体现他们的本质。我们私下的想法也是如此。因此,我们中的大多数人都认为我们比别人更了解我们自己。我们也认为比起别人来,我们更了解自己。很少有大学生会认为自己比别人更天真或更傻,但他们会认为别人要比他们傻得多。人们往往认为他们比其他人更不容易受偏见的影响。他们甚至认为自己比多数人更不容易产生自我服务偏见。旅客常常认为自己能买到票是能力,没买到是航班太紧张了,肯定有黄牛在倒票。

(九) 行动者—观察者错误

行动者—观察者错误是一种自我—他人的归因偏差现象,它一直受到学者们较多的关注和研究。人们作为一个评价者对他人的行为进行归因的时候,往往倾向于稳定的内部的归因;而当人们作为自我评价者对自己的行为进行归因时,却倾向于作外部的归因,即观察者高估个人特质因素，行动者高估情境因素的作用。例如，将自己行为归因于情景，将他人行为归因于性格。

如航班延误时，旅客作为观察者，通常将民航服务人员的行为归因于内部的稳定的因素。因此，有些旅客情绪激动高声争吵，埋怨民航服务人员的态度不好，指责民航服务人员搪塞和应付旅客。当旅客作为行动者时，通常将自己的行为归因于外部的不稳定的因素，即旅客会认为自己的情绪激动甚至过激行为，都是偶然的，是由航班延误、民航服务态度的问题等外部的因素引起的。

四、微笑服务

（一）概念

对服务行业来说，至关重要的一点是微笑服务。微笑服务并不意味着只是脸上挂笑，而应是真诚地为顾客服务，试想一下，如果一个空乘人员只会一味地微笑，而对旅客内心有什么想法，有什么要求一概不知、一概不问，那么这种微笑又有什么用呢？因此，微笑服务最重要的是在感情上把旅客当亲人、当朋友，与他们同欢喜、共忧伤，成为旅客的知心人。

（二）基本要求

1. 良好的服务印象

良好的服务印象对民航服务来说尤为重要，这种服务不仅包括飞机设施优良、服务便捷等硬件服务，还包括在旅客在旅行过程中享受到的被尊重、被重视等软性服务。有时软性服务的受重视程度甚至高于硬件服务。因此要给旅客留下良好的服务印象，就要求空乘人员对旅客表现出尊重、并且发自内心的微笑。但是，对于旅客来说，空乘人员硬挤出来的笑还不如不笑。有些民航企业提出“开发笑的资源”，强求乘务员向旅客去笑，甚至鼓励或要求乘务员回家对着镜子练笑，这都是不明智的做法。

微笑，是愉快心情的反映，也是礼貌和涵养的表现。空乘人员并不仅仅在飞机上展示微笑，在生活中处处都应有微笑，在工作岗位上只要把顾客当做自己的朋友，当做一个人来尊重他，你就会很自然地向他发出会心的微笑。因些，这种微笑不用靠行政命令强迫，而是作为一个有修养、有礼貌的人自觉自愿发出的。唯有这种笑，才是旅客需要的笑，也是最美的笑。

2. 面部表情

一位优秀的女空乘人员脸上总带着真诚的微笑。一次与人聊天，朋友问她：“你一天到晚地笑着，难道就没有不顺心的事吗？”她说：“世上谁没有烦恼？关键是不要也不应被烦恼所支配。到单位上班，我将烦恼留在家里；回到家里，我就把烦恼留在单位，这样，我就总能有一个轻松愉快的心情。”若是空乘人员都能善于做这种“情绪过滤”，就不愁在服务岗位上没有晴朗的笑容了。

空乘人员遇到了不顺心的事，难免心情也会不愉快，这时再强求他对旅客满脸微笑，似乎是太不尽情理。可是服务工作的特殊性，又决定了空乘人员不能把自己的情绪发泄在旅客身上。所以空乘人员必须学会分解和淡化烦恼与不快，时时刻刻保持一种轻松的情绪，让欢乐永远伴随自己，把欢乐传递给旅客。

3. 言语表情

真正的微笑服务应发自内心，渗透着自己的情感，表里如一，毫无包装或娇饰的微笑才有感染力，才能被视为“参与社交的通行证”，才会被别人真正地从心里接受。

例如，以前有一家公司让员工去拿一份重要的材料，结果去的员工都被骂了回来。老板就把这个任务交给了张三。张三很愁，但这份材料不拿还不行，结果还是去了。到那时，只见那位科长还在破口大骂。这时张三什么也没有说，只是微笑、微笑还是微笑，嘴里说着：“噢？这样呀？是吗？”只是点着头微笑着。后来，那个科长骂了一阵子之后，张三说：“科长，你很善于表达你内心里的愤怒呀！”后来，那个科长看了看张三说：“嗯！不错！我也不为难你了，你就拿回去吧！”就这样别人没有拿到的，而张三却拿到了。

4. 姿态表情

微笑的要求：眼角要笑，口角要笑，同时露出 6 ~ 8 颗牙齿。一个自然的、发自内心的微笑会使人倍感亲切，彼此间的距离一下子就会近了很多，所以人们说“相对一笑皆知已”。学者邹金宏说“美好的微笑是道美丽的风景，人类有了它而倍感温暖、祥和、幸福”。在服务中，人们对微笑的赞扬是很多的，如果能通过端庄的姿态表情体现微笑服务的宗旨，必然会领略到人们的肯定。

微笑是你的盾牌，使你少受伤害，一个微笑可冰释误会，使怒气消除。两个冲突的个体，如果出现了微笑，也就减缓了即将发生的紧张气氛，冷却了两颗将要爆炸的心，化解了很多不愉快的事；一对刚刚产生了矛盾的伙伴，再见面时如都感到不好问话，用微笑就可以解救他们的关系。

此外，民航服务人员在微笑服务中还应当注意自己讲话的音色、语调、语气、节奏，一般来说，民航服务人员的发音要标准，音色要自然大方，语调语气要稳重，节奏要平缓。即使是遇到突发情况时，仍要保持镇定的态度，用清晰明确的语言给旅客以解释与说明。

案例阅读

航班延误时我们如何面对

航班延误因受诸多因素的影响，在所难免。避免航班延误带来的纠纷，妥善处理航空公司与旅客之间的矛盾，是建设和谐民航的着力点。

旅客：应全面认识航班延误的原因。

总结起来，影响航班正常的因素主要有天气原因、航空管制、机械故障、旅客原因以及飞机调配等。这些因素，远远比字面上看要复杂得多，而旅客对此却知之不多。

由于旅客对航班延误原因认识的片面性和局限性，就会造成很多误解，认为航空公司是在推卸责任或欺骗旅客。因此做好宣传工作，使旅客全面认识造成航班延误的原因，等于是把处理矛盾的工作做在了前面。

航空公司：做好航班延误后的服务保障。

旅客选择乘飞机出行，追求的是快捷和舒适。航班延误，因为行程受阻的失望和不安，会让人急切地想了解延误原因、延误到何时、能否及时成行，如果不能成行能否得到妥善安置，谁来为这计划外的食宿消费买单等延误信息和航空公司的善后措施。当无从得知这些信息或信息不准确时，旅客在无法接受的情况下，情绪容易恶化，从而引发过激行为。

因此，要做好航班延误的服务和保障工作，航空公司就要做好延误原因的解释说明工作，使旅客及时得到航班延误的相关信息。同时还要做到服务工作的及时跟进，通过努力，争取旅客的理解与合作，把矛盾消除在萌芽状态。

过激行为受法律约束[①]

航班延误问题近来在国内炒得沸沸扬扬，有些乘客相信“不闹不赔，小闹小赔，大闹大赔”，大闹机场、霸机占机、辱骂殴打机组、服务人员等过激行为屡见不鲜，旅客与航空公司的纠纷，成为建设和谐民航的不和谐音。但是和谐不是妥协，不是退让，在航班延误时，旅客容易有过激行为，可以理解，但是不能越过法律底线，特别是在行为已经扰乱了机场治安，或影响了航班秩序，或威胁了航空器安全的情况下。根据《中华人民共和国治安管理处罚法》，扰乱机场等公共场所和航空器等公共交通工具上的秩序的，最多可处10日以上15日以下拘留，可以并处1000元以下罚款。因此，航空公司应强化法律意识，对旅客的过激行为，依靠法律手段来解决。

近日，首都机场公安部门决定对因为航班延误造成的“打砸抢”事件制定了一套较为完善的应对办法：“在发生霸机行为时，民警将对愤怒旅客进行劝说，在无效的情况下，民警将向旅客宣读具有法律效力的告知词，明确告知航班出现延误的原因，告知旅客强行占领航空器的行为属于违法。如果旅客仍拒绝离开，公安部门有权强制带离，并追究其法律责任。”这一办法将对航空公司维护员工和自身合法权益，提供有力的保障。

丁鲜梅：安徽“第一代空姐”的最后一飞[②]

弹指一挥间，25年的飞行岁月过去了，安徽“第一代空姐”们也正在跟自己曾经深爱过，至今仍眷恋着的工作岗位说再见了。丁鲜梅就是其中的一位。2007年12月4日，东航安徽分公司合肥—成都的往返航班，是丁鲜梅空姐生涯的最后一次飞行任务。

安徽第一代空姐

1981年12月，民航华东管理局在安徽招收了4名空中乘务员。丁鲜梅和杨丽萍、征海英、郝玉惠一起成了幸运儿，成为民航华东管理局第十四飞行大队（东航安徽分公司前身）的成员，成为了安徽“第一代空姐”。刚参加工作的丁鲜梅，还不到20岁，穿着大翻领的天蓝色制服，梳着两条麻花辫，洋溢着青春的活力。

由于正值十四大队由专业飞行转为民用飞行，很多乘务工作都是从零开始。与现在新乘务员都要经过教员带飞40个航段才“放单”不同，当年教员只负责带飞两个航段。“当时的培训比较简单，从上海过来一个教员，教我们理论知识、服务程序和飞机设备，他教的时间很短，只能靠自己去领会摸索。”丁鲜梅说。那时，资料也不如现在齐备，飞行准备需要提前一天进行，资料既不充分也不完整，需要自己动手收集。丁鲜梅在航行地图上画出飞行路线，标明地标和航线数据，根据飞行距离，计算出飞机经过各个地标的时间，再把这些准备好的资料写进广播词里。“一个红色的笔记本，各种资料和数据，我记了满满当当的一本。很多资料都烂熟于心。现在执行航班任务，只要看一下时间，我就大概知道飞机已经飞到什么地方了。”

把精彩留给蓝天

“旅客是容器，我是水”，如今已成为东航安徽分公司的服务宗旨，而这一宗旨其实从丁鲜梅这第一代乘务员开始就得到了很好的贯彻。1987年秋天，丁鲜梅执行一次急救航班任务，负责将一名重伤员从徐州运往上海。一个半小时的航程，她都是一直蹲在地板上，一边帮伤员擦药，一边不停地安慰他……

---

① 许志国.过激行为受法律约束.中国民航报，2007-5-23.

② 王宜庆.丁鲜梅：安徽“第一代空姐”的最后一飞.中国民航报，2007-12-26.

在2007年12月4日最后执飞的航班上，丁鲜梅——这位乘务员眼中的"丁姐"依然精神饱满，热情大方，多年积累的服务经验让她的微笑从容亲切，给旅客们一种宾至如归的感觉。

迎宾、检查行李架、供餐、巡视客舱，"丁姐"认真地履行着作为一名乘务长的职责。帮助旅客安排行李，为睡觉的旅客盖上毛毯，为阅读的旅客打开阅读灯，陪抱在怀里的儿童旅客做游戏，"丁姐" 春天般温暖的服务，早已驱散了冬日的严寒。

年轻的乘务员们都在向"丁姐"请教这么多年来工作的心得。她微笑着说："你们还记得第一次飞行吗？第一次登机时，心中那份忐忑中的甜蜜，兴奋中的骄傲，第一次在空中俯瞰大地，第一次认真服务得到乘客满意的微笑。只要保持这样的心态，就能爱上这份平凡的工作，就能把工作做好。"

复习题

1. 知觉的组织原则有哪些？
2. 知觉的特征有哪些？
3. 什么是知觉偏见？知觉偏见有哪几种表现形式？
4. 什么是首因效应？简述首因效应在民航服务中的运用。
5. 什么是晕轮效应？简述晕轮效应在民航服务中的运用。
6. 什么是刻板印象？简述刻板印象在民航服务中的运用。

第三章 民航服务中的情绪管理

一、概述

（一）情绪的概念

情绪(emotion)是指人们在内心活动过程中所产生的心理体验，或者说，是人们在心理活动中对客观事物的态度体验。它是人的各种感觉、思想和行为的一种综合的心理和生理状态，是对外界刺激所产生的心理反应，以及附带的生理反应，如喜、怒、哀、乐等。情绪是个人的主观体验和感受，跟心情、气质、性格和性情有关。情绪包含情绪体验、情绪行为、情绪唤醒和对刺激物的认知等复杂成分。

（二）情绪的特征

情绪既是主观感受，又是客观生理反应，具有目的性，也是一种社会表达。情绪是一种多元的、复杂的综合事件。情绪无所谓对错，常常是短暂的，会推动行为，易夸大其辞，可以累积，也可以经疏导而加速消散。

情绪是多种感觉、思想和行为综合产生的心理和生理状态。情绪常和心情、性格、脾气、目的等因素互相作用，也受到荷尔蒙和神经递质的影响。无论正面还是负面的情绪，都会引发人们行动的动机。尽管一些情绪引发的行为看上去没有经过思考，但实际上意识是产生情绪重要的一环。

情绪受外界环境影响，并具有可控性。古代阿拉伯学者阿维森纳，曾把一胎所生的两只羊羔置于不同的外界环境中生活：一只小羊羔随羊群在水草地快乐地生活；而在另一只羊羔旁拴了一只狼，它总是看到自己面前那只野兽的威胁，在极度惊恐的状态下，根本吃不下东西，不久就因恐慌而死去。医学心理学家还用狗做嫉妒情绪实验：把一只饥饿的狗关在一个铁笼子里，让笼子外面另一只狗当着它的面吃肉骨头，笼内的狗在急躁、气愤和嫉妒的负性情绪状态下，产生了神经症性的病态反应。实验告诉我们：恐惧、焦虑、抑郁、嫉妒、敌意、冲动等负性情绪，是一种破坏性的情感，长期被这些情绪困扰就会导致身心疾病的发生。一个人在生活中对自己的认识与评价和本人的实际情况越符合，他的社会适应能力就越强，越能把压力变成动力。

二、旅客情绪状态识别

（一）人的基本情绪

情绪(图3－1)可以被分类为与生俱来的“基本情绪”和后天学习到的“复杂情绪”。基本情绪和原始人类生存息息相关,人类具有十几种“基本情绪”,这些情绪含有生理因素,为全人类所共有,在此基础上,不同的文化对基本情绪有不同的诠释。复杂情绪必须经过人与人之间的交流才能学习到,在特定社会条件下才会产生,因此每个人所拥有的复杂情绪数量和对情绪的定义都不一样。

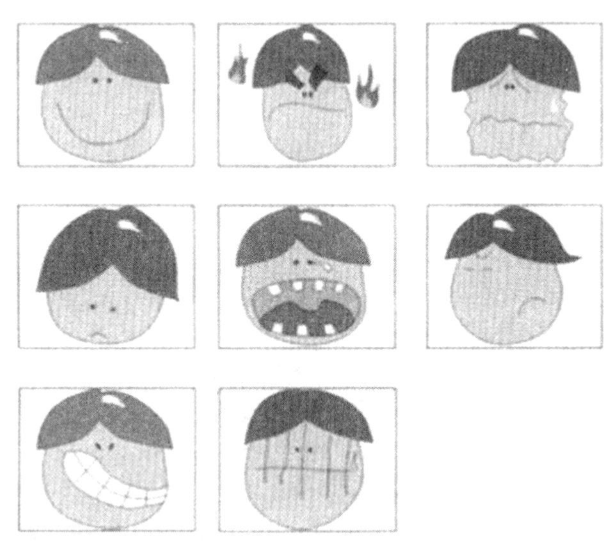

图3－1　情绪

基本情绪必须具有以下特点：出于本能,不是后天学习到的;所有人面对同一种情况都会产生同一种情绪;所有人表达基本情绪的方法都相似,并能被其他人类理解;产生这些情绪时,所有人都有相似的生理模式。

常见的基本情绪有喜悦、愤怒、悲伤、恐惧、厌恶、惊奇。

常见的复杂情绪有嫉妒、窘迫、内疚、害羞、骄傲。由道德因素产生的情绪都是复杂情绪。

（二）旅客的基本情绪状态

旅客在旅行过程中,处于不同的场景,遇到不同的情况,会出现下列不同的情绪状态：

愤怒：如愤慨、苦恼、烦恼、烦躁、忿恨、怨恨、仇恨、狂怒、激怒、恼怒、刻毒、敌视,走到极端则是恨之入骨与暴力;

悲哀：如多愁善感、自怜、寂寞、沮丧、悲伤、难过、阴郁、忧郁、绝望,到极点则是严重抑郁;

恐惧：如忧虑、忧愁、紧张、疑虑、急躁、警觉、慌乱、焦虑、坐立不安、畏惧、恐怖、直至病态的恐惧症、恐慌症、恐怖症;

快乐：如自豪、兴奋、欣喜、幸福、喜悦、欢乐、放松、狂喜、消遥自在、欢天喜地、感官快乐、心满意足、怡然自得、随心所欲、欣喜若狂,以致极端的狂躁;

爱：如敬老慈幼、情真意切、痴迷眷恋、亲密无间、一见倾心、肝胆相照、生死与共、忠心耿耿、相濡以沫、无私关怀、敬重仰慕、温情脉脉、情投意合、舐犊之情；

惊奇：如奇怪、惊讶、惊异、震惊等；

厌恶：如藐视、轻蔑、鄙弃、憎恶、反感、讨厌等；

羞耻：如窘困、屈辱、内疚、悔悟、懊恼、羞愧等。

三、服务人员情绪调控

（一）情绪智力

情绪智力，又称情商（Emotion Quotient，EQ），主要是指人在情绪、情感、意志、耐受挫折等方面的品质。总的来讲，人与人之间的情商并无明显的先天差别，更多与后天的培养息息相关。情绪智力是近年来心理学家们提出的与智力和智商相对应的概念。

情绪智力包含五个主要方面：

（1）了解自我：监视情绪时时刻刻的变化，能够察觉某种情绪的出现，观察和审视自己的内心世界体验，它是情感智商的核心，只有认识自己，才能成为自己生活的主宰。

（2）自我管理：调控自己的情绪，使之适时适度地表现出来，即能调控自己。

（3）自我激励：能够依据活动的某种目标，调动、指挥情绪，使人走出生命中的低潮，重新出发。

（4）识别他人的情绪：能够通过细微的社会信号敏感地感受到他人的需求与欲望，认知他人的情绪，这是与他人正常交往、实现顺利沟通的基础。

（5）处理人际关系，调控自己与他人的情绪反应的技巧。

从某种意义上讲，情商甚至比智商更重要，随着未来社会的多元化和融合度日益提高，较高的情商将有助于一个人获得成功。脾气暴躁、感情用事、幸灾乐祸、情绪压抑、杞人忧天都是情商过低的表现形式。早期的情商教育尤为重要，也就是心理上的一种塑造，如果一个人从小性格孤僻、不易合作；自卑、脆弱，不能面对挫折急躁、固执、自负，情绪不稳定，那么他智商再高，也很难取得成就。反之情商高的人会有很好的自我认知，积极探索，从探索中建立自信心，控制自我情绪，抗挫折，喜欢与人交往，愿意分享、合作，即可为日后成功做准备。

总而言之，情绪智力能使人能更充分地发挥智商的作用、效果。高情商者是能清醒地把握自己的情感，敏锐感受并有效反馈他人情绪变化的人。情商决定了我们怎样才能充分而又完善地发挥我们所拥有的各种能力。因此，要拥有高情商，需要学会管理好自己的情绪，拥有自己需要的情绪，使情绪获得应有的表达和展示，包括必须对情绪作出真正的了解，学会表达情绪，如认识情绪，及早处理情绪，把握契机，表达情绪，清楚、具体地分享情绪等。

（二）民航服务人员对旅客情绪的管理

作为民航服务人员，每天要接触不同的旅客，面对旅客在不同情境下出现的各种情绪，民航服务人员需要掌握一定的情绪管理技巧，通过对旅客的情绪疏导与管理，顺利地化解危机，增进交流，提高服务质量。

1. 心理暗示法

心理暗示，是指人接受外界或他人的愿望、观念、情绪、判断、态度影响的心理特点，是人们日常生活中最常见的心理现象。它是人或环境以非常自然的方式向个体发出信息，个体无意中接收这种信息，从而做出相应的反应的一种心理现象。心理学家巴甫洛夫认为：暗示是人类最简单、最典型的条件反射。从心理机制上讲，它是一种被主观意愿肯定的假设，不一定有根据，但由于主观上已肯定了它的存在，心理上便竭力趋向于这项内容。我们在生活中无时不在接收着外界的暗示。例如，电视广告对购物心理的暗示作用。

心理暗示的途径有很多，如语言暗示、行动暗示、颜色暗示等。

语言暗示与行动暗示是民航服务人员在工作中最常接触到的旅客情绪管理方法。当旅客产生焦虑、紧张、抑郁等情绪时，民航服务人员平和、坚定的语言，尊重、贴心的服务，能够给旅客提供强大的心理支持。当旅客情绪激动时，及时劝导旅客，帮助旅客分析利弊得失，有利于妥善解决冲突，提升人性化服务质量。

对情绪与颜色关系的研究发现，不同的颜色可通过视觉影响人的内分泌系统，从而导致人体荷尔蒙的增多或减少，使人的情绪发生变化。如红色可使人的心理活动活跃，黄色可使人振奋，绿色可缓解人的心理紧张，紫色使人感到压抑，灰色使人消沉，白色使人明快，咖啡色可减轻人的寂寞感，淡蓝色可给人以凉爽的感觉。中国空姐的衣着蓝白搭配，严谨又不单调。红色的方巾系在领间，职业感凸显，又活泼有朝气。

2. 注意力转移法

注意力转移法是一种心理上的调节方法。注意力是指人的心理活动指向和集中于某种事物的能力。具有注意的能力称为注意力。转移是指个体对某个对象的情感、欲望或者态度，因某种原因无法向其对象直接表现，而把他转移到一个比较安全、能为大家所接受的对象身上，以减轻自己心理上的焦虑。

注意力转移法使人情绪更加稳定，而能够控制自己情绪的人，则会更加快乐。当人进入紧张状态的时候，分散注意力是一个行之有效的方法。把注意力集中在一些具体的事上，这个时候用新的刺激物替代原来的紧张，那么原来的焦点没有了，这种紧张就会降下来。

在心理困境中，人的大脑里往往形成一个较强的兴奋灶。当兴奋中心转移了，也就摆脱了心理困境。具体方法包括：消遣转移法，如散步、聊天、听音乐等方法；繁忙转移法，如在个体心态不佳时，有意地安排一些工作任务，使注意力集中在该项工作上而忘烦恼，或者说因为估计工作而无暇忧虑不快的事情；娱乐转移法，个体可通过参与所喜爱的娱乐活动，如下棋、画画、跳舞、打猎以转移注意力；改变注意焦点，当人苦闷烦恼时，将注意力转移到有兴趣的活动中，这样情绪会慢慢好转。

因此，民航服务人员可通过引导情绪激动的旅客转移注意来管理情绪，如美食也有转移注意力的作用，吃喜欢的食物会使人觉得幸福高兴。

3. 适度宣泄法

德国社会学家齐美尔提出心理宣泄理论，认为人的需要、动机、本能、行为等受到挫折后会产生消极情绪，给人造成心理压力，如果不能及时排解，心理压力就会转化为行为的反向动力，使人出现反常行为，如侵犯与攻击他人。

过分压抑只会使情绪困扰加重，而适度宣泄则可以把不良情绪释放出来，从而使紧张情绪得以缓解。因此，出现不良情绪时，最简单的办法就是“宣泄”，宣泄一般是在背地里或在知心朋友中进行的。采取的形式，或是尽情地向至亲好友倾诉；或是通过体育运动、劳动等方式来尽情发泄；或是到空旷的山林原野，拟定一个假目标大声叫骂，发泄胸中怨气。一旦发泄完毕，心情也就随之平静下来。必须指出，在采取宣泄法来调节自己的不良情绪时，必须增强自制力，不要随便发泄不满或者不愉快的情绪，要采取正确的方式，选择适当的场合和对象，以免引起意想不到的不良后果。

心理宣泄的作用就是将消极情绪及时排解，这样能够使旅客的情绪得到缓解，并能有效避免旅客出现暴力侵犯行为。民航服务人员引导旅客将心中的不良情绪适度地宣泄出来，从而实现心理的平衡调节，以及内心压力的宣泄与释放。

4. 自我安慰法

所谓“想开点”就是自慰法，为自己找一种“合理”的解释，自圆其说。通过自我安慰法可以摆脱烦恼，缓解矛盾冲突、消除焦虑、抑郁和失望，达到自我激励，总结经验、吸取教训的目的，有助于保持情绪的安宁和稳定。

当一个人遇到不幸或挫折时，为了避免精神上的痛苦或不安，可以找出一种合乎内心需要的理由来说明或辩解。例如吃不着葡萄说葡萄酸，虽是一种精神胜利法，但总比懊恼、沮丧强。也有许多事，换一个角度看就不难发现其中的积极因素，正所谓“塞翁失马，焉知非福，失之东偶，收之桑榆”。因此，当人们遇到情绪问题时，经常用“胜败乃兵家常事”“坏事变好事”等词语来进行自我安慰。失败时可以为自己找一个冠冕堂皇的理由，用以安慰自己，以此冲淡内心的不安与痛苦。这种方法，对于帮助人们在大的挫折面前接受现实、保护自己、避免精神崩溃是很有益处的。

自我安慰法的使用要适度，否则也会妨碍对社会的适应。如中国人常有的“宁为鸡首、不为牛后”“宁为玉碎、不为瓦全”“舍我其谁、唯我独尊”等固执思想，就不利于情绪的调节，反而容易使自己钻进牛角尖，使不良情绪不断蔓延和扩大。

5. 交往调节法

某些不良情绪常常是由人际关系矛盾和人际交往障碍引起的。因此，当我们遇到不顺心、不如意的事，有了烦恼时，能主动地找亲朋好友交往、谈心，比一个人独处胡思乱想、自怨自艾要好得多。一方面，在情绪不稳定的时候，找人谈一谈，具有缓和、抚慰、稳定情绪的作用；另一方面，人际交往还有助于交流思想、沟通情感，增强自己战胜不良情绪的信心和勇气，能更理智地对待不良情绪。

心中的苦闷、悲伤等可以通过向亲友，甚至是不相识的人倾吐，将不良情绪抒发出来，对方会在理解当事人此刻的心境后及时给予善意的劝慰。也可以把心中的郁积通过记日记、写作等诉诸文字，在“一吐为快”后，可以排解出心中的愤懑，尽快走出心理的困境。

说话是人与人之间交流、互动最直接、最常用也最简便的方法。民航服务人员可通过与旅客的耐心交流，逐步建立起双方互信。需要注意的是交流当中的十不宜：不宜肆意浮夸、不宜张牙舞爪、不宜倾倒心理垃圾、不宜只说不听、不宜距离过近、不宜信口开河、不宜论人是非、不宜引起争执、不宜碰触隐私、不宜交浅言深。如有些人在交流过程中，常常冲口而出、不假思索，甚至自吹自擂、心胸狭隘、口惠不实、花言巧语，这些都是在人际交往中应当避免的。应当学会避免乱说话，不说损人不利己的话，学习说话的艺术。

6. 情绪升华法

情绪升华法，就是以积极的信念暗示自己，努力挖掘自己的优点与长处，而不是无意中把悲观沮丧、挫折感放大，只有在不幸与失败中奋起的人才能最终成大器。如贝多芬在双耳失聪、女友离他而去的残酷情况下，没有被命运击倒，而是迸发了心灵激情，留下了不朽的乐章。在很多情况下，情绪升华能驱散忧郁、克服怯懦，使自己恢复乐观与自信。

升华是改变不为社会所接受的动机和欲望，而使之符合社会规范和时代要求，是对消极情绪的一种高水平的宣泄，是将消极情感引导到对人、对己、对社会都有利的方向去。情绪升华法是将消极情绪与头脑中的闪光点、社会责任感联系起来，将其转化为积极而有益的行动。把负性心理激起的能量引导到对社会、对自己都有利的方面，确实难能可贵。例如，司马迁遭宫刑而著《史记》；居里夫人在丈夫遭遇车祸的不幸后，用努力工作克制自己的悲痛，完成了镭的提取；著名作曲家冼星海在国难当头时，满腔激愤，写出了撼人心魄的《黄河大合唱》，振奋起中国人民同仇敌忾的民族精神。这跟一个人的修养、觉悟密切相关，更需要具备一种奋发向上的决心。

（三）民航服务人员自身情绪调节

民航服务职业的特殊性要求民航服务人员学会控制自身的情绪。情绪使人们的生活多姿多彩，同时也影响着人们的生活及行为。随着社会经济的发展，生活节奏的加快，民航服务人员的工作压力也越来越大，但是作为服务人员，当出现不好的情绪时，却不能随意发泄。从事民航服务工作的人由于要经常与旅客接触，必须学会控制负面情绪，避免不良情绪给自己的工作、生活以及身体带来不良影响。

1. 表情调节

有研究发现，愤怒和快乐的脸部肌肉使个体产生相应的体验，愤怒的表情可以带来愤怒的情绪体验，所以当民航服务人员感到烦恼时，用微笑来调节自己的情绪可能是很好的选择。微笑是一种宽容、一种接纳，使人与人之间心心相通。学会微笑，等于拥有了获取快乐的金钥匙。自己给自己一些信心，自己给自己一点愉快，自己给自己一脸微笑，经常要自己给自己过节，学会寻找愉悦的心情。

微笑的力量是不可忽视的，也是民航服务人员必备的法宝之一。人的微笑最具有感染力。普吉岛是泰国著名的旅游景点。在新开发后很短时间内游客数量就上升到与其他名胜景点持平，不仅仅是因为它美丽独特的岛国风光，还有一个制胜的重要法宝——微笑。在普吉岛的每一天里，游客都能深刻感受到普吉人的“微笑攻势”。“你对一个游客微笑了，就是对普吉的贡献，对泰国的贡献。”泰国旅游局官员这样强调微笑的力量。在这样一个仿如世外桃源的地方漫步，路上的每一个行人都展露甜美如孩童的微笑，自身的烦恼也会瞬间消失。

微笑可以表达出一种合作的意愿，最能促进人们之间的合作，是社会的润滑剂，是交际的灵魂。民航服务人员的微笑，如和煦的春风，使人感到温暖、亲切和愉快，轻松营造出一种融洽、和谐的交际氛围。它使陌生人感到亲切，使朋友感到安慰，使亲人感到愉悦，使自己充满信心。微笑可以愉悦心灵，民航服务人员恰到好处的微笑既是一种含蓄，也是一种表达，既是出于礼貌，更是发自内心。美丽的微笑是越过人与人之间栅栏的捷径，是单调工作氛围中的一股清新剂。

2. 人际调节

人际关系对于情绪调节有着重要作用。当我们进入不同环境、扮演相对应的角色，与形形色色的人接触时，就会产生各种人际关系。人与动物的区别在于人的社会属性，当情绪不好时，可以向周围的人求助，与朋友聊天、娱乐可以使人暂时忘记烦恼，而与曾经有过共同愉快经历的人在一起则能分享当时愉快的感觉。“有福同享有难同当”“快乐因分享而加倍、痛苦因分担而减半”“助人为快乐之本”“施比受更有福”“三个臭皮匠胜过一个诸葛亮”“以和为贵”等都体现了人际调节对情绪的正向影响。遇到情绪不佳时，与朋友倾诉能减轻心理负担，达到放松心情，调节情绪的作用。

积极的情绪会促进个人智力的发展，促使人发挥出正常的水平，有利于人的身体健康；消极的情绪会抑制人的智力发展，使人难以发挥出正常的水平，有害于人的身体健康。今日的社会,再也不会是“鸡犬之声相闻,老死不相往来”的田园生活了,社会化的大生产使得我们绝大多数的工作都必须由许多人协作,共同完成。交往能力是一个人适应现代生活的重要条件,良好的人际交往也是一个人生活和事业获得成功的重要条件之一。

当人情绪不佳时,如果可以得到周围人间接的支持,感觉温暖,做极端行为的可能性就小;如果完全没有人际支持,做极端行为的可能性就大。民航服务人员应建立和维护自己的支持网络,要有自己的交际圈,朋友、亲人、同学都可以帮助分解一部分压力。

3. 环境调节

环境对人的情绪是有调动作用的,良好的环境会使人心旷神怡,心情愉悦,让人联想起美好的事物,使人焕发起积极向上、向往未来的积极心态;不良的环境则会使人心烦、心情变坏。一个人在生活、学习、工作中难免有不开心的事,难免有烦恼的事。很多人都有这样一个不良习惯,即越有烦心的事,越会躲在家里自己生闷气。其实这个时候出去走一走,在优美的环境中散散步、散散心,很多不良的心态都会随之改变。

民航服务人员的工作环境较为固定,空间狭窄,但可以巧妙利用旅途中的外部环境变化,调节情绪。俗话说,站得高,望得远。当人处于高空时,俯瞰地面,会对空间有不同的认识,当人看到原本熙熙攘攘的城市,慢慢只剩模糊而微型的轮廓,人处于地面时的烦恼似乎也随之慢慢缩小,甚至一扫而空。但人长时间的处于某种工作环境当中,容易忽略周围环境的变化,因此,民航服务人员在情绪不佳时,可有意识地观察注意外部环境变化,根据环境调节自己的心态,达到处理不良情绪,培养良好情绪的效果。

4. 认知调节

人既是理性的,又是非理性的。当人们坚持某些不合理的、不符合逻辑的非理性思考时,便会产生非理性的信念,从而导致不良情绪的体验。人的烦恼、郁闷、痛苦即源于此。

20 世纪 60 年代以后,认知心理学家艾利斯、贝克等做了大量研究,其核心主张是:人的行动与其说是对外界刺激的反应,不如说是个体对这些刺激的心理加工结果,异常行为是适应不良认知的产物。因此,调节负性情绪的根本在于改善个体认知,人之所以有情绪,是因为人们对事情做出了不同的解释,对于同样的事情,不同的人可能持有不同的观点,因此会产生不同的情绪反应。

民航服务人员可以通过改变自身的认知,来改变自己的情绪。在为了某件事情烦躁时,可以通过对事情进行重新评价,从另外一个角度看问题,培养正面思维方式。如在处理任何事情时都以积极、主动、乐观的态度去思考和行动,并促使事物朝着有利的方向转化。正面思维会使人在逆境中更加坚强,在顺境中脱颖而出,变不利为有利,从优秀到卓越。从认知上改变命运,是事业成功和实现自我的有效途径,它的本质是发挥人的主观能动性,挖掘潜力,体现人的创造性和价值。

正面思维的“正面”,有三个方面的含义:

(1) 自己的正面:所谓“自知者明”,看清自己的优势和潜力,充满必胜的信念,这样,就不会稍遇挫折就轻言放弃,从而做到持之以恒,直到成功。

(2) 别人的正面:看到别人的正面,见贤而思齐,就能从别人身上学到更多东西,也更能赢得别人的好感和尊重,从而拓宽自己成长的道路。

(3) 环境的正面:上帝为你关上一扇门,必然会为你打开一扇窗。不管我们处于什么样的环境之中,一定要看到光明的一面,保持乐观的心态。

5. 幽默调解

幽默引起的欢笑可以使人忘却忧愁，忘却苦恼，使人的情绪、心态得到改善，不失为一种调整心态的好方法。

英国著名化学家法拉第由于长期的紧张工作，大脑功能失调，经常失眠头疼。有一次，他请医生看病，医生给他开的处方不是药方，而是英国的一句谚语："一个丑角进城，胜过一打医生。"法拉第看了这个处方，悟出了这句话的奥秘。于是，他就经常去看滑稽戏、马戏和喜剧等表演。在看戏的时候，经常被逗得哈哈大笑。不久，轻松的心情使他的情绪和心态得到了改变，同时他的健康也获得了明显的好转。

美国有位作家叫卡登其，得了一种怪病，全身疼痛，行动艰难。为了治疗这种病，他经常看喜剧影片，影片里的情节常常引起人们阵阵大笑。他发现，大笑一次，疼痛就会减轻，浑身就舒服。后来，他就坚持看喜剧，这对他病痛的减轻起了很大的作用，病情也有所好转，并逐渐恢复了健康。

幽默、滑稽等调整方法，可以减少人的不良情绪，增加人的欢乐情绪，从而使人的身心状况得到改善。一般人所存在的心理问题，绝大部分只是轻度的心理问题，它是暂时的。看看滑稽作品，如听听相声，看看小品、滑稽戏，听听笑话，在笑声中、欢乐中，不知不觉地就使自己的心态得到调整，变不愉快情绪为愉快情绪，从而调整了自己的情绪。

6. 放松训练

放松训练是通过调整者的语言来逐步诱导全身肌肉的放松。由于肌肉的放松，从而改变人的紧张情绪，达到调整心态的目的。

传统心理意义的放松训练，操作时强调规范与程序化，训练一次至少需要 20 分钟到半个小时。民航服务人员可借鉴放松训练基本要求，注重坚持练习，适当减少训练时间，便于有情绪问题的人随时随地使用，可以随时收到效果。没有情绪问题的服务人员也可使用，这有助于强化自己的良好心态，进一步改善自己的情绪。

放松训练的一般流程：使用者或站或坐或躺，首先要放松身体，两手放在两腿旁边，两脚与肩同宽，双目微闭，最好面带笑容。先用语言诱导："头顶放松"，这时注意体会头顶放松的感觉，两三秒钟后再语言诱导："面部放松"，注意体会面部放松的感受。然后按下列次序放松身体的各个部位：颈部、双肩、上肢、胸部、背部、腰部、腹部、臀部、大腿松、小腿、脚背、脚掌。这是一种自我放松调整法。它的特点是简单易行、所用的时间短，并且有一定效果。

四、压力

（一）概述

压力，是指人的内心冲突和与其相伴随的强烈情绪体验。从心理学角度看，压力是由压力源和压力反应共同构成，由外部事件引发的一种内心体验。现实生活中有多少种相互排斥的事物，接触这些事物的人便能体验到多少种内心冲突。心理压力是个体在生活适应过程中的一种身心紧张状态，源于环境要求与自身应对能力不平衡；这种紧张状态倾向于通过非特异的心理和生理反应表现出来。

心理压力对于现代生活中的每个人都有所体验，总的来说有社会、生活和竞争三个压力源。压力过大、过多会损害身体健康。现代医学证明，心理压力会削弱人体免疫系统，从而使外界致病因素引起肌体患病。现代生活的压力，像空气一样无时无刻不在挤压着人们。

完全没有心理压力的情况是不存在的。我们假定有这样的情形，那一定比有巨大心理压力的情景更可怕。换一种说法就是，没有压力本身就是一种压力，它的名字叫做空虚。无数的文学艺术作品描述过这种空虚感。那是一种比死亡更没有生气的状况，一种活着却感觉不到自己在活着的巨大悲哀。为了消除这种空虚感，很多人选择了极端的举措来寻找压力或者说刺激，一部分人找到了，在工作、生活、友谊或者爱情之中；另一些人，他们在寻找的过程中甚至付出了生命的代价。例如有一部分吸毒者，在最开始就是被空虚推上绝路的。

（二）民航服务人员压力来源

1. 生物性压力源

身体健康是民航工作对民航服务人员的基本要求，甚至比一般行业的要求更严格、更苛刻。根据民航总局第101号令CCAR—67FS《中国民用航空人员医学标准和体检合格证管理规则》，67.17条〔体检合格证的适用范围〕规定：乘务员在履行职责时必须持有Ⅳa级体检合格证；航空安全员执照申请人在申请执照时或执照持有人在行使执照权利时，必须持有Ⅳb级体检合格证。如要求无先天性或后天获得性功能异常；无创伤、损伤或手术后遗症；无使用处方或非处方药物而造成的身体不良影响或不良反应；无影响安全行使执照权利的骨骼、关节、肌肉或肌腱的疾病、损伤、手术后遗症及功能障碍；身高、臂长、腿长和肌力应当满足行使执照权利的需要。因此，民航服务人员一旦出现身体创伤或疾病，将直接导致停飞甚至失业，这必将造成巨大的心理压力。此外，饥饿、性剥夺、睡眠剥夺、噪音、气温变化也会不同程度地给民航服务人员造成压力。

2. 精神性压力源

心理学研究表明，一个人对成功与失败的体验，包括对挫折的体验，不仅依赖于某种客观的标准，而且更多的依赖于个体内在的欲求水准。任何远离这一欲求水准的活动，都可能产生成功或者失败的体验。在现实生活中，这一事实体现为，取得相同的成绩，不同的人会有不同的反应。例如，考试得了80分，对于“60分万岁”的人来说，已经是很大的成功了。可以这样认为，一个人的欲求水平和主观态度，是决定是否产生挫折的最重要原因。中国有句俗话“知足者常乐”，就是鼓励人们降低欲求水平以减少内以后挫折，减少压力。

造成民航服务人员精神性压力源的还有错误的认知结构、个体不良经验、道德冲突、不良个性心理特点等方面。如在与他人相处和交往的过程中表现出不适、自闭、逃避、自恋、自负，以及难以调和与他人关系的不良心理状态都会使得民航服务人员的精神压力过大，在很大程度上影响其对外界刺激的态度和反应方式，从而影响着个人的身心健康、活动效率及社会适应状况。心理学研究表明，人的许多疾病是由于人的情绪反应造成的，这些疾病的发生与发展与人的不良生活经验、不良个性心理特点有着密切联系。

3. 社会环境性压力源

生活环境的变化，是造成心理压力的重要社会性压力源。心理学家格拉斯通提出了会给我们带来明显的压力感受的9种类型的生活变化：就任新职、就读新的学校、搬迁新居等；恋爱或失恋，结婚或离婚等；生病或身体不适等；怀孕生子，初为人父、母；更换工作或失业；进入青春期；进入更年期；亲友死亡；步入老年。

另外一种社会性压力源是由自身状况造成的人际适应问题。俗话说，“在家靠父母，出门靠朋友”。良好的人际关系是事业成功的关键，但是要建立良好的人际关系却不是件容易的事。“处事容易，做人难”，如在工作当中与人发生冲突造成的人际关系恶化、不良的人际沟通形态，都是造成民航服务人员人际适应问题的主要原因。

（三）民航服务人员压力应对策略

1. 觉知自己的情绪状态

依据情绪发生的强度、持续性和紧张度，可以把情绪状态分为心境、激情和应激。

（1）心境。心境是一种微弱、弥散和持久的情绪，也即平时说的心情。心境的好坏，常常是由某个具体而直接的原因造成的，它所带来的愉快或不愉快会保持一个较长的时段，并且渗透到工作、学习和生活中，影响人的感知、思维和记忆。愉快的心境让人精神抖擞，感知敏锐，思维活跃，待人宽容；而不愉快的心境让人萎靡不振，感知和思维麻木，多疑，认为看到的、听到的全都是不如意、不顺心的事物。

（2）激情。激情是一种猛烈、迅疾和短暂的情绪，类似于平时说的激动。激情是由某个事件或原因引起的当场发作，情绪表现猛烈，但持续的时间不长，并且牵涉的面不广。激情通过激烈的言语爆发出来，是一种心理能量的宣泄，从一个较长的时段来看，对人的身心健康的平衡有益，但过激的情绪也会使产生失衡的危险。特别是当激情表现为惊恐、狂怒而又爆发不出来的时候，人们往往会全身发抖、手脚冰凉、小便失禁等。

（3）应激。应激是机体在各种内外环境因素及社会、心理因素刺激时所出现的全身性非特异性适应反应，又称为应激反应。这些刺激因素称为应激源。应激是在出乎意料的紧迫与危险情况下引起的高速而高度紧张的情绪状态。应激的最直接表现即精神紧张。应激反应指所有对生物系统导致损耗的非特异性生理、心理反应的总和。应激或应激反应是指机体在受到各种强烈因素（应激源）刺激时所出现的非特异性全身反应。

民航服务人员要学会管理自己的情绪，正确认知压力，灵活调整自己的心态。当遇到不公平的事情、不协调的人际关系、不愉快的情感体验时，试试换位思考；当感到愤怒时，可以离开当时的环境和现场，转移注意力；当苦恼不堪或烦恼不安时，可以欣赏音乐，用优美的乐曲帮你排解烦恼和苦闷；当悲伤时，就干脆痛哭一场，让泪水尽情地流出来；当受了委屈，一时想不通时，千万不要一个人生闷气，最好找亲人或朋友倾诉苦衷；当妒火中烧时，要变换自己的角度，进行有意识的控制，增强个人修养；当思虑过度时，应立即去户外散步、消遣，呼吸新鲜的空气，或者做自己喜欢的事情。

2. 认知改变与重建

行为改变是透过一系列的中介历程，包括内在语言的交互作用、认知结构、行为以及因行为而产生的结果而发生的。人们对自己所说的话会影响他们对其他事情所采取的行动。认知机能评定的目的就是指评定人们的内部对话如何影响行为、如何受到其他事件或行为过程的影响。因此，认知改变与重建需要注意的是过程，建立合理的、客观的自我期望值，奋斗目标要合理，有时做事可往最坏处着想，但向最好处努力。在这个过程中要学会三句话：

（1）“算了！”即指对于一个无法改变的事实的最好办法就是接受这个事实。时间是解决问题的最好办法，积极忘记过去的、眼前的不愉快，随时修正自己的认知观念，不要让痛苦的过去牵制住自己的未来。

（2）“不要紧！”即不管发生什么事情，哪怕是天大的事情，也要对自己说：“不要紧”！记住，积极乐观的态度是解决任何问题和战胜任何困难的第一步。

（3）“会过去的！”不管雨下得多么大，连续下了多少天也不停，都要对“天空会放晴”充满信心,因为天不会总是阴的。自然界是这样,生活也是如此。

梦新懋(1985)在使用认知治疗法的技术中发展出压力免疫法,这是将生理上免疫的原理推广应用到心理与行为上:先让当事人有机会成功地处理较温和的压力刺激,然后逐步发展对较强刺激的容忍能力。这个训练的假定是借助改变在压力情况下的自我暗示与信念,从而提高应对压力的能力。梦新懋的压力免疫训练不只关心教导当事人特别的应对技能,他的方案是设计成使当事人对压力的处理有所准备,并使他们有改变的动机,以及能处理抗拒故态复发等情形。

压力免疫训练(简称 SIT)包括给予信息、苏格拉底式对话、重建认知、解决问题、放松训练、行为预演、自我监控、自我教导、自我增强及改变环境等技术的组合。这个治疗法在设计上是教导应对技能,使人们能处理目前的压力与未来的困难。压力管理训练对各种问题与各种当事人都是有用的应用策略,不论在治疗上、预防上都有其应用价值。这些应用包括愤怒控制、焦虑处理、果断训练、促进创意思考、处理沮丧及健康问题。该法也用以处理有强迫性行为(或观念)症状的人、自闭者与精神分裂患者。

3. 行为改变与尝试

要改变目前一成不变的行为方式,不要画地为牢或自筑围墙。尝试新的做法与表达,或许能收到更好的效果。当民航服务人员遭受挫折时,也会出现心理压力,人们一般会感觉度日如年,这时,要适当安排一些健康的娱乐活动,走到户外去。丰富多彩的闲暇活动可以使挫折感转移方向,扩大思路,使内心产生一种向上的激情,从而增强自信心。不要把痛苦闷在心里,应当主动向朋友、同学或亲友倾诉,争取别人的原谅、同情与帮助。这样可以减轻挫折感,改变内心的压抑状态,以求身心轻松,从而让目光面向未来,增强克服挫折的信心。

研究发现,大笑可以起到情绪减压的作用。美国斯坦福医学院的一位精神病专家指出,当人大笑时,他的心肺、脊背和身躯都得到了快速锻炼,胳膊和腿部肌肉都受到了刺激。大笑之后,人的血压、心率和肌肉张力都会降低,从而使人放松。

郁结于心不如一吐为快。也许有人在为见未来的岳父而紧张,也许有人在为年终的账单而担忧,或许有人还为孩子的升学考试而坐卧不安,此时,不妨说出心中的焦虑,让他人与自己分担,一个忠实的听众能帮助自己减轻因紧张带来的压抑感。此外,还可以把感受写成信,然后扔到一边,给自己留出一定的“忧虑”时间,随后再去解决。

实现目标的愿望受挫后,可以利用别的途径达到目标,或者确立新的目标。在实施过程中,发现目标不切实际、前进受阻,应及时调整目标,以便继续前进,获得新的胜利,即“失之东隅,收之桑榆”,这是一种心理防御机制。在落难受挫之后,应奋发向上,将自己的感情和精力转移到其他的活动中去。如民航服务人员在感情上受挫之后,将感情和精力转移到工作中去。这也是民航服务人员在受挫之后一种很好的调节方法。

此外,还可以通过洗温水浴,做深呼吸、散步等行为改变与尝试的方法,解除心理压力。

4. 学会减压

出现压力并不可怕,适当的压力可以让人们更加积极与进步。研究发现,即使没有大脑皮质参与,人也可以产生情绪(即没有自主意识、没有认知的情况下)。生理变化伴随着情绪产生,调节制约人们对情绪的感受,但是并不直接造成情绪。情绪也可以反过来导致生理变化,并产生包括战斗、逃跑、抚育在内的适应行为。因此,学会减压对民航服务人员的身心健康有重要的作用。

1) 量力而行

对过于追求事业发展的人来讲,他们总是对自己有过高的要求。标准定得越高,自己的压力就越大,往往这种标准就像一座大山似的压得人透不过气,结果可能适得其反。如此情形,就要懂得量力而为,根据自己的能力,能做到什么程度就到什么程度。不要高估自己的能力,也不要低估自己的能力,这样才能做到压力的均衡化。对自己感到难以承受的工作和义务,要敢于拒绝,量力而为。

2）讲究方法

做事要分轻重缓急,不要什么事情都一把抓,毕竟人的精力是有限的。正确、客观地评价工作绩效,为自己寻找一种合理的工作方法,才能信心满满,心情愉悦。遇到困难,先设想一下最坏的结果,这样会对自己的应变能力更具信心。

3）忙里偷闲

学会科学、合理地安排时间,忙而不乱,该休息的时候就休息,要相信别人也能将事情做好。参加社交活动,多与知心朋友交流沟通。不要每件事情都要求完美。尽心尽力做好每件事,即使达不到预期目标,也不要自怨自艾。不要太心急,遇到婚姻、就业、购房、升迁等重大问题,要不断提醒自己:只有时间才能解决问题。

4）规律生活

规律的生活,能保持乐观的心态。要充分休息,不管多忙,每天必须保证 8 小时的睡眠时间。调适饮食,禁烟少酒。酒精和尼古丁只能掩盖压力,不能解除压力。休息日陪家人,享受生活的乐趣,可以舒减心理压力。

5）情绪宣泄

情绪积累到一定程度,一定要注意及时进行宣泄。宣泄的方式可以去健身、远足,也可以去找自己感兴趣的事情来做。例如,打开相册,重温过去的美好时光;关上电视机,在惬意的温水浴盆里休息一会儿;打开唱机,闭上眼睛,聆听熟悉且美妙的音乐;回忆曾经拥有的最幸福时刻;参加健身活动,身心完全放松;解不开的心底烦恼,找朋友或心理医生倾诉。积极地进行心理的调适,有助于保持心理舒畅。

6）食物减压

食物不但能满足我们的生理需求,让我们的身体得到能量,也可以帮助我们放松心理压力、调整不良情绪。能够帮助我们放松心理压力、调整不良情绪的食物有很多,如香蕉、葡萄柚、蔬果、全麦面包、深海鱼类。这些食物可以帮助人们提高睡眠质量,调节情绪和提升信心,传达开心的情绪,提升幸福感,在减轻失眠、忧郁、焦虑、紧张等不良情绪方面有良好的作用,而且不会像药物那样产生依赖性。

5. 情绪 ABC

情绪 ABC 理论是由美国心理学家埃利斯创建的。该理论认为激发事件 A(activating event 的第一个英文字母)只是引发情绪和行为后果 C(consequence 的第一个英文字母)的间接原因,而引起 C 的直接原因则是个体对激发事件 A 的认知和评价而产生的信念 B(belief 的第一个英文字母),即人的消极情绪和行为障碍结果(C),不是由于某一激发事件(A)直接引发的,而是由于经受这一事件的个体对它不正确的认知和评价所产生的错误信念(B)所直接引起的。错误信念也称为非理性信念。

如图 3－2 所示,A(Antecedent)指事情的前因,C(Consequence)指事情的后果,有前因必有后果,但是有同样的前因 A,产生了不一样的后果 C_1 和 C_2。这是因为从前因到后果之间,一定会透过一座桥梁 B(Bridge),这座桥梁就是信念和我们对情境的评价与解释。又因为,同一情境之下(A),不同的人的理念以及评价与解释不同(B_1 和 B_2),所以会得到不同结果(C_1

和 C_2)。因此,事情发生的一切根源缘于我们的信念(信念是指人们对事件的想法、解释和评价等)。

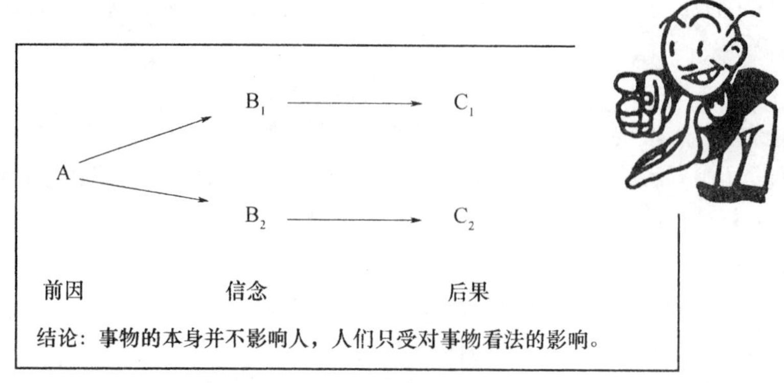

图 3-2　情绪 ABC 理论

情绪 ABC 理论的创始者埃利斯认为:正是由于我们常有的一些不合理的信念才使我们产生情绪困扰。久而久之,这些不合理的信念还能引起情绪障碍。情绪 ABC 理论中,A 表示诱发性事件,B 表示个体针对此诱发性事件产生的一些信念,即对这件事的一些看法和解释。C 表示自己产生的情绪和行为的结果。

情绪常产生于人们对环境的评价方式和反应方式。人的情绪反应包含生理变化、主观感受、表情、行为四个方面。当被人辱骂时,我们的身体马上会产生血液加速、心跳加快、呼吸急促等现象,这就是情绪的生理变化部分。这时人会感到自己非常不悦,而觉得"我生气了",这种主观的感觉,就是情绪的第二部分。接着很自然地发现自己的脸部及身体产生表情与动作,像眉毛紧皱、嘴角下垂、拳头紧握、肌肉紧绷等,这些表情变化非常明显,所以察言观色即可看出情绪的变化,这是情绪的第三部分。再接下来,人可能会有想打人、想摔东西等念头,这也就是情绪的第四部分——"行为冲动"。这四部分完整地呈现了一个人的情绪全貌,所以真正而言,情绪不光只是一般人认为的"主观的感觉"而已,还包括了生理变化、表情及行为冲动等三个成分。

早期心理学家认为,我们之所以能够辨识不同的情绪,是因为每种情绪都有特殊的生理模式。例如,生气时会心跳加速,血压升高,所以当我们接收到外界的刺激,生理立即产生变化,然后大脑辨识这些生理上的改变,由心跳、血压的特征而得知其符合"生气"的生理模式,因此我们会"感觉"到自己生气了。又如在海边游泳,一转身看到鲨鱼,我们的肾上腺素立即分泌激增、心跳随之加速等,大脑于是作出判断:我们处于"害怕"的情绪当中。换句话说,情绪是藉由不同生理变化所区分出的感觉。

随着认知心理学的发展,人们逐渐认识到,大脑如果只对生理现象作辨识工作的话,将不易分辨到底是愤怒还是害怕、悲伤,由此可见,我们还需要主动去解释这个外在刺激的意义。例如,我们看到走廊的那头冒出火花,在眼睛看到火的那一刹那,视像进入大脑,接着,开始肌肉紧绷、心跳加快,同时也展开对当下情况做分析的作业。如看到大家都在跑,你的大脑会评估"这代表有危险了!"因而会产生出害怕的情绪;但如果发现来来往往的人都毫不以为意,于是就做出其他的结论:"也许是在烧金纸拜佛吧?"就不会十分紧张了。

因此,情绪的产生除了靠生理反应的辨识外,另外也要加上人为的主观思考及判读,才能做出完整的解读。例如,两个人一起在街上闲逛,迎面碰到他们的领导,但对方没有与他们招呼,径直走过去了。这两个人中的一个对此是这样想的:“他可能正在想别的事情,没有注意到我们。即使是看到我们而没理睬,也可能有什么特殊的原因。”而另一个人却可能有不同的想法:“是不是上次顶撞了他一句,他就故意不理我了,下一步可能就要故意找我的麻烦了。”两种不同的想法就会导致两种不同的情绪和行为反应。前者可能觉得无所谓,该干什么仍继续干自己的;而后者可能忧心忡忡,以至无法冷静下来干好自己的工作。从这个简单的例子中可以看出,人的情绪及行为反应与人们对事物的想法、看法有直接关系。在这些想法和看法背后,有着人们对一类事物的共同看法,这就是信念。这两个人的信念,前者在合理情绪疗法中被称为合理的信念,而后者则被称为不合理的信念。合理的信念会引起人们对事物适当、适度的情绪和行为反应;而不合理的信念则相反,往往会导致不适当的情绪和行为反应。当人们坚持某些不合理的信念,长期处于不良的情绪状态之中时,就会产生情绪障碍。

6. 沟通分析法

沟通分析(Transactional Analysis,TA)疗法是美国学者艾瑞克·伯恩(Eric Berne)创立于20世纪60年代的一套心理学理论与方法,是一种研究人们思想、感情及行为的心理学理论,它简明易懂又深奥微妙。它是当代影响深远的一套理论体系,其中涵盖了精神治疗、教育、组织与社会文化分析、社会精神病治疗。

沟通分析的基本目标在于帮助当事人对于现在的行为与生活方向重新做决定。个体学会了在生活里除了无用语宿命的方式外,还有许多其他的选择。治疗的本质就在于,以察觉的、自发的及亲密的自主性生活型态,去取代受到游戏与自我挫败的生活脚本所支配的生活型态。在参考书目中说到,人分为两种,一种是成功者,另一种是失败者。但在这里并非将人很清楚地划分为两种类型,它说:每个人都有机会当成功者,当然也有可能当一个失败者。而这里所指的失败者就是在生活上受到自我挫败并且受到其支配的人,总是想着自己不能做这个不能做那个,自己是一个失败者。在这时候这样的一个人在这样的定义下则称为一个失败者。因此沟通分析治疗法的治疗目标即是改变一个人的生活型态,使个体学会“编写自己的脚本”,而不要被情绪牵着鼻子走。

该疗法强调明确的契约是沟通分析对咨询和治疗的主要贡献,以一种成人对成人(adult to adult)的共识基础订立一种“同盟”关系,契约中有明确的目标及达成的标准,这意味着当事人在治疗中必需负起的责任及主动性。通过结构分析、沟通分析、游戏分析,可以达到管理情绪与行为的目的。

1)结构分析

即人格结构分析,以PAC为基本架构的人格理论系统,通过了解自己的自我状态及不同状态间能量的分布及之间的流动,找出是否有不太健康的自我状态,并察觉其对目前生活及行为的影响。

2)沟通分析

即有关人与人之间如何沟通的分析。包括:沟通的类型,如互补型沟通(complementary transactions)、交叉型沟通(crossed transactions)、暧昧型沟通(ulterior transactions)、牛眼型沟通(bow eyes transactions),协助当事人找出使其发生困扰的沟通类型,并发展出有效、适应的沟通类型;时间的结构,如退缩、仪式、消遣、活动、游戏、亲密感等,从时间的向度上来分析当事人一生所花费时间的分布情形,让其对自己的生命型态有所察觉。

3)游戏分析

即在人与人互动过程的,透过潜意识,在不知不觉中所玩的一种心理游戏。游戏的特性有

“操纵性”“重复性”及“漠视性”。运用游戏公式：C +G = R → S →X →P. O.（即饵 + 钩 = 反应→反转→混乱→结局），协助当事人检视行为模式中是否有游戏的型态出现，这样的游戏是否会对其造成不良的影响。通过分析检视当事人在困扰中所在的角色及位置，其角色形成的原因、人际之间的互动情形，找出形成困扰的游戏类型及其在现实生活中影响的程度。

4）脚本分析

即分析一个人的成长背景及历史，了解他对未来的计划及对现在的行为所作的设定。脚本的种类有以下四种：文化脚本，属于同一文化下所共有的；次文化脚本，在特殊团体中所形成的，如联考族、追星族等；家庭脚本，为当事人所属家庭所发展出的特殊脚本；个人脚本，为当事人自己所独有的生命脚本。

案例阅读

“胆大”的乘务员与“胆小”的乘务长①

她在我的眼里一直是一个勤快、懂事的乘务员，广播动听，微笑灿烂，还被旅客赞为“微笑天使”。因此，当下客时过道中有旅客在喧闹，我看到她在处理，心里多少有些放心。

吵闹还在继续，而且声音似乎更大了，我终于忍不住拨过人群去看个究竟。在行李架上，旅客 A 的行李漏水，弄湿了旅客 B 的行李。明显是旅客 A 的错，他怎么能把泡沫冰箱放在行李架上呢？在颠簸挤压的情况下，泡沫冰箱很容易漏水的。而且他的冰箱还放在编织袋里，乘务员根本无法发现。这样的想法在我的脑子里一闪而过。

但事实并非如此，身为 2 号乘务员的她早已知道这是一箱冰，在摆上行李架之前编织袋的角上已经有些渗水，并且是她将这箱冰摆上了行李架。而她强调在放上行李架以前，她向旅客 A 确认了三遍“是否真的不漏水？”旅客 A 不仅给了她肯定不漏的答复，还保证如果漏水由他负责。有其他旅客为 2 号乘务员作证。还好，旅客 B 的衣物都放在塑料袋中，并未浸湿，纠纷暂时解决。旅客 A 下了飞机。身为乘务员的她没有认错的姿态，而是腰板更硬了。然而旅客 B 是过站旅客，他愤愤地留在了飞机上，也愤愤地留下一句话：“我一定要投诉她，太不负责任了！”

还有一个小时的航线要飞，如果不处理好这件事，我可以想像旅客 B 会用怎样的眼光看待我们的服务，或者继续发泄他的不满，也或者坐在那里生闷气。其实这也不是什么大事，我有信心在飞机上把它解决好。我拿起意见卡、毛巾找到旅客 B，先是真诚地道歉，再告诉他旅客 A 的箱子里是真空包装的食物，冰水并未污染，我也确实打开箱子看到是这样；然后看我还能帮他做些什么，比如帮他再整理一下行李，再擦拭一下；我也尽量帮组员解释，这位乘务员（2 号的她）刚飞一年，遇到不正常的情况少，缺乏经验，只是一心想着为旅客 A 安置行李，吃一堑长一智，我身为乘务长一定好好教育她。我知道拿意见卡已是多余，但最后我还是表示：“我是航班的乘务长，如果您对我处理的还不满意，可以留下您的意见，我会向上反映，给您满意的答复。”旅客 B 的气渐渐消了，说乘务员的服务还是不错的，就是旅客 A 太不自觉。

事情圆满解决了，我轻松地回到服务台，心想该去提醒一下 2 号的她。可是我还没张嘴，她却平静又多少带点情绪地对我说：“投诉有什么啊？扣分有什么啊？让他都找我，投诉了我

---

① 尹珊珊. “胆大”的乘务员与“胆小”的乘务长. 中国民航报，2007 - 8 - 22.

负责！你怕什么，投诉我又不投诉你……"

但我已知的是：只要我作为乘务长，在我飞的航班中遇到投诉事件，我一样会站出来，平息事件，安抚旅客，爱护并教育组员。有多少人愿意和我一样"胆小怕事"，营造和谐的客舱？我期待她的转变，期待你的加入。

情绪 ABC①

有一个年轻人失恋了，一直摆脱不了事实的打击，情绪低落，已经影响到了他的正常生活，他没办法专心工作，因为无法集中精力，头脑中想到的就是前女友的薄情寡义。他认为自己在感情上付出了，却没有收到回报，自己很傻很不幸。于是，他找到了心理医生。

心理医生告诉他，其实他的处境并没有那么糟，只是他把自己想象得太糟糕了。在给他做了放松训练，减少了他的紧张情绪之后，心理医生给他举了个例子。"假如有一天，你到公园的长凳上休息，把你最心爱的一本书放在长凳上，这时候走来一个人，径直走过来，坐在椅子上，把你的书压坏了。这时，你会怎想？"

"我一定很气愤，他怎么可以这样随便损坏别人的东西呢！太没有礼貌了！"年轻人说。"那我现在告诉你，他是个盲人，你又会怎么想呢？"心理医生接着耐心地继续问。"哦——原来是个盲人。他肯定不知道长凳上放有东西！"年轻人摸摸头，想了一下，接着说，"谢天谢地，好在只是放了一本书，要是油漆、或是什么尖锐的东西，他就惨了！""那你还会对他愤怒吗？"心理医生问。"当然不会，他是不小心才压坏的嘛，盲人也很不容易的。我甚至有些同情他了。"

心理医生会心一笑："同样的一件事情——他压坏了你的书，但是前后你的情绪反应却截然不同。你知道是为什么吗？""可能是因为我对事情的看法不同吧！"对事情不同的看法，能引起自身不同的情绪。很显然，让我们难过和痛苦的，不是事件本身，而是对事情的不正确的解释和评价。这就是心理学上的情绪 ABC 理论的观点。情绪 ABC 理论的创始者埃利斯认为：正是由于我们常有的一些不合理的信念，才使我们产生情绪困扰，如果这些不合理的信念日积月累，还会引起情绪障碍。

情绪 ABC 理论中，A 表示诱发事件；B 表示个体针对此诱发事件产生的一些信念，即对这件事的看法和解释；C 表示个体产生的情绪和行为结果。同一件事，人们的看法不同，情绪体验也不同。

比如，同样是失恋了，有的人放得下，认为未必不是一件好事，而有的人却伤心欲绝，认为自己今生可能都不会有爱了。再比如，在找工作面试失败后，有的人可能会认为，这次面试只是试一试，不过也没关系，下次可以再来，有的人则可能会想，我精心准备了那么长时间，竟然没过，是不是我太笨了，我还有什么用啊，人家会怎么评价我。这两类人因为对事情的评价不同，他们的情绪体验当然不同。

对于上面这个失恋的年轻人来说，失恋只是一个诱发事件 A，结果 C 是他情绪低落，生活受到影响，无法专心工作；而导致这个结果的，正是他的认知 B——他认为自己付出了一定要收到对方的回报，自己太傻了，太不幸了。假如他换个想法——她这样不懂爱的女孩不值得自己去珍惜，现在她离开可能避免了以后她对自己造成更大的伤害，那么他的情绪体验显然就不会像现在这么糟糕。

---

① MBA 智库百科，2012－12－1.

复习题

1. 什么是情绪？情绪的特征有哪些？
2. 简述旅客情绪状态的识别。
3. 什么是情绪智力？情绪智力包含哪些方面？
4. 民航服务人员对旅客情绪管理的方法有哪些？
5. 民航服务人员自身情绪调节的方法有哪些？
6. 民航服务人员应如何应对压力？

第四章

民航服务中的人格差异

第一节　需　要

一、概述

（一）需要的概念

需要是有机体感到某种缺乏而力求获得满足的心理倾向，它是有机体自身和外部生活条件的要求在头脑中的反映。简单地说，需要就是人对某种目标的渴求或欲望。人为了自身的生存与发展，必然会对客观世界中的某些东西产生需求，如衣、食、住、行、婚配、安全等，这种需求反映在个人的头脑中就形成了需要。需要能够推动人以一定的方式进行积极的活动。需要被人体会得越强烈，所引起的活动就越有力、有效。

（二）需要的特征

人类的需要是多种多样的。按照需要的起源，可以分为自然性需要和社会性需要两大类。

1. 自然性需要

自然性需要主要是指有机体为了维持生命和种族延续所必需的需要，它是人与生俱来的，是人的低级需要。其中包括为了生存必需的食物、水分和空气；必要的休息、睡眠和排泄；种族延续所必需的性激素分泌；为了避免某些有害的事物和不愉快的刺激所必要的回避和排除等。上述需要一般反映为生理的需要，它是人和动物所共有的，只是人的生理需要和动物的生理需要在满足方式上有根本的区别。动物仅仅是以自然环境中现成的天然物为对象，而人则是通过自己的劳动，生产出满足自己需要的对象，即使同样都是满足饱的需要，人与动物也存在着本质的区别，正如马克思所说："饥饿虽是饥饿，但是使用刀叉吃熟肉来解除的饥饿不同于用指甲和牙齿啃生肉来解除的饥饿。"人的自然性需要有以下几个特点：

（1）这种需要主要产生于人的生理机制，是与生俱有的。

（2）这种需要以从外部获得一定的物质为满足。

(3) 这种需要多见于外表,容易被人察觉。

(4) 这种需要是有限度的,超过了一定的限度反而有害。

2. 社会性需要

社会性需要主要是指个体在成长过程中,通过各种经验积累所获得的一种特有的需要,它是人后天形成的,是人的一种高级需要。其中包括物质需要和精神需要。就其物质需要而言,主要是指社会化的物质产品,如必要的衣着、家俱、住宅和生活用品;就其精神需要而言,主要是指一定的文化、艺术、科学知识、道德观念、政治信仰、宗教信仰和文化体育生活,以及必要的社会生产和社会交际活动等。社会性需要主要有以下几个特点:

(1) 这种需要不是由人的本能决定的,而是通过后天的学习获得的,是由社会的发展条件决定的。

(2) 这种需要比较内在,往往蕴藏于一个人的内心世界,不容易被人察觉。

(3) 这种需要大多是从人的内在精神方面获得满足。

(4) 这种需要的弹性限度很大,并且带有连续性。

按照马克思主义的观点,物质生活的需要是人们的基本需要,也是最强烈的需要。一个人的物质生活需要如果不能得到满足,往往会导致妨碍社会和集体的极端行为,即所谓"饥寒生盗心"。当物质生活得到满足之后,精神生活的需要就上升到主要地位,即所谓"衣食足而后知荣辱"。满足精神生活的正当需要,有不可忽视的作用,它往往能够推动人们对社会和集体做出更大的贡献。

(三) 需要的分类

人类的需要是多方面的,在不同的社会、不同的历史时期,人的需要是各不相同的。我们可以把人的需要大体作如下分类:

(1) 需要按其范围可分为国家的需要、民族的需要、阶级的需要、团体的需要、个人的需要等。

(2) 需要按其性质可分为物质需要和精神需要。

(3) 需要按其迫切程度可分为远期的间接需要与近期的直接需要。远期的间接需要是指那些比较概括的、抽象的、总的需要,它常以理想、志向等形式表现出来。近期的直接需要,如学习科学技术、解决某一具体问题、克服某一困难等,它是促使职工行动的直接动力。

(4) 需要按其作用可分为社会需要(发展需要)和生存需要(生理需要)。

(5) 需要按其经常性分类,分为日常需要和长期需要。

二、马斯洛需要层次理论

(一) 主要内容

1943 年,美国心理学家马斯洛提出了需要层次理论。这一理论流传甚广,目前已经成为世界各国普遍熟悉的理论。马斯洛认为,人的需要是有层次的,按照它们的重要程度和发生顺序,呈梯形状态由低级向高级需要发展。人的需要主要包括生理需要、安全需要、社会需要、自尊需要和自我实现的需要。需要总是由低到高、逐步上升的,每当低一级的需要获得满足以后,高一级的需要就要求得到满足。由于各人的动机结构的发展情况不同,这五种需要在个体内所形成的优势动机也不相同。当然,这并不是说当需要发展到高层次之后,低层次的需要就消失了；恰恰相反，低层次的需要仍将继续存在，有时甚至还是十分强烈的。为此，马斯洛曾经指出，要了解人的态度和情绪，就必须了解他们的基本需要。

马斯洛的需要层次理论的五个需要层次，具体说明如下：

1. 生理需要

生理需要是人最原始、最基本的需要，它包括衣、食、住、行和性等方面的生理要求，是人类赖以生存和繁衍的基本需要，这类需要如果不能满足，人类就不能生存。从这个意义上说，它是推动人们行为活动的最强大的动力。

2. 安全需要

当一个人的生理需要获得满足以后，就希望满足安全需要。例如，人们要求摆脱失业的威胁，解除对年老、生病、职业危害、意外事故等的担心，以及希望摆脱严酷的监督和避免不公正的待遇等。

3. 社会需要

社会需要主要包括社交的需要、归属的需要以及对友谊、情感和爱的需要。社会需要也叫联系动机，是说一个人在前面两种需要基本满足之后，社会需要便开始成为强烈的动机。人们一般都有社会交往的欲望，希望得到别人的理解和支持，希望同伴之间、同事之间关系融洽，保持友谊与忠诚，希望得到信任和爱情等。另外，人们在归属感的支配下，希望自己隶属于某个集团或群体，希望自己成为其中的一员并得到关心和照顾，从而使自己不至于感到孤独。“社会需要”是一种比“生理需要”“安全需要”更细致、更难以捉摸的需要，它与一个人的性格、经历、受教育程度，所隶属的国家和民族以及宗教信仰等都有一定的关系。

4. 尊重需要

尊重的需要，即自尊和受人尊重的需要。例如，人们总是对个人的名誉、地位、人格、成就和利益抱有一定的欲望，并希望得到社会的承认和尊重。这类需要主要可以分为两个方面：

(1) 内部需要。就是个体在各种不同的情境下，总是希望自己有实力、能独立自主，对自己的知识、能力和成就充满自豪和自信。

(2) 外部需要。就是一个人希望自己有权力、地位和威望，希望被别人和社会看得起，能够受到别人的尊重、信赖和高度评价。

马斯洛认为，尊重需要得到满足，能使人对自己充满信心，对社会满腔热情，体会到自己生活在世界上的用处和价值。

5. 自我实现的需要

自我实现的需要也叫自我成就需要。它是指一个人希望充分发挥个人潜力，实现个人的理想和抱负。这是一种高级的精神需要，这种需要可以分为两个方面：

(1) 胜任感。表现为人总是希望干称职的工作，喜欢带有挑战性的工作，把工作当成一种创造性活动，为出色地完成任务而废寝忘食地工作。

(2) 成就感。表现为希望进行创造性的活动并取得成功。例如，画家努力完成好自己的绘画，音乐家努力演奏好乐曲，指挥员千方百计要打胜仗，工程师力求生产出新产品等，这些都是在成就感的推动下而产生的。

(二) 各层次需要发展变化的基本规律

(1) 在人的心理发展过程中，五个层次的需要是逐步上升的。通常情况下，当低层次需要获得满足以后，就失去了对行为的刺激作用，这时追求更高一级的需要就成为驱动行为的重要动力。当人们进入高级的精神需要阶段以后，往往会降低对低级需要的要求。例如，成就需要强烈的人，往往把成就看得比金钱更重要，把工作中取得的报酬仅仅看成是衡量自己进步和成就大小的一种标志。这种人事业心强，有开拓精神，能埋头苦干，并敢于承担风险。

（2）人在不同的心理发展水平上，其动机结构是不同的。

这一点可以从图4－1中看出。在图4－1中，横坐标 *OM* 为心理发展水平方向，纵坐标 *ON* 为需要的相对强度，曲线1、2、3、4、5，分别代表生理需要、安全需要、社会需要、尊重需要和自我实现的需要，*A*、*B*、*C* 三点分别代表不同的心理发展水平。我们可以从三个点上了解一个人的动机结构内容。从 *A* 点上可以看出，此人生理需要最为迫切，其次是安全需要，其他三种更高层的需要在这里还谈不上；从 *B* 点上可以看出社交和归属需要对此人的影响最大，其次是安全的需要，再次是生理和尊重的需要，最后是自我实现的需要；从 *C* 点上可以看出此人的行为主要是由尊重的需要所决定的，其次，自我实现的需要也具有相当的影响力，而社会需要占第三位，安全和生理的需要都不足以构成太大的推动力。由于人的需要会因时、因地、因不同情境因素的影响而改变，因此人的需要模式并不是固定不变的。

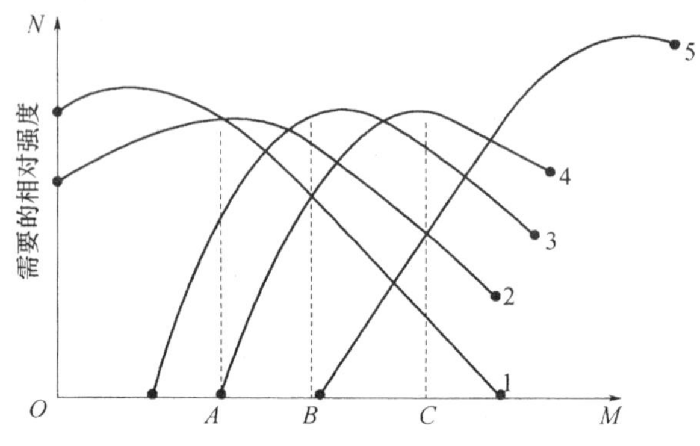

图4－1　各层次需要发展变化图

（3）人的需要具有主导性。在实际生活中，由于客观环境和个人情况的差异，在需要层次结构中，往往会有其中的某一种需要占优势地位。这种占优势地位的需要就称为主导性需要。根据主导性需要的不同，可以把人的需要结构分成下列几种典型的需要结构模式：

① 生理需要主导型。在生产力不发达，生活水平不高，衣、食、住、行和就业尚都困难的情况下，生理需要就成为最迫切、最突出的需要。

② 安全需要主导型。在某种特殊的情况下，如战争、洪水、地震、社会秩序混乱等，人们的安全需要就特别突出。

③ 社会需要主导型。青年人到了一定的时期，就希望交往，渴望爱情；老年人退休以后，经常守在家里，就会感到寂寞、孤独，迫切需要交往，需要得到温暖和安慰。

④ 尊重需要主导型。自尊心理许多人都有，所谓“士可杀而不可辱”，就强烈地反映了这种自尊的需要，苏联教育家马卡连柯曾经说过：“得不到尊重的人，往往有最强烈的自尊心。”许多事实证明，那些失足而决心悔改的青年人，自尊的需要往往格外强烈，他们更迫切地需要别人的信任和帮助。

⑤ 自我实现主导型。有强烈事业心的人，自我实现的需要特别突出。马斯洛说：“是什么角色，就应该干什么事。”“最理想的人就是自我实现的人。”自我实现是心理发展水平的较高阶段，对于心理发展水平较高的人，管理者应该重视为发展他们的才能和特长创造适当的组织

环境,并给予挑战性的工作。

(三) 对马斯洛需要层次理论的评价

关于马斯洛理论的价值,目前国内外尚有各种不同的说法。我们认为,绝对肯定或绝对否定都是不恰当的,因为这个理论既有其积极因素,也有其消极因素。

1. 马斯洛理论的积极因素

(1) 马斯洛提出人的需要有一个从低级向高级发展的过程,这在某种程度上是符合人类需要发展的一般规律的。一个人从出生到成年,其需要的发展过程,基本上是按照马斯洛提出的需要层次进行的。当然,关于自我实现是否能作为每个人的最高需要,目前尚有争议。但他提出的需要是由低级向高级发展的趋势是无可置疑的。

(2) 马斯洛的需要层次理论指出了人在每一个时期,都有一种需要占主导地位,而其他需要处于从属地位。这一点对于管理工作具有启发意义。

(3) 马斯洛需要层次论的基础是他的人本主义心理学。他认为人的内在力量不同于动物的本能,人要求内在价值和内在潜能的实现乃是人的本性,人的行为是受意识支配的,人的行为是有目的性和创造性的。

2. 马斯洛理论的消极因素

(1) 马斯洛过分地强调了遗传在人的发展中的作用,认为人的价值就是一种先天的潜能,而人的自我实现就是这种先天潜能的自然成熟过程,社会的影响反而束缚了一个人的自我实现。这种观点,过分强调了遗传的影响,忽视了社会生活条件对先天潜能的制约作用。

(2) 马斯洛的需要层次理论带有一定的机械主义色彩。一方面,他提出了人类需要发展的一般趋势。另一方面,他又在一定程度上,把这种需要层次看成是固定的程序,看成是一种机械的上升运动,忽视了人的主观能动性,忽视了通过思想教育可以改变需要层次的主次关系。

(3) 马斯洛的需要层次理论,只注意了一个人各种需要之间存在的纵向联系,忽视了一个人在同一时间内往往存在多种需要,而这些需要又会互相矛盾,进而导致动机的斗争。

三、旅客的一般心理需要

(一) 旅客对安全的需要

旅客乘坐飞机时,对飞行安全的需要往往是排在第一位的。飞行安全是指航空器在运行过程中,不出现由于运行失当或外来原因而造成航空器上的人员伤亡或航空器损坏的事件。事实上,由于航空器的设计,制造与维护难免有缺陷,其运行环境(包括起降场地、运行空域、助航系统、气象情况等)又复杂多变,机组人员操纵也难免出现失误等原因,一个航空公司完全杜绝飞行事故是不可能的。因此,对航空公司或民航空当局来说,飞行安全应指飞行安全水平。飞行安全水平通常用事故万事率,事故万架次率或亿客千米死亡率等指标衡量。

民航运输是人类所有交通运输工具中安全系数最高的,每天都有几百万人在世界各地飞来飞去。但是一旦发生事故,死亡率也是最高的。航空公司一旦遇到气候原因、机械故障,以及容易造成安全隐患的事情,都会选择停飞、返航或者降落到临近机场,所以乘坐飞机安全性还是相对较高的。从概率论来说,飞机的安全系数要比火车和汽车高,但是火车或者汽车出故障有可能就是抛锚,但是飞机出现故障有可能就是空难。所以这样看来飞机的安全系数要高于火车和汽车。有关统计表明,航空运输的安全性高于铁路、海运,更高于公路运输,据国际民航组织统计,世界民航定期班机失事,最多年份为1966年,每亿客千米死亡0.44人,近年下降至0.04人。随着航空技术、维修技术及空中管制设施的改进,飞机每亿客失事率还会降低。

(二)旅客的时间的需要

随着社会经济的快速发展,人们的时间观念越来越强,在有限的时间内,需要掌握大量的信息。因此,方便快捷与节省时间是旅客对民航服务提出的必然要求,也是民航服务必须满足的旅客的重要需要之一。旅客选择乘坐飞机,很大程度上是因为与其他旅行方式相比,飞机的到达速度快,可以大幅度地节省旅途时间。目前各航空公司正在使用的喷气式民航飞机时速为500~1000千米,其连续航程可达10000多千米,是世界上最快的交通工具之一。它比海轮快20~30倍,比汽车快7~15倍,比火车快5~10倍,例如从北京赴深圳出差,乘火车需要30多个小时,而乘飞机只要3个小时,这就大大节约了时间。特别在现代社会生活中,时间就是金钱,节约时间就会创造更大的价值。

(三)旅客对信息的需要

对于旅客来说,掌握航班信息、转乘其他交通工具的信息、乘坐飞机的注意事项等,是旅客乘坐飞机出行的必然需要。在从订票至出票、从安检至值机、从登机至到达的一系列与乘坐飞机相关的过程中,旅客都需要掌握与筛选与自己有关的信息,大到飞行安全、小到饮水处的位置,都对旅客出行产生着各种影响。因此,实时掌握旅行的各种相关信息,对旅客来说也是至关重要的。如第一次乘坐飞机的旅客,需要了解以下注意事项:刀具和维修工具(如螺丝刀)不可以随身带上飞机(不过可作为行李托运);电子产品在飞机起飞过程前15分钟和准备降落前15分钟都必须关闭,手机在整个过程中都必须关机,着地以后才可开机;随身行李,航空公司规定是5千克;托运的行李,根据不同的航空公司,一般是每人20千克或者25千克(如果是不同的季节,有些航空公司会适当放宽1~2千克),托运行李超重,要补缴航空托运费;推运行李时,会同时办理登机手续并确定登机口和座位;登机时间一般是比起飞时间提前25分钟,起飞时间一过,旅客的登机资格将被取消等。

(四)旅客对尊重的需要

飞机是人们向往的交通工具,在大多数人们心目中是一种自身身份的体现,乘坐飞机方便、快捷,轻松舒适,民航服务人员贴心周到的优质服务,都可以极大地满足旅客被尊重的需要。由于飞机速度快,航程时间短,有利于乘客途中休息、节约体力,减轻旅途疲劳。飞行过程较少受低空气流影响,飞行平稳,旅客精神比较轻松,尤其是大型宽体客机的使用,使客舱宽敞,噪声降低,并在机内附设餐饮娱乐设备,舒适的乘机体验较好地满足了旅客的尊重需要。

四、特殊旅客的心理需要

特殊旅客,是指因身份、行为、年龄、身体状况等原因,在旅途中需要给予特殊礼遇和照顾的旅客,或由于其身体和精神状况需要给予特殊照料,或在一定条件下才能运输的旅客,可分为重要旅客和一般特殊旅客。一般特殊旅客主要包括婴儿、无成人陪伴儿童、醉酒旅客、孕产妇、患病旅客、残障旅客、犯人等。

特殊旅客服务是民航服务水准的重要体现。特殊旅客必须符合一定条件方可乘机旅行,对特殊旅客的服务应该在不影响航班正常运行的情况下有序进行。对于特殊旅客的服务，要遵循以下原则：优先办理、优先成行、优先座位、优先存放和运输。掌握不同旅客的心理状态，根据每个人的特点进行服务，民航服务人员要具有敏锐的观察力和应变能力。

（一）老年旅客的需要及服务技巧

老年人由于身体机能出现减退，思维迟缓，记忆减退，导致反映缓慢，应变能力较差，说话不连惯甚至语无伦次。但老年人有很强的不服老心态，尤其希望得到尊敬，因此对待老年旅客，应关心他们的需要，注意使用以下服务技巧：热情搀扶、帮助提拿行李时，要照顾到旅客的自尊心，主动询问是否需要搀扶以及其他帮助；安排座位，并帮助系好安全带；与老年旅客讲话声音要略大些，语速要慢；告之航班飞行距离、时间、客舱服务设备（呼唤铃、清洁袋、厕所等）；老年旅客使用的拐杖，放在旅客座椅下固定或由乘务员保管；老年旅客的餐饮服务要尽量送热饮软食，并主动介绍供应的餐食；他们的座位不要安排在紧急出口处；注意询问是否需要轮椅，飞机落地前告诉乘务长转告机长通知地面；应询问清楚是否有人接机，安排最后下机，飞机到达目的地后，需搀扶其下机并交待地面服务人员给予照顾。

（二）病残旅客的需要及服务技巧

由于在精神上或身体上有缺陷或病态而无自理能力，或其行动需要他人照料的人，称为病残旅客。如果是一名年事甚高的旅客，即使该旅客没有疾病，也应作为该类特殊旅客处理，给予特殊服务。

病残旅客一般可以分为身体患病、精神病患者、肢体伤残、失明旅客、担架旅客、轮椅旅客。对于病残旅客的服务，首先要了解病残旅客的心理。病残旅客虽然自理能力较差，但是自尊心很强，情感脆弱，敏感性强，有时不会主动要求帮助。所以作为服务人员，要更加耐心细致，尊重病残旅客，理解他们的焦虑、恐惧、悲观、抑郁、失助及期待的情绪，按照病残旅客的实际需要提供贴心周到的服务。一般分为三个阶段。①登机阶段。病残旅客上下飞机时应主动为他们提供帮助；旅客就座后，应主动送上枕头或毛毯，帮助系好安全带并示范解开的方法；主动递送书报杂志，协助穿、脱衣服；下身伤残的旅客在上下飞机时，应有乘务员搀扶，护送旅客至座位或小推车、轮椅上；安排座位时，要考虑到旅客的舒适安全和上下飞机的方便。②服务阶段。在供应饮料和餐食时，帮助放好小桌子；对旅客要留意观察；在长途旅行中，主动帮助、关心旅客；在照顾各种残疾旅客时，都要考虑到患者的意愿，不要触碰患病部位，不要伤害他们的自尊心；乘务员与旅客交流时的注意事项。③下机阶段。病残旅客原则上先上飞机，后下飞机；帮助旅客整理随身物品，并送其下机。

1. 盲人旅客

盲人旅客是指双目失明，单独旅行，需要提供特殊服务的旅客（眼睛有疾病不属于盲人旅客，应按照病残旅客有关规定办理）。盲人旅客的心理特征：孤独感是残疾人的普遍特点之一，这与残疾造成行动困难、自卑感、亲属厌弃、社会歧视及社会公共设施不利于残疾人活动，缺少正常人的帮助有关。残疾人情感比一般人丰富、敏感，且自尊心强，盲人因缺少视觉感受，行动不便，平时多较文静，爱听音乐，听广播小说等，天长日久大多数人形成内向的性格，情感不外露。

因此对盲人旅客的服务需要注意的是，服务人员应主动做自我介绍，引导帮助盲人旅客上下飞机；就座后，帮助安排随身携带的行李物品，帮助系好安全带，并讲解打开的方法；向盲人介绍紧急设备的方向，位置及使用方法，触摸各种服务设施设备的位置，并教会使用方法；供应餐食和饮料时，可将餐盘比做时钟，把餐盘内的各种食物位置告诉盲人；提醒旅客会烫的食物位置，注意介绍餐饮的包装及特点，避免旅客烫伤；给盲人旅客递送物品时必须确认旅客接拿稳妥后再放手；飞行中由专人负责，经常询问盲人旅客的需求，多和他交谈，以免其孤独；了解到达站是否有人来接，主动送下飞机，做好与地面服务人员的交接工作。

2. 聋哑旅客

聋哑旅客是指因双耳听力缺陷不能说话的旅客，不是指有耳病或听力弱的旅客。聋哑旅客的心理特征：听觉的丧失给人的认识活动带来严重影响，由于得不到声音刺激，聋人对复杂的环境的感知不够完整，在每一瞬间能够直接反映到他们大脑中的只是处于视野之内的东西，聋哑人缺少语言和语言思维。他们情绪不稳定，易变化，破涕为笑、转怒为喜的情况比较多见，聋哑人的情感缺少含蓄性，很容易直露于外。因此，需要服务人员以书面形式与聋哑旅客进行沟通；聋哑旅客大多数会读口型，因此与其交谈时应面对旅客，放慢说话速度，必要时可借助手势或符号进行表达，但必须注意手势礼节；每次广播后，向其介绍广播内容。

3. 行动不便的旅客

对于行动不便的旅客，在安排座位时应考虑旅客的行动方便，座位安排要舒适，便于旅客上下飞机，帮助旅客系好安全带，并告诉旅客解开的方法。对下肢不便的旅客，应主动搀扶上下飞机或安放行李。拐杖由乘务员或个人保管。需要去卫生间，主动搀扶护送。对上肢不便的旅客，应主动帮助安放行李、系好安全带、看报、脱穿衣服、切割食品。

对使用拐杖的旅客要留意观察，当发现旅客要行走或上厕所时，应尽快将拐杖递给旅客，并热情搀扶，帮助打开厕所门，同时介绍厕所的设备和使用方法。在照顾残疾旅客的服务中，要考虑到旅客的意愿，注意不要触摸旅客的残疾部位，也不要伤害旅客的自尊心。

对于使用轮椅的旅客，需要注意以下几点：办完登机手续，由机场服务人员陪同前往安检，依然乘坐自己的轮椅；指定专人照顾旅客，在通过廊桥时需采用倒退轮椅的方法，既安全的控制轮椅下坡的速度，又可以使坐在轮椅上的人不产生头晕的感觉；乘务员协助旅客使用洗手间；飞行中根据需要提供毛毯；下降前通知机组，联系轮椅。轮椅旅客原则上先上飞机，后下飞机；帮助旅客整理随身物品，并送其下机；与地面做好交接工作。

4. 担架病人

担架病人乘机都有特殊旅客乘机通知单，要事先了解其病症、到达站、有无医务人员或家人陪同，担架是否随机及有无特殊要求等；根据情况安排担架病人先上飞机，担架随机时，安排担架病人先登机，其他旅客后登机，并向其他旅客做好解释说明，担架不随机时，应为病人提供机上担架。安排担架病人登机后，要帮助病人系好安全带，飞行中指定专人负责，经常观察、询问病情，根据情况妥善照顾；供应饮料和餐食时，要与病人或陪同人员商量，要协助进食；飞机降落时，提醒病人防止压耳并躺好，协助扶稳病人和担架；落地后，让病人最后下飞机，协助整理、提拿手提物品，护送病人下机上车。

5. 精神病旅客的服务

《中国民用航空旅客、行李国内运输规则》第十章第34条规定：“传染病、精神病患者或健康状况可能危及自身或影响其他旅客安全的旅客，承运人不予承运。”登机时旅客如果显示出精神状态异常时，其中抑郁型精神病患旅客，病情稳定的，在两名随行同一航班旅客全程陪护下，提供市一级精神病院证明，由机场急救中心鉴定及作相应医学处理后，方可登机。无人陪护及其他类型精神病患旅客，将被拒绝登机；如果旅客在起飞后显示出精神状态异常时，应尽快报告机长，安排两名人员全程陪护，并通知目的地相关医护人员做好准备，将该旅客交付给目的地机场相关医护方面或该旅客的接待人员 。

6. 对死亡及休克旅客的服务

在飞机起飞前,发现有旅客休克或死亡时,应立即报告机长,停止起飞。如果在空中发现有旅客休克时,应迅速报告机长,并和地面联系,请安排好救护车和医务人员。如果在空中发现有旅客死亡时,应立即报告机长,保持现场,加盖毛毯,调整周围旅客的座位,同时收集死者的遗物,保留该航班的旅客舱单,落地后应向有关部门如实汇报死者的情况,并通知卫生部门对客舱进行处理。

(三) 无成人陪伴儿童的需要及服务技巧

无成人陪伴儿童指年龄在五周岁以上至十二周岁以下的无成人陪伴、单独乘机的儿童。由于儿童旅客好奇心强、活泼好动,善于模仿、判断力差,容易遇到危险而不自知,因此保障儿童旅客的安全需要尤为关键。首先要事先了解儿童旅客的相关情况,若为无成人陪伴儿童旅客,需要做好交接工作。航空公司人员要代孩子办理登机手续,并引导孩子登机交给机组人员。

登机后,将其安排在便于指定的随机服务员或乘务员照料的适当位置,可靠近机上厨房,最好是过道座位,若有可能,与其他旅客分开座位,若座位满座,应安排与女乘客一起座,不要安排在紧急出口的座位,联程航段的无人陪伴值机员在接收座位时尽可能把不同航段的无陪座位错开。

在飞行中,首先为儿童旅客介绍机上设施。在飞行中,要有专人负责。饮料不要过满、过烫,一般以冷饮为主。需要的注意的是,对待儿童旅客要有爱心和耐心,不能训斥儿童旅客。在飞机起飞、下降前,帮儿童旅客在腹部垫放一条毛毯,系好安全带。飞机下降时,叫醒正在睡觉的儿童,并妥为照料,以避免压耳。

到达目的地后,地面服务人员根据预先得到的通知与乘务员交接,替儿童办好必要的手续并负责把孩子安全地交给家长。向来接人员介绍儿童的情况,如无人来接,要把儿童旅客的情况详细告知地面服务人员,并将其所携带的物品点交清楚。

(四) 带婴儿旅客的需要及服务技巧

婴儿指旅行开始之日未年满两周岁的旅客。为了保证旅客的安全,出生不超过 14 天的婴儿不接受乘机。对 14 天至 2 岁以内的婴儿,航空法规定,乘坐飞机必须有大人陪伴。乘务员应主动向婴儿的母亲介绍机内紧急设备和服务设备的使用,如呼唤铃、通风器、厕所婴儿换尿布的设备等,提醒相关注意事项。在旅途中,根据旅客要求给予必要的照顾。尽量不要抱婴儿,如果抱婴儿一定要经过大人的同意。另外,带婴儿的旅客一般不要安排在紧急出口旁的座位上,而要安排在前排或能放摇篮的地方,妥善安排好旅客随身携带物品,帮助系好安全地,用小枕头垫在婴儿的头部,提醒母亲在起飞、下降和颠簸时保护好婴儿。机上应派专人负责,给予必要的照顾,如帮助调整好通风器,不要让通风口直接对着婴儿及母亲身上吹风。

当飞机平飞后,挂好摇篮,垫上毛毯,放好小枕头,让婴儿完全躺在摇篮里系好安全带。供应饮料和餐食时,要征求婴儿陪伴者的意见,向监护人征询婴儿喂食、喝水的时间和用量,有无特殊要求等,必要时帮助将奶瓶、奶嘴洗净消毒。

对于牛奶的调制,首先要掌握奶粉的准确用量,一般应先征询母亲的要求。之后将奶粉放入奶瓶,先用少量凉开水调匀或调成糊状,然后用开水冲开,放在凉水里降温,温度以奶汁滴在手背上不烫手为宜,之后用毛巾包好送给旅客。

飞机下降时,告诉母亲唤醒婴儿,以免压耳朵,系好安全带,收好摇篮。落地后,帮助婴儿的母亲整理好随身携带的物品。下飞机时,帮助母亲提拿并穿好衣服。

（五）VIP 旅客的需要及服务技巧

VIP 旅客即重要旅客，是航空运输保证的重点，认真做好重要旅客的运输服务工作是民航运输部门的一项重要任务。按照民航总局《关于重要旅客乘坐民航班机运输服务工作的规定》，重要旅客的范围包括：省、部级（含副职）以上的负责人；军队在职正军职少将以上的负责人；公使、大使级外交使节；由各部、委以上单位或我驻外使、领馆提出要求按重要旅客接待的客人。

民航服务要高度重视重要旅客运输服务工作。对重要旅客，值班领导要亲自迎送；对国务委员、副总理以上的重要旅客，各单位主要领导要亲自迎送。航空公司，省局、航站要设立要客服务部门（含兼管部门），并将该部门的职责、电话号码等通知当地党、政、军等有关部门。要客服务部门要选派有经验、表现好、责任心强的人员参加。

重要旅客的机票及座位要优先保证。重要旅客订座、购票，应予优先保证。接受重要旅客订座时，应请经办人详细填写《旅客订座单》，了解清楚要客的职务、级别和需要提供的特殊服务。重要旅客需预定联程、回程座位时，接受订座单位应及时向联程、回程站拍发订座电报，并在 OSI 项中注明 VIP 字样、职务（级别）和特殊服务的要求。联程、回程站接到重要旅客订座电报后，应保证座位并及时拍发答复电报。凡有重要旅客订座、购票的航班，不应随意取消或变更。如有变更，应尽早通知重要旅客的购票单位，并做出妥善安排。重要旅客取消旅行或改变乘机日期、航班时，原接受订座单位或值机部门应及时拍发变更电报，并通知各有关部门。在国务委员、副总理以上重要旅客乘坐的航班上严禁押送犯人、精神病患者乘坐。售票处和值机部门要严格把关，并通知货运部，严禁在该航班上装载危险品。

民航服务部门要优先为重要旅客办理乘机、到达手续。值机部门应优先为重要旅客办理乘机、行李交运、联运等手续。在未设头等舱的航班上，应尽可能地将较舒适的座位提供给重要旅客。要逐件核对，防止错运、丢失或损坏行李。始发站和经停站在装卸行李、货物时，要将贴挂"重要旅客（VIP）"标志牌的行李放置在靠近舱门口的位置，以便到达站优先卸机和交付。重要旅客到达目的站后，应先向重要旅客交付交运行李。

要做好重要旅客的地面接待服务工作。要客服务部门接到有重要旅客的通知后，应事先准备好贵宾休息室，并备妥供应物品。要客服务部门应派专人协助重要旅客办理乘机手续和提取行李。服务人员必须熟练掌握航班信息，及时将航班起飞时间通知重要旅客，并负责引导重要旅客上飞机。航班延误时，应首先安排好重要旅客的休息和食宿。贵宾休息室的服务人员要按规定着装，举止大方，热情有礼貌，主动、用心到地做好服务工作。

（六）孕妇旅客的需要及服务技巧

孕妇旅客指经承运人同意运输的，符合运输条件的怀孕旅客：怀孕不足 32 周的，按一般旅客运输办理；怀孕满 32 周但不足 35 周的，应持有在乘机前 7 天内签发的乘机医疗许可；怀孕 35 周（含）以上者、预产期在 4 周（含）以内者、无法准确确定预产期者以及产后不足 7 天者，承运人不予承运。

对孕妇旅客的服务技巧：服务人员应主动帮助孕妇提拿行李，上下飞机；不能安排在紧急出口处，适当调整座椅；主动介绍安全带、借助毛毯，系在大腿根部；主动介绍服务设备、呼唤铃、清洁袋、卫生间；如果遇上孕妇要分娩时，尽快安排隔离并关闭通风器；找医生协助处理。了解其饮食习惯，主动沟通，了解需求，尽量使旅客舒适；应多为孕妇提供几个清洁袋，主动询问孕妇乘机感受，随时给予照顾；帮助旅客整理随身携带物品，穿好衣服。帮助旅客提拿物品，送旅客下机；必要时应将其情况向地面服务人员交接。

（七）晕机旅客的需要及服务技巧

遇到晕机的旅客，应首先让晕机的旅客松开领带、腰带和安全带等，帮助调整通风口和座椅靠背，让旅客安静休息，介绍并打开清洁袋。可轻声安慰旅客并用手在旅客的后背自下向上推；必要时对症提供药品和温开水；旅客呕吐时，及时更换清洁袋；呕吐后，送上毛巾；漱口的温开水，及时擦净被弄脏的衣服、行李和地毯；对无法清洁的地毯和座椅，在飞机落地后通知有关部门；座椅被弄脏，有条件时可调换座位，没有空位时，可更换座椅套，或擦净后铺上毛毯让旅客就坐；对于晕机严重的旅客，提供氧气；落地后，若客人再次吐在地毯上，乘务员应拿废报纸盖上并站在旁边，指导旅客避让而行，以免旅客下机时踩在上面；下机时主动帮助提拿行李并搀扶下机。

（八）对押解犯罪嫌疑人的服务

犯人运输的一般规定：由于犯人是受到国家现行法律管束的，在处理犯人运输时，必须与有关公安部门，以及通过外交途径与有关外交部门取得密切联系。在办理犯人运输中，应注意符合我国有关法律、法令和对外政策、及有关国家的法律。运输中必须有两人（有些航空公司要求3倍的警力）以上监送。监送人员在运输中对犯人负全部责任。监送人员携带武器，在飞行中一般应当交由机组保管。运输犯人，只限在运输始发地申请办理订座售票手续。犯人旅客的座位不得安排在靠舱门的位置。

机组接到通知后，及时传达到每位乘务员；在飞机起飞降落时，乘务员应监控，押送人员不得将犯罪嫌疑人束缚在座位或其他无生命的物体上；不得给犯人和护送人员提供任何含酒精的饮料，不要向犯人提供具有伤害性的用具；在经得押送人员检查同意后，可以向犯罪嫌疑人提供食物和一次性餐具；尽量避免犯罪嫌疑人的身份暴露给其他旅客；监送人员和犯罪嫌疑人应该最先上飞机，最后下飞机。

案例阅读

传递感动①

——记四川航空公司“巴渝风采”乘务组

日前，当冯守训、金辉两位老人相互搀扶着登上川航从昆明飞往重庆的8670航班的时候，执行航班任务的川航“巴渝风采”乘务组的姑娘们几乎同时被老两口胸前别着的一个椭圆形徽章所吸引，上面写着“金婚游”三个字。乘务长李俊丽和组员们立刻商量一番，准备给这对老人一个惊喜。策划活动显然已经来不及了，李俊丽当下拿出随身携带的精美卡片写上了乘务组对老人的祝福——

“当知道两位老人金婚的时候，我们非常感动。您们一起走过了50年的风风雨雨，……祝您们金婚愉快，永远幸福！”

“巴渝风采”乘务组真诚的心意也让老夫妇感动不已，他们含着眼泪品味着这份祝福。

简单的卡片、贴心的话语蕴涵着乘务组的服务理念：微笑由您而起，真情因您而生，以情传递优雅，用心造就完美。“巴渝风采”乘务组怀着一颗感恩的心，用微笑和真情在蓝天白云间

① 邓娟，幸兵，游华. 传递感动. 中国民航报，2008－1－17.

传递着感动的力量。

两年里,飞来1000多封表扬信。

2004年12月,由6位重庆姑娘组成的"巴渝风采"乘务组成立,这也是川航重庆分公司的第一支品牌乘务组,成立仅两年时间就收到了1000多封表扬信。

6位女孩都是地道的重庆妹子,她们的服务也带着浓郁的地方特色。首先,旅客一登机就能看见她们的制服上都佩带着红辣椒形的标识,象征着重庆女孩热情的性格和甜美的微笑。"巴渝风采"乘务组还在旅游航线上开展"乡音难改、乡情难忘"活动,与不太会说普通话的重庆旅客用乡音交流,拉近彼此的距离。

细心的乘务员们经常在一起讨论,想出各种点子给予旅客最大的方便和温馨的服务。她们为特殊旅客单独介绍机上服务设备和提供优先服务,并指派一名乘务员负责全程照顾;为无成人陪伴小旅客准备祝福卡片,记下小朋友在飞机上的情况和乘务组的祝福;为婴儿送上"贴心小围兜",防止小旅客在航班上用餐时将衣服弄脏;建立老朋友备忘录,记录常旅客信息,如性格、口味、喜好等;宣传环保,创造节约型社会;准备"百宝箱",里面有针线包、指甲刀、止血贴、香水、护手霜、卫生用品等;为第一次到重庆的商务及观光游客提供"真心电话簿",包括各大酒店的订房电话、旅行社咨询电话以及公司售票处电话。

1000多封表扬信闪耀着她们的微笑与真情,其中有来自其他航空公司的同行,信中写道:"你们的细致周到让我感到自己的工作有需要改进的地方。"有来自并未受到特殊照顾的旅客,一位韩国旅客在信中说:"看到你们对孩子无微不至的照顾,那份用心打动了我。"当那对金婚老夫妇的表扬信寄到的时候,李俊丽马上召集组员,大家一起阅读,分享着老夫妇金婚游的喜悦和感动。

高龄老人只身来京无着落　国航员工细心服务送回家①

近日,从重庆飞来的进港航班3U8831落地后,乘务长反映:飞机上有一位老人需要扶助。国航工作人员韩荣很快找到了这位旅客,原来她的行李票在飞机上丢失了,想请服务员帮她取行李。在取行李的路上,韩荣从老人的谈话中又了解到:老人是位退休教师,今年72岁了,膝下有三儿一女,孩子们都非常孝顺。她现在住在二儿子家,二儿子家的孙子在武汉读大学,花销特别大,自己还有心脏病和关节炎,总要看病花钱,老人是不忍心拖累儿女,想着自己每月有退休工资,又觉得北京的气候比重庆好,就只身来北京找养老院。

行李很快取到了,是老人的衣物。韩荣问老人联系了哪家养老院,好帮助老人。老人回答说养老院还没找呢,现在就去市里找。韩荣带老人来到机场大巴售票处,询问是否有去养老院的线路,工作人员说没有。韩荣马上掏出自己的手机,打114查询到了10家养老院的电话,并一一询问价格和入住条件,将情况记录下来告诉老人。因养老院的入住条件限制,老人无法入住,但又坚持不回家,无奈之下,韩荣请民警帮忙。民警与老人的二儿子沟通后达成了一致意见,哄老人回家,二儿子在机场接,但需要国航工作人员的全程协助。

韩荣很快买到了预计19时50分起飞的CA4136航班的机票,一直陪着老人直到18时才去办理乘机手续,考虑到老人年事已高又有关节炎,韩荣给老人申请了轮椅。办手续、过安检,韩荣和特殊服务的工作人员始终没有向老人透露目的地。刚过安检,早已在那里等候的值班经理李军就迎了上来。由于距离登机还有一段时间,李军便和老人来到旅客较少的休息区,攀谈起来。从谈话中,李军了解到此时的老人其实也非常想念家人,但又不想给儿女们添麻烦,

① 张宏伟,高龄老人只身来京无着落　国航员工细心服务送回家.中国民航报,2008-1-9.

所以心里非常矛盾，说到自己的难处，老人不禁潸然泪下。看到这种情况，李军便开始趁势开导老人："儿女们都这么孝顺是您的福气，您看您儿子知道您自己出来了多着急呀。您就算是在成都找到了养老院，儿女们也得为您担着心。您一个人在外面，万一病了什么的，谁能像您的儿女们这么照顾您呀。"

经过一番动情的开导，老人终于松口了："那我现在要是改去重庆的航班，是不是还得收改票费呀？"听到老人亲口说出自己想回家了，几位工作人员互相使了个眼色，连声说道："不用，不用，这件事包在我们身上了。"办理完手续，几位工作人员又陪老人来到了CA4136的登机口，直至把老人送到飞机上，并将老人的情况向乘务长做了交代。看到老人高兴地坐上了回家的飞机，几位工作人员都为老人由衷的高兴。离开时，老人不停地道谢："谢谢你们，谢谢国航！"

复习题

1. 什么是需要？需要的特征有哪些？
2. 简述马斯洛的需要层次理论。
3. 旅客的需要有哪些？
4. 简述老年旅客的需要及服务技巧。
5. 简述婴儿旅客的需要及服务技巧。
6. 简述VIP旅客的需要及服务技巧。

第二节　气　质

一、概述

1. 气质的概念

气质是指一个人心理活动的动力特点的总和。所谓心理活动的动力主要包括：一是心理过程的速度和稳定性，如知觉的速度、思维的灵活程度、注意集中时间的长短等；二是心理过程的强度，如情绪的强弱、意志努力的程度等；三是心理过程的指向性，包括外倾性和内倾性。有的人心理过程倾向于外部事物和人，从而获得心理需求的满足。有的人心理过程倾向于内心世界，经常体验自己的情绪，分析自己的思想。

气质是个性心理特征之一，在现实生活中人们所说的"脾气"是气质的通俗说法。由于人们心理活动的动力特点不同，因而反映出人的不同个性。例如，一个人的情绪和活动发生的快而强，表现非常明显；另一个人的情绪和活动发生得慢而弱，表现很不明显；第三个人的情绪和活动发生得快而弱，表现非常明显；第四个人的情绪与活动发生得慢而强，表现却不明显。这四个人就各有不同的气质，气质会使一个人全部心理活动的表现都染上一种独特的色彩，从而体现出这个人的个性。

2. 气质的特征

1）气质具有先天性的特征

气质的生理基础是神经系统类型，它体现了人的高级神经活动类型的特征，气质类型就是高级神经活动类型在人的活动中的表现。因此，气质同遗传因素有关，具有先天性的特点。在现实中，我们在人的身上可以看到与生俱来的秉性。孩子在很小的时候，就可以表现出差别，有的文静安稳;有的生性好动;有的则十分倔强等。儿童的这些特点反映出人的气质天生的一面。

2）气质是典型的稳定的个性特征

每个人的气质总是表现出一定的类型特点,这些特点在人的身上是典型和稳定的。有的人总是那么聪明、伶俐、乐观、活泼,受大家喜欢;有的人总是那么威严、傲慢、厉害、暴躁,令人敬而远之;有的人总是四平八稳、反应缓慢,火烧眉毛不着急;还有的人总是马马虎虎、毛手毛脚,不能稳当办事。而且,人们常在内容很不相同的活动中显示出同样的气质类型特点,这说明人的气质具有相当的典型性和稳定性。

3）气质随人的年龄和环境条件的变化而变化

气质虽然具有先天的稳定的特点,但不是固定不变的。人的年龄、生活环境、文化教育及主观努力都是影响气质变化的因素。在人的一生中,不同的年龄常会有不同的气质表现。青少年时,血气方刚,表现出活泼、好动、敏捷、热情、积极、急躁或轻浮;壮年时,阅历渐深,表现出坚毅、机智、沉着、踏实;老年时,表现出老成持重、安详、沉稳。同时,环境变化也会引起气质的改变,热情活泼的孩子常会因家庭变故而变得冷漠孤僻。这说明人的气质是可以改变的。

二、各种气质学说

1. 古代气质学说

气质是一个古老的心理学问题。人的气质是有明显差异的,这些差异属于气质类型的差异。对气质类型的划分,有不同的见解,因而形成不同的气质理论。最早对气质加以分类并给予细致的描述,其分类被后人接受认可的,是希波克拉底(Hippocrates,公元前460—公元前377年)对气质的分类。早在公元前5世纪,古希腊著名医生希波克拉底在长期的医学实践中观察到人有不同的气质,提出了四种体液的气质学说。几个世纪以后,罗马医生哈林(Galen)用拉丁语“Emperametnum”一词来表示这个概念。这就是“气质”(Temperament)概念的来源。

希波克拉底认为人体内有四种体液:血液(来自拉丁语 Sanguis)、黏液(来自希腊语 Phlegma)、黄胆汁(来自希腊语 Chole)和黑胆汁(来自希腊语 Melanoschole)。四种体液谐调,人就健康,四种体液失调,人就会生病。希波克拉特曾根据哪一种体液在人体内占优势把气质分为四种基本类型:多血质、胆汁质、黏液质和抑郁质。多血质的人体液混合比例中血液占优势,胆汁质的人体内黄胆汁占优势,黏液质的人体内黏液占优势,抑郁质的人体内黑胆汁占优势。希波克拉底认为,每种体液都是由冷、热、湿、干四种性质相匹配产生的。血液是由热和湿配合的,所以多血质的人热情、湿润,好似春天;黏液质是冷和湿的配合,因此黏液质的人冷漠、无情,好似冬天;黄胆汁是热和干的配合,因此胆汁质的人热而躁,好似夏天;黑胆汁是冷和干的配合,因此抑郁质的人冷而躁,好似秋天。后人把他对气质的观点概括为体液说。用体液来解释气质,虽然缺乏科学根据,但希波克拉底对气质类型的划分,与日常观察中概括出来的四种气质类型比较符合,所以关于气质的这种分类一直沿用至今。关于气质类型的划分,还有其他不同的见解。

我国古代的思想家孔子从类似气质的角度把人分为“中行”“狂”“狷”三类。他认为“狂者进取,狷者有所不为”。意思是说,“狂者”一类的人,对客观事物的态度是积极的、进取的,他们“志大言大”,言行比较强烈,表现于外;“狷者”一类的人比较拘谨,因而就“有所谨畏不为”;“中行”一类的人则介乎两者之间,是所谓“依中庸而行”的人。

我国春秋战国时期的古代医学中,曾根据阴阳五行学说,把人的某些心理上的个别差异与生理解剖特点联系起来。按阴阳的强弱，分为太阴、少阴、太阳、少阳、阴阳和平五种类型，每种类型各具有不同的体质形态和气质。又根据五行法则把人分为“金形”“木形”“水形”“火形”“土形”，也各有不同的肤色、体形和气质特点。这两种分法是互相联系的。作为分类基础的阴阳与近代生理学研究的兴奋和抑制有某些类似之处。

2. EAs 模型

A·H·巴斯和普洛明提出气质的 EAs 模型，确定三种气质倾向：情绪性，指个体情绪反应的强度；活动性，指个体能量释放的一般水平；交际性，指个体的人际交往特点。A·托马斯和切斯提出儿童气质的九个维度，即活动水平，节律性，主动或退缩，适应性，反应阈限，反应强度，情绪质量，分心程度，注意的广度和持久性，并据此划分三种气质类型：易教养型、困难型和缓慢发动型。

3. 高级神经活动学说

巴甫洛夫认为有四种典型的高级神经活动类型，即活泼的、安静的、不可抑制的、弱的，分别与希波克拉底的四种气质类型相对应，四种气质类型即四种典型的高级神经活动类型的行为表现。除这四种典型的类型外，还有许多中间类型。巴甫洛夫学派的观点得到后继者的进一步发展，如捷普洛夫和涅贝利岑等主张研究神经系统的各种特性及其判定指标；梅尔林主张探讨神经系统特性与气质的关系，强调神经系统的几种特性的组织是气质产生的基础。还有人将气质归因于体质、内分泌腺或血型的差异，但气质的生理基础仍无法确定。

气质类型如表 4－1 所列。

表 4－1　气质类型

气质类型	神经系统的基本特点	高级神经活动类型
多血质	强、平衡、灵活	活泼型
胆汁质	强、不平衡	兴奋型
黏液质	强、平衡、不灵活	安静型
抑郁质	弱	抑制型

4. 体型说

体型说由德国精神病学家克雷奇默（E. Kretschmer）提出。他根据对精神病患者的临床观察，认为可以按体型划分人的气质类型。根据体型特点，他把人分成三种类型，即肥满型、瘦长型、筋骨型。例如，肥满型产生躁狂气质，其行动倾向为善交际、表情活泼、热情、平易近人等；瘦长型产生分裂气质，其行动倾向为不善交际、孤僻、神经质、多思虑等；筋骨型产生黏着气质，其行动倾向为迷恋、认真、理解缓慢、行为较冲动等。他认为三种体型与不同精神病的发病率有关。

美国心理学家谢尔登（W. H. Sheldon）认为，形成体型的基本成分——胚叶与人的气质关系密切。他根据人外层、中层和内层胚叶的发育程度将气质分成三种类型：①内胚叶型，丰满、肥胖。特点是图舒服，好美食，好睡觉，会找轻松的事干，好交际，行为随和；②中胚叶型，肌肉发达，结实，体型呈长方形。特点是武断，过分自信，体格健壮，主动积极，咄咄逼人；③外胚叶型：高大细致，体质虚弱。特点是善于自制，对艺术有特殊爱好，并倾向于智力活动，敏感，反应迅速。工作热心负责，睡眠差，易疲劳。

体型说虽然揭示了体型与气质的某些一致性，但并未说明体型与气质之间的关系机制，体型对气质是直接影响或是间接的影响，二者之间是连带关系还是因果关系。另外，研究结果主要是从病人而不是从常态人得来的，因此，缺乏一定的科学性。

5. 激素说

激素说是生理学家柏尔曼（Berman）提出的。他认为，人的气质特点与内分泌腺的活动有密切关系。此理论根据人体内哪种内分泌腺的活动占优势，把人分成甲状腺型、脑下垂体型、肾上腺分泌活动型等。例如，甲状腺型的人表现为体格健壮，感知灵敏，意志坚强，任性主观，自信心过强；脑下垂体型的人表现为性情温柔，细致忍耐，自制力强。

现代生理学研究证明，从神经—体液调节来看，内分泌腺活动对气质影响是不可忽视的。但激素说过分强调了激素的重要性，从而忽视了神经系统特别是高级神经系统活动特性对气质的重要影响，不乏有片面倾向。

6. 血型说

气质血型说是指人的气质是由不同的血型所决定的。人的体内，处处有液质的流动，如眼泪、唾液、血液、尿液、胆液、脑液等。单从体重来看，这些体液约占 70%，即使看起来很坚硬的骨头，也大约有 20% 的液质。细胞中，水大约占 80% ~90%。正是这些液质的流动，带动了人体的新陈代谢。体液是通过影响生理，进而影响心理。血型说是由日本学者古川竹二等人提出的，他们认为气质是由不同血型决定的，血型有 A 型、B 型、AB 型、O 型，与之相对应气质也可分为 A 型、B 型、AB 型与 O 型四种。古川竹二的研究引起了许多人的兴趣，因为此项研究涉及到人类学的许多未知领域，潜伏着人类对自身了解的重大突破。A 型气质的特点是温和、老实稳妥、多疑、顺从、依赖他人、感情易冲动。B 型气质的特点是感觉灵敏、镇静、不怕羞、喜社交、好管闲事。AB 型气质特点是上述两者的混合。O 型气质特点是意志坚强、好胜、霸道、喜欢指挥别人、有胆识、不愿吃亏。这种观点也是缺乏科学根据的。

目前气质的血型说的研究领域集中在血型地域分布，血型与人际关系，血型与爱情等方面。血型说的最大缺陷就在于搞不清血型为什么能决定人的气质和性格，它们的内在联系是什么。现代生物学对血型的物质结构已搞清楚，它是人体内部的由糖和蛋白质结合而成的高分子化合物。父母的血型直接决定孩子的血型，任何一个民族都会注意到这种“血缘”关系。但是人的性格不是遗传的，更多是环境刺激的结果，并因为内外环境的刺激，使某方面强化或弱化。父母的习惯决定不了孩子的个性，它只能作为环境因素对子女施加一定的影响而已。一个明摆着的事实：对于一个呱呱坠地的婴儿，我们可以明确无误地知道他的血型，对其性格和其他心理特征却完全是一个未知数。另外，血型作为人体中负责生命运动的物质，其分子结构是固定不变的。一个人一辈子只能有一种血型，整个机体也只适应这一种血型，而人的性格却是二重的甚至多重的。

7. 活动特性说

活动特性说是美国心理学家巴斯（A. H. Bass）的观点。他用反应活动的特性，即活动性、情绪性、社交性和冲动性作为划分气质的指标，由此区分出四种气质类型。活动性气质的人总是抢先迎接新任务，爱活动，不知疲倦；婴儿期表现出总是手脚不停乱动，儿童期表现出在教室坐不住，成年时显露出一种强烈的事业心。情绪性气质的人觉醒程度和反应强度大；婴儿期表现出经常哭闹，儿童期表现出易激动、难于相处，成年时表现出喜怒无常。社交性气质的人渴望与他人建立密切的联系；婴儿期表现出要求母亲与熟人在身旁，孤单时好哭闹，儿童期表现出易接受教育的影响，成年时与周围人相处很融洽。冲动性气质的人缺乏抑制力：婴儿期表现出等不得母亲喂饭等；儿童期表现出经常坐立不安，注意力容易分散；成年时表现为讨厌等待，倾向于不加思索地行动。用活动特性来区分气质类型是近年来出现的一种新动向，不过活动特性的生理基础是什么，却没有揭示出来。

我国心理学界现普遍认为，气质的生理机制是神经类型。巴甫洛夫的高级神经活动类型说科学地解释了气质的产生，我们将在下节介绍。

三、四种气质类型

1. 常见的四种气质类型及其行为特征

早在公元前5世纪，古希腊医生希波克拉底就提出了气质的概念。他认为人体内有四种体液，按照人体内占优势的体液不同，他将气质概括为四种类型：胆汁质、多血质、黏液质、抑郁质。这一分类尽管缺乏科学的根据，但在日常生活中确实能看到这四种类型的典型代表。

后来，苏联生理学家巴甫洛夫关于高级神经活动学说为气质分类提供了科学基础。巴甫洛夫揭示神经系统有三种特性，即兴奋和抑制的强度，兴奋和抑制的平衡性，兴奋和抑制相互转换的灵活性。这三种神经活动的特性，形成四种最典型的结合，即高级神经活动的四种基本类型：兴奋型、活泼型、安静型、抑制型。这四种基本类型与气质的分类是相对应的，每种气质分属不同的神经类型并伴随特定的行为特征。

1）胆汁质

胆汁质的人的神经类型属于兴奋型，即具有强烈的兴奋过程和比较弱的抑制过程。这种类型人的特点是具有很高的兴奋性，因而在行为上表现为不均衡性。

在情绪活动中，一般表现出脾气暴躁、热情开朗、刚强直率、果敢决断，但往往易于激动，不能自制。在行动方面胆汁质的人表现出精力旺盛、反应迅速、行动敏捷、动作有力，对工作有一股烈火般的热情，能以极大的热情投身于自己所从事的事业，能够同艰难困苦做勇敢、坚决的斗争。但这种人的工作特点带有周期性，当精力消耗殆尽时，便会失去信心，由狂热转为沮丧，甚至半途而废、前功尽弃。在思维方面胆汁质的人接受能力强，对知识理解得快，但粗心大意，考虑问题往往不够细致。一般来说，胆汁质的人大多是热情而性急的人。

2）多血质

多血质的人的神经类型是活泼型，神经过程具有强、平衡而且灵活的特点。多血质的人容易动感情，但感情体验不深刻、不稳定，情感产生之后既容易消失，也容易转变。

多血质的人一般都有很高的灵活性，容易适应变化的生活条件，在新的环境中不感到拘束，他们善于交际，能很快同别人接近并产生感情。多血质的人大多机智、聪敏、开朗、兴趣广泛，能迅速把握新事物。在行动方面多血质的人反应迅速而灵活，在从事复杂多变和多样化的工作中往往成绩显著。但是他们的兴趣不够稳定，注意力容易转移，一旦没有足够的刺激的吸引，常常会变得厌倦而怠惰，开始所具有的热情会很快冰消瓦解。在日常生活和工作中，多血质的人给予人们的印象是聪明热情、活泼好动。

3）黏液质

黏液质的人的神经类型属于安静型，其神经过程具有强、平衡但不灵活的特点。黏液质的人的情绪不易激动，经常表现得心平气和，不轻易发脾气，不大喜欢交际，对人不容易很快产生强烈的情感。这种人反应比较慢，行动比较迟缓，但是冷静、稳重、踏实，不论环境如何变化，都能保持心理平衡。

黏液质的人善于克制自己的冲动，能严格地遵守既定的生活秩序和工作制度，情绪和兴趣都比较稳定，态度持重，具有较好的坚持性，常常表现得有耐心、有毅力，一旦对自己的能力做好了估计，选定了目标，就能坚持到底，不易受外界的干扰而分心。黏液质的人不足之处是不够灵活，有惰性。惰性使他们振作精神，集中注意，把注意力转移到新的对象上，但是适应新的环境都需要有一个过程；惰性也容易使他们因循守旧、保守固执。黏液质的人大多沉静而稳重。

4）抑郁质

抑郁质的人的神经类型属于抑制型，也可称为弱型。这种人具有高度的情绪易感性，而且情感体验深刻、有力、持久。他们往往为一些微不足道的缘由而动感情，在情绪上产生波动和挫折，但却很少在外表上表现自己的情感。抑郁质的人外表温柔、恬静，在行动上表现得非常迟缓，常常显得忸怩、腼腆、优柔寡断、迟疑不决。他们尽量摆脱出头露面的活动，喜欢独处，不愿意与他人交往。在遇到困难和危险时，常常有胆却畏缩、惊慌失措的表现。但是，抑郁质的人具有较高的敏感性，他们思想敏锐，观察细致，谨慎小心，常常能观察到别人观察不到的东西，体验到别人体验不到的东西，有的心理学家把抑郁质的人的这种特点称为艺术气质。抑郁质的人大多情感深厚而沉默寡言。

以上是四种典型的气质及其行为表现。在现实生活中，属于上述典型气质类型的人是很少的，大多数人都是以某一类型的气质为主，同时兼有其他类型的一些特点，即属于中间类型。因此，在观察某个人的气质时，应根据实际情况具体分析其特点，而不能根据典型气质的一般特征进行简单的推测。

2. 正确认识各种气质类型

人的气质类型可以通过一些方法加以测定。但属于某一种类型的人很少，多数人是介于各类型之间的中间类型，即混合型，如胆汁—多血质，多血—黏液质等。

现代心理学把气质理解为人典型的、稳定的心理特点，这些心理特点以同样方式表现在各种各样活动中的心理活动的动力上，而且不以活动的内容、目的和动机为转移。

气质是人典型的、稳定的心理特点。这种典型的心理特点很早就表露在儿童的游戏、作业和交际活动中。据 N · B · 斯特拉霍夫的研究，在 39 名作为研究对象的小学生中，有 34 名明显地表现出所述的气质类型。其中多血质的有 9 名，胆汁质的 10 名，黏液质的 9 名，抑郁质的 6 名。气质类型的很早表露，说明气质较多地受个体生物组织的制约；也正因为如此，气质在环境和教育的影响下虽然也有所改变，但与其他个性心理特征相比，变化要缓慢得多，具有稳定性的特点。

气质主要表现为人的心理活动的动力方面的特点。但心理活动的动力并非完全决定于气质特性，它也与活动的内容、目的和动机有关。任何人，无论有什么样的气质，遇到愉快的事情总会精神振奋，情绪高涨，干劲倍增；反之，遇到不幸的事情会精神不振，情绪低落。但是人的气质特征则对目的、内容不同的活动都会表现出一定的影响。换句话说，有着某种类型的气质的人，常在内容全然不同的活动中显示出同样性质的动力特点。例如，一个学生每逢考试表现出情绪激动，等待与友人的会面时会坐立不安，参加体育比赛前也总是沉不住气等，就是说，这个学生的情绪易于激动会在各种场合表现出来，具有相当固定的性质。只有在这种情况下才能说，情绪易于激动是这个学生的气质特征。人的气质对行为、实践活动的进行及其效率有着一定的影响，因此，了解人的气质对于教育工作、组织生产、培训干部职工、选拔人才、社会分工等方面都具有重要的意义。气质不影响活动的性质，但可以影响活动的效率。如果在学习、工作、生活中考虑到这一点，就能够有效提高自己和他人的效率。

人的气质本身无好坏之分，气质类型也无好坏之分。在评定人的气质时不能认为一种气质类型是好的，另一种气质类型是坏的。每一种气质都有积极和消极两个方面，在这种情况下可能具有积极的意义，而在另一种情况下可能具有消极的意义。如胆汁质的人可成为积极、热情的人，也可发展成为任性、粗暴、易发脾气的人；多血质的人情感丰富，工作能力强，易适应新的环境，但注意力不够集中，兴趣容易转移，无恒心等。气质相同的人可有成就的高低和善恶的区别。抑郁质的人工作中耐受能力差，容易感到疲劳，但感情比较细腻，做事审慎小心，观察力敏锐，善于察觉到别人不易察觉的细小事物。气质不能决定人们的行为，是因为人们可以自觉地去调节和控制。

气质不能决定一个人活动的社会价值和成就的高低。据研究，俄国的四位著名作家就是四种气质的代表，普希金具有明显的胆汁质特征，赫尔岑具有多血质的特征，克雷洛夫属于黏液质，而果戈里属于抑郁质。类型各不相同，却并不影响他们同样在文学上取得杰出的成就。气质只是属于人的各种心理品质的动力方面，它使人的心理活动染上某些独特的色彩，却并不决定一个人性格的倾向性和能力的发展水平。所以气质相同的人既可以成为对社会做出重大贡献、品德高尚的人，也可以成为一事无成、品德低劣的人；既可以成为先进人物，也可以成为落后人物，甚至反动人物。反之，气质极不相同的人也都可以成为品德高尚的人，成为某一职业领域的能手或专家。

气质虽然在人的实践活动中不起决定作用，但是有一定的影响。气质不仅影响活动进程的性质，而且可能影响活动的效率。例如，要求做出迅速、灵活反应的工作对于多血质和胆汁质的人较为合适，而黏液质和抑郁质的人则较难适应。反之，要求持久、细致的工作对黏液质、抑郁质的人较为合适，而多血质、胆汁质的人又较难适应。在一般的学习和劳动活动中，气质的各种特性之间可以起互相补偿的作用，因此对活动效率的影响并不显著。对先进纺织工人所做的研究证明，一些看管多台机床的纺织女工属于黏液质，她们的注意力稳定，工作中很少分心，这在及时发现断头故障等方面是一种积极的特性。注意的这种稳定性补偿了她们从一台机床到另一台机床转移注意较为困难的缺陷。另一些纺织女工属于活泼型，她们的注意比较容易从一台机床转向另一台机床，这样注意易于转移就补偿了注意易于分散的缺陷。

但是，在一些特殊职业中（如飞机驾驶员、宇航员、大型动力系统调度员或运动员等），要经受高度的身心紧张，要求人们有极其灵敏的反应，要求人敢于冒险和临危不惧，对人的气质特性提出特定的要求。在这种情况下，气质的特性影响着一个人是否适合于从事该种职业。因此在培训这类职业的工作人员时应当测定人的气质特性。这是职业选择和淘汰的根据之一。

当然，绝不能孤立地考虑人们的气质特征，更重要的是培养积极的学习和劳动态度。如果具有正确的动机和积极的态度，各种气质类型的人都可能在学习上取得优良成绩，在工作中做出出色的贡献。

总之，虽然人的行为不是决定于气质，而是决定于在社会环境和教育影响下形成的动机和态度，但是气质在人的实践活动中也具有一定的意义。虽然气质与态度相比只居于从属的地位，但它是构成人们各种个性品质的一个基础，因此它是一个必须加以分析和考虑的重要因素。

3. 旅客行为与气质表现

旅客的不同气质，是服务过程中不可忽视的问题，要求每一位服务人员必须了解和掌握旅客气质的不同特征，进行针对性的服务。这样能使自己的服务工作做到有的放矢，使服务质量有所提高。

有些旅客是强而平衡，灵活性高的多血质。这样的旅客情感和情绪发生迅速，表露于外，极易变化，灵活而敏捷，动作活泼好动，但往往不求甚解。他们适应力强，讨人喜欢，交际广泛，容易接受新事物，也容易见异思迁而显得轻浮。

有些旅客是弱而平衡、灵活性低的黏液质。这样的旅客情绪比较稳定，兴奋性低，变化缓慢，内向、喜欢沉思，思维和言行稳定而迟缓，冷静而踏实。他们做事情考虑细致周到，不折不扣，坚定地执行自己已经做出的决定，往往对已经习惯了的工作表现出高度热情，而不容易适应新的工作和环境。

有些旅客是弱性，易抑制的抑郁质。这样的旅客情绪体验深刻，不易外露，对事物有较高的敏感性，能体察到一般人所觉察不到的东西，观察事物细致；行动缓慢、多愁善感，也易于消沉，常常显得信心不足，缺乏果断性；交往面较窄，常常有孤独感。

有些旅客是强而不平衡，易冲动的胆汁质。这样的旅客情绪和情感发生迅速，表露于外，活泼好动，但容易鲁莽行事，做事情考虑不细致，容易接受新事物，容易冲动。

人的气质带有先天遗传的性质，它能影响人的行为方式、能力的形成和发展，各种气质都有自己的优缺点。只有充分了解旅客的气质类型，才能提供有针对性的服务，提高服务质量。

四、气质差异与民航服务

由于气质类型没有好坏之分，在同一社会实践领域里的杰出人物，均可找出不同气质类型的代表。气质类型不能决定人的社会价值大小与社会成就的高低。任何气质都有积极的一面，也有消极的一面。例如，黏液质的人情绪稳定，遇事冷静，考虑细致周到，但对环境的适应能力较差；胆汁质的人外向开朗、反应快、效率高，但容易暴躁；多血质的人活泼热情、擅长交际、反应灵活，但是稳定性差；抑郁质的人自我控制能力差、容易疲劳，但观察细致入微、办事谨慎、感情细腻。

1. 针对旅客的气质特征提供专业的服务

民航服务面对的旅客人群涉及的地域范围广，旅客类型复杂，旅客气质类型也存在较大的差异。作为民航的服务人员，在为旅客服务的过程中，要快速而准确地观察旅客的言语、行为、情绪等方面的特点，针对不同旅客的不同气质提供恰当的服务。

胆汁质的人表现为热情大方，直率，喜欢与人来往，活泼好动。因此在服务过程中，应针对旅客喜欢交际、爱好交谈的特点，对活泼好动的旅客多加注意。这些旅客在候机时，常常表现为坐不住，站不定，即使坐下来也很少能长时间保持一种姿势。他们对飞机上的设备常常表现出比其他旅客更浓厚的好奇心，加上他们自身活泼好动的特点，往往容易对机上一些设备造成损坏，需要服务人员及时进行讲解，并引导他们遵守乘机规则。

黏液质的旅客在乘坐飞机时，常表现得较为稳重，情感不外露，并且喜欢清净的环境，自制能力很强。但同时这种气质，会使服务人员很难了解他们的需要。因此在服务过程中，服务人员应用平缓柔和的声音主动与他们进行交流。由于黏液质的旅客做事缓慢，不慌不忙，力求稳妥，因此在与他们交流过程中要有足够的耐心。

抑郁质的旅客表现为安静，稳重，感情细腻，做事认真，但他们较为内向，自我控制能力较差，很容易感到疲劳。因此在为他们提供服务时，要主动询问是否需要帮助，语言表达要准确，由于他们对语气、语调、身体语言都极其敏感，服务人员应注意遵守服务规范，以免造成误会。当旅客感到疲劳时，应给他们留有一定的空间，避免打扰。

多血质的旅客乘机时的表现为大方热情，喜欢交往，活泼好动，有自制能力，但稳定性较差。因此在为他们提供服务时,可积极热情地与他们交谈,表现出服务人员的良好素质。

2. 针对气质类型采取不同的管理方法

气质类型不同的人在行为稳定性、情感表达方式、接受新事物的速度、对挫折的承受力等方面均各有不同,因而在对民航服务人员进行管理和培训时应具有针对性,即根据民航服务人员的不同气质类型采用不同的方式方法。例如,对抑郁质的人批评时要注意方式方法,关心鼓励要多于批评指责,因为抑郁质的员工承受挫折的容忍力较小,而且又不善于表露自己的思想,若不注意方式方法,容易造成问题。而多血质的员工对挫折的承受力比较强,对他们的批评可以严厉些,另外,注意他们轻率、浮躁、易变的气质特点,在批评的同时要加强对他们日常纪律的约束。

在人员岗位安排上,根据员工的气质特点,安排适合员工气质的工作,则更能发挥员工的积极性,员工更容易适应工作要求,工作也更有成绩,更加轻松。例如,在机场候机厅的询问台工作的员工,要求具有热情开朗、反应灵敏等特点,如果是多血质的员工更能适应这一个工作,而黏液质、抑郁质的员工适应起来相对困难一些。因此,根据员工的气质类型来安排他们的岗位和工作,有助于提高服务质量和工作效率,能够使不同气质类型的服务人员都能够发挥自己气质中积极的一面,抑制消极的一面。例如,为旅客办理行李托运的工作人员,每天要帮助旅客托运大量的行李、物件,工作重复枯燥,而且不能出错,对待这样的工作,黏液质、抑郁质的员工比胆汁质、多血质的员工更能够胜任,因为黏液质、抑郁质的员工具有耐心细致、严谨、持久的特点,能够胜任重复性的工作。试想如果是胆汁质的员工从事这一工作,则很容易因为他们粗心大意、冲动鲁莽的气质造成不可预计的后果。

另外,在班组搭配时,注意不同气质类型的员工互相搭配,互相弥补,能够更好地提高群体凝聚力。因为每个集体都有不同性质的工作,即使是同样的工作,也会出现不同的情况。例如,同一架飞机上的乘务员,虽然都是民航服务人员,但分工不同,而不同分工的员工之间需要相互配合协调,才能提高整个班组的服务水平。特别是当遇到一些突发情况时,各种不同气质的人搭配在一起,能够起到不同的作用,胆汁质的人胆大,敢于冒险,多血质的人灵活,善于交际,黏液质的人有恒心耐力,抑郁质的人感情细腻。不同气质类型的人在一起工作,可以取长补短,充分发挥各自气质类型中的积极因素,弥补其中的消极因素。否则,假如一个飞行班组的成员都是胆汁质,当遇到突发情况的时候,容易冲动鲁莽行事,造成难以弥补的后果;反之,如果一个飞行班组的成员全部都是抑郁质,遇到突发情况,胆小怕事,不愿承担,则无法积极处理突发情况当中的各种问题。

五、民航服务人员的气质要求

民航服务人员气质方面应该注意:外倾性不能太低;感受性不能太高;耐受性不能太低;敏捷性不能太低;情绪兴奋性不能太低。

1. 沉稳

(1) 不要随便显露你的情绪。

(2) 不要逢人就诉说你的困难和遭遇。

(3) 在征询别人的意见之前,自己先思考,但不要先讲。

(4) 不要一有机会就唠叨你的不满。

(5) 重要的决定尽量同别人商量,最好隔一天再发布。

(6) 讲话不要有任何的慌张,走路也是。

2. 细心

(1) 对身边发生的事情,常思考它们的因果关系。

(2) 对做不到位的执行问题,要发掘它们的根本症结。

(3) 对习以为常的做事方法,要有改进或优化的建议。

(4) 做什么事情都要养成有条不紊和井然有序的习惯。

(5) 经常去找几个别人看不出来的毛病或弊端。

(6) 自己要随时随地对有所不足的地方补位。

3. 胆识

(1) 不要常用缺乏自信的词句。

(2) 不要常常反悔,轻易推翻已经决定的事。

(3) 在众人争执不休时,不要没有主见。

(4) 整体氛围低落时,要乐观、阳光。

(5) 做任何事情都要用心,因为有人在看着你。

(6) 事情不顺的时候,歇口气,重新寻找突破口,结束也要干净利落。

4. 大度

(1) 不要刻意把有可能是伙伴的人变成对手。

(2) 对别人的小过失、小错误不要斤斤计较。

(3) 在金钱上要大方,学习三施(财施、法施、无畏施)。

(4) 不要有权力的傲慢和知识的偏见。

(5) 任何成果和成就都应和别人分享。

(6) 必须有人牺牲或奉献的时候,自己走在前面。

测测你的气质

本气质量表共60题,每种气质类型15题。要求被试对题目的陈述根据自己的实际情况在"很符合""较符合""介于符合与不符合之间""比较不符合""完全不符合"中进行选择。采取五级评分制计分,根据得分多少确定气质类型。

指导语:下面60题可大致确定人的气质类型。在回答的时候,若与自己的情况:"很符合"记2分,"较符合"记1分,"一般" 记0分,"较不符合"记-1分,"很不符合"记-2分。

1. 做事力求稳妥,一般不做无把握的事。
2. 遇到可气的事就怒不可遏,把心里的话全都说出来才痛快。
3. 宁可一个人干事,不愿很多人在一起。
4. 到一个新的环境很快就适应。
5. 厌恶那些强烈的刺激,如尖叫、噪声、危险镜头等。
6. 和人争吵时,总是先发制人,喜欢挑衅别人。
7. 喜欢安静的环境。
8. 善于与人交往。
9. 羡慕那种喜欢克制自己感情的人。
10. 生活有规律,很少违反作息制度。
11. 在多数情况下情绪是乐观的。
12. 碰到陌生人觉得很拘束。

13. 遇到令人气愤的事,能很好地自我克制。
14. 做事总是有旺盛的精力。
15. 遇到问题总是举棋不定、优柔寡断。
16. 在人群中从不觉得过分拘束。
17. 情绪高昂时,觉得干什么都有趣;情绪低落时,又觉得什么都没有意思。
18. 当注意力集中于一事物时,别的事很难使我分心。
19. 理解问题总比别人快。
20. 碰到危险情境,常有一种极度恐惧感。
21. 对学习、工作怀有很高的热情。
22. 能够长时间做枯燥、单调的工作。
23. 感兴趣的事情,干起来劲头十足,否则就不想干。
24. 一点小事就能引起情绪波动。
25. 讨厌做那些需要耐心、细致的工作。
26. 与人交往不卑不亢。
27. 喜欢参加热闹的活动。
28. 爱看感情细腻、描写人物内心活动的文艺作品。
29. 工作学习时间长了,常感到厌倦。
30. 不喜欢长时间讨论一个问题,愿意实际动手干。
31. 宁愿侃侃而谈,不愿窃窃私语。
32. 别人总是说我闷闷不乐。
33. 理解问题常比别人慢。
34. 厌倦时只要短暂休息就能精神抖擞,重新投入工作。
35. 心里有话不愿说出来。
36. 认准一个目标就希望尽快实现,不达目的誓不罢休。
37. 学习、工作同样一段时间后,常比别人更疲倦。
38. 做事有些莽撞,常常不考虑后果。
39. 向他人讲授新知识、技术时,总希望讲得慢一些,多重复几遍。
40. 能够很快地忘记那些不愉快的事情。
41. 做作业或完成一件工作总比别人花的时间多。
42. 喜欢运动量大的体育活动,或者参加各种文艺活动。
43. 不能很快地把注意力从一件事转移到另一件事上。
44. 接受一个任务后,希望把它迅速解决。
45. 认为墨守成规比冒风险强些。
46. 能够同时注意几件事物。
47. 当我烦闷的时候,别人很难使我高兴起来。
48. 爱看跌宕起伏、激动人心的小说。
49. 对工作抱认真严谨、始终一贯的态度。
50. 和周围人的关系总是相处不好。
51. 喜欢复习学过的知识,重复做熟练的工作。
52. 希望做变化大、花样多的工作。

53. 小时候会背的诗歌，我似乎比别人记得清楚。
54. 别人说我“出语伤人”，可我并不觉得这样。
55. 在体育活动中，常因反应慢而落后。
56. 反应敏捷，头脑机智。
57. 喜欢有条理而不甚麻烦的工作。
58. 兴奋的事常使我失眠。
59. 老师讲新概念，常常听不懂，但是弄懂了以后很难忘记。
60. 假如工作枯燥无味，马上就会情绪低落。

答案：

胆汁质，包括2,6,9,14,17,21,27,31,36,38,42,48,50,54,58各题；

多血质，包括4,8,11,16,19,23,25,29,34,40,44,46,52,56,60各题；

黏液质，包括1,7,10,13,18,22,26,30,33,39,43,45,49,55,57各题；

抑郁质，包括3,5,12,15,20,24,28,32,35,37,41,47,51,53,59各题。

气质测验量表为自陈形式，计分采取数字等级制，即非常符合+2，比较符合计+1，拿不准的计0，比较不符合计-1，完全不符合计-2。

最后的评分标准是：

如果某种气质得分明显高出其他三种（均高出4分以上），则可定为该种气质；

如两种气质得分接近（差异低于3分）而又明显高于其他两种（高出4分以上），则可定为两种气质的混合型；

如果三种气质均高于第四种的得分且相接近，则为三种气质的混合型。

案例阅读

奉送满意的服务收获自己的价值①

在客舱中，为旅客服务是乘务员的本职工作，但如何通过服务带给旅客美好难忘的回忆呢？“小小客舱，广阔世界”，服务绝不仅仅是迎来送往、端茶递水这么简单，它应当有着更广阔的内涵，而对于乘务员自身来说，则包括了我们的个人修养、人生态度，以及对于这项工作的价值体现。

首先，服务是一种积极的态度。服务工作通常表现为对他人关心、帮助的行为，同样的事情，不同的态度会产生不同的做法，并导致不同的结果。在航班中经常会遇到一些休息的旅客，他们可能会错过正常餐饮的时间，也许有的乘务员觉得在旅客醒来后征询一下他们是否要用餐，自己的工作就算完成了。但有没有更好的处理方式呢？我发现在旅客醒来后一般并不会要求马上用餐，而会先要杯水，而且刚睡醒的时候会觉得温度比较低，因此，我们应该先端上一杯温水再询问旅客：“先生，请问您休息得好吗？先喝杯温水，请问您现在要用餐吗？”这是一种站在旅客需求的角度，主动体会、细心呵护的态度，即便旅客不用餐，他也能感受到我们对他的真诚。

服务还是一种快乐的情绪。人有喜怒哀乐，我们的情绪不可能在日复一日的工作中一成不变，如果不会调整自己的情绪，就可能会把不好的情绪转化给同事或者是旅客。记得我还是

① 张玉晶. 奉送满意的服务收获自己的价值. 中民民航报，2008-1-9.

实习生的时候，工作很卖力，可是每次回收的旅客意见卡却很少能看到对我工作的肯定和表扬，我很困惑，师傅就告诉我："是你的基本功不到家，想要给旅客留下好的印象光是埋头苦干是不够的，一个优秀乘务员应当会营造愉悦的氛围。"我一直在细品她这句话的含义，经验的累积让我找到了答案：只有快乐的乘务员才有满意的旅客。终于有一天在航班上我收到了一份特别的小礼物，是一位旅客送的一本书，书的扉页上写道："一上飞机就看到了你亲切自然的笑容，让这次空中相聚非常愉快，希望这本好书能与你一起分享！"看来微笑是最好的语言工具，而真诚的微笑是源于我们自己。

但在日常工作中，要对每一位旅客都报以真诚的微笑，绝不是一件容易的事情。许多人会羡慕空姐的职业，可以每天穿着漂亮的制服周游全国各地，甚至领略异国风情，而工作不过就是端茶送水的简单劳动。但在现实中我们承担了很多人想象不到的艰辛，在有限而封闭的空间里，日复一日地从事单调的工作程序，往往会带来一种疲劳乏味的心理感觉，因此服务工作其实是一种品德的磨练。还有遇到航班延误，延误时间一般少则半小时，多则三四个小时，乘务员们一方面要面对旅客的质问，另一方面也会因延误而消耗更多的体力，让人易产生烦躁的情绪，可是做好服务工作是没有捷径的，只有比平时付出更多的耐心和宽容，我们才能理解旅客，化解他们的抱怨，所以这个职业磨练了我们的意志，只有外柔内刚、内外兼修的人才能胜任这份工作。

情洒蓝天　至善至美①

——记全国级青年文明号"宁燕"乘务组组长马镭

"你的微笑如春风拂面，消散了我的旅途疲劳……""感谢你一路上对我儿子的照料，让他第一次坐飞机就感受到了飞行的快乐……""真诚地感谢您，使我的物品失而复得……"，读着一封封感谢信，马镭亲切、甜美的形象在笔者的脑海里逐渐显现。马镭，2002 年 7 月加入东航宁波分公司客舱部，现任客舱部二分部副教导员，是全国级青年文明号"宁燕"乘务组的组长。5 年来，她用精细的贴心服务，赢得了旅客的交口称赞和同事的一致好评。

马镭的工龄虽然不算长，可她的工作经验却一点儿不少。在她的飞行包里一直放着一本飞行记录本。她总是仔细地把飞行过程中遇到的各类问题及时记录下来，不飞的时候就坐下来与经验丰富的老前辈一同研究解决方案。由于勤学好思，善于总结和实践，她成了客舱部里年轻的业务骨干，不仅取得了乘务员职业技能鉴定高级证书，而且还是名出色的放飞检查员。每次小姐妹们在工作中遇到难题总会第一个想起她，跑到她那里去讨教，她也总会毫无保留地把自己总结的飞行经验和处理特殊情况的方法传授给小姐妹，让大家一同进步。

"飞好一次航班、树立一种精神、锻炼一支队伍"是马镭对自己提出的要求。每次执行航班任务，总会努力将自己调整到最佳状态，充分调动组员的积极性，一同为旅客提供至真至诚、至善至美的服务。

"您好，欢迎登机"是乘务员们再熟悉不过的迎候语。可这相同的话语在马镭的问候中却显得格外的亲切。一次带飞新乘务员，旅客登机后，新乘务员好奇地问："乘务长，旅客刚登机时我见你那么热情地和他们打招呼，我还以为是你的亲戚呢，可是直到最后一名旅客你还是那么热情，总不可能全是你的亲戚吧。"她笑着回答说："虽然我们在每天的航班上要成百上千次说同样的话，可对于旅客却总是第一声问候，良好的开端是顺利开展机上服务的第一步，只要

---

① 朱丽萍. 情洒蓝天　至善至美. 中国民航报，2007－10－10.

我们把旅客当做亲人,我们面对旅客时就会自然地流露出真情的微笑。"

一次由于飞机故障,使由成都飞往宁波的航班延误了5个小时,作为乘务长的马镭知道航班延误的消息后及时与组员沟通,提前做好了服务延误航班旅客的预案。上机后,她们首先向旅客致歉并详细地向旅客说明了延误原因。面对情绪激动地旅客,她们有礼有节,不愠不火。她们热情地为旅客端茶送水,细心地为老年旅客准备可口的餐食,为小朋友发放玩具,尽可能地满足不同旅客的需求。旅客的情绪逐渐平静下来,下机时,有几位旅客专门在意见本上写下了表扬信:"虽然今天不巧遇到了航班延误,可今天也很巧让我结识了这么优秀的乘务员。她们以百倍的努力化解了我们心中的怒气,让我们感受到了客舱就是家的感觉,真的非常感谢你们!"

马镭,就是这样一个年轻而干练的乘务长,她用自己的青春、智慧在蓝天白云间描绘着自己的绚丽人生。

复习题

1. 什么是气质? 气质的特征有哪些?
2. 气质学说有哪些?
3. 简述巴普洛夫的高级神经活动学说。
4. 简述气质的四种类型。
5. 简述气质差异与民航服务。
6. 民航服务人员气质的培养注意哪些方面?

第三节 性 格

一、概述

(一) 性格的概念

性格指由人对客观现实的稳定态度和习惯化的行为方式中表现出的稳定心理倾向。它是个性中最重要、最显著的心理特征。

性格是个性心理特征中最重要的方面,它通过人对事物的倾向性态度、意志、活动、言语、外貌等方面表现出来,是人的主要个性特点即心理风格的集中体现;人们在现实生活中显现出的某些一贯的态度倾向和行为方式,如大公无私、勤劳、勇敢、自私、懒惰、沉默、懦弱等,都反映了自身的性格特点。

(二) 性格的特征

(1) 性格的态度特征。即表现个人对现实的态度的倾向性特点。例如,对社会、集体、他人的态度,对劳动、工作、学习的态度以及对自己的态度等。

(2) 性格的理智特征。即表现心理活动过程方面的个体差异的特点。例如,在感知方面,是主动观察型还是被动感知型;在思维方面,是具体罗列型还是抽象概括型,是描绘型还是解释型;在想象力方面,是丰富型还是贫乏型;等等。

(3) 性格的情绪特征。即表现个人受情绪影响或控制情绪程度状态的特点。例如,个人受情绪感染和支配的程度,情绪受意志控制的程度,情绪反应的强弱、快慢,情绪起伏波动的程度,主导心境的性质等。

(4) 性格的意志特征。即表现个人自觉控制自己的行为及行为努力程度方面的特征。例如,是否具有明确的行为目标,能否自觉调适和控制自身行为;在意志行动中表现出的是独立性还是依赖性,是主动性还是被动性,是否坚定、顽强、忍耐、持久等。

(三) 性格与气质的关系

性格和气质都属于稳定的人格特征;性格和气质互相渗透,彼此制约,两者相互影响。气质对性格的影响表现在两个方面:第一,气质影响到一个人对食物的态度及其行为方式,因而使性格带上某种气质的色彩和具有某种特殊的形式。第二,气质影响到性格的形成和发展。性格可以掩蔽和改造气质,指导气质的发展,使气质服从于生活实践的要求。

(四) 性格的类型

性格的类型是指一类人身上所共有的性格特征的独特结合。按一定原则和标准把性格加以分类,有助于了解一个人性格的主要特点和揭示性格的实质。由于性格结构的复杂性,在心理学的研究中至今还没有大家公认的性格类型划分的原则与标准。下面简介有代表性的观点。

1. 以心理机能优势分类

这是英国的培因(A. Bain)和法国的李波特(T. Ribot)提出的分类法。他们根据理智、情绪、意志三种心理机能在人的性格中所占优势不同,将人的性格分为理智型、情绪型、意志型。理智型的人通常以理智来评价周围发生的一切,并以理智支配和控制自己的行动,处世冷静;情绪型的人通常用情绪来评估一切,言谈举止易受情绪左右,这类人最大的特点是不能三思而后行;意志型的人行动目标明确,主动、积极、果敢、坚定,有较强的自制力。除了这三种典型的类型外,还有一些混合类型,如理智—意志型,在生活中大多数人是混合型。

2. 以心理活动的倾向分类

这是瑞士心理学家荣格(C. G. Jung)的观点。荣格根据一个人里比多的活动方向来划分性格类型,里比多指个人内在的、本能的力量。里比多活动的方向可以指向内部世界,也可以指向外部世界。前者属于内倾型,其特点是处世谨慎,深思熟虑,交际面窄,适应环境能力差;后者为外倾型,其特点是心理活动倾向外部,活泼开朗,活动能力强,容易适应环境的变化。这种性格类型的划分,在国外已应用于教育和医疗等实践领域。但这种类型的划分,仍没摆脱气质类型的模式。

3. 以个体独立性程度分类

美国心理学家威特金(H. A. Witkin)等人根据场的理论,将人的性格分成场依存型和场独立型。前者也称顺从型,后者又称独立性。场依存型者,倾向于以外在参照物作为信息加工的依据,他们易受环境或附加物的干扰,常不加批评地接受别人的意见,应激能力差;场独立型的人不易受外来事物的干扰,习惯于更多地利用内在参照即自己的认识,他们具有独立判断事物、发现问题、解决问题的能力,而且应激能力强。可见这两种人是按两种对立的认知方式进行工作的。

4. 以人的社会生活方式分类

德国的心理学家斯普兰格(E. Spranger)从文化社会学的观点出发,根据人认为哪种生活方式最有价值,把人的性格分为六种类型,即经济型、理论型、审美型、宗教型、权力型、社会型。

经济型的人:一切以经济观点为中心,以追求财富、获取利益为个人生活目的。实业家多属此类。

理论型的人:以探求事物本质为人的最大价值,但解决实际问题时常无能为力。哲学家、理论家多属此类。

审美型的人:以感受事物美为人生最高价值,他们的生活目的是追求自我实现和自我满足,不大关心现实生活。艺术家多属此类。

宗教型的人:把信仰宗教作为生活的最高价值,相信超自然力量,坚信永存生命,以爱人、爱物为行为标准。神学家是此类人的典型代表。

权力型的人:以获得权力为生活的目的,并有强烈的权力意识与权力支配欲,以掌握权力为最高价值。领袖人物多属于此类。

社会型的人:重视社会价值,以爱社会和关心他人为自我实现的目标,并有志于从事社会公益事物。文教卫生、社会慈善等职业活动家多属此类型。

现实生活中,往往是多种类型的特点集中在某个人身上,但常以一种类型特点为主。

5. 特质论

特质是指个人的遗传与环境相互作用而形成的对刺激发生反应的一种内在倾向。特质既可以解释人格,又可以解释性格,因为性格是狭义的人格。

美国心理学家奥尔波特最早提出人格特质学说。他认为,性格包括两种特质:一是个人特质,为个体所独有,代表个人的行为倾向;二是共同特质,是同一文化形态下人们所具有的一般共同特征。美国另一位心理学家卡特尔根据奥尔波特的观点,采用因素分析法,将众多的性格分为两类特质,即表面特质和根源特质。表面特质只反映一个人外在的行为表现,是直接与环境接触、常随环境变化而变化的,不是特质的本质。经研究,他把性格概括为35种表面特质。根源特质是一个人整体人格的根本特征,每一种表面特质都来源于一种或多种根源特质,而一种根源特质也能影响多种表面特质。它通过多年的研究,找出16种根源特质,它们是乐群性、聪慧性、稳定性、支配性、怀疑性、兴奋性、有恒性、敢为性、敏感性、幻想性、世故性、忧虑性、实验性、独立性、自律性、紧张性(具体含义详见阅读材料)。根据这16种各自独立的根源特质,卡特尔设计了卡特尔16种人格因素问卷,利用此量表可判断一个人的行为反应。

(五) 性格的测量

从心理学的角度上来讲,性格(Character)全然不同于人格(Personality),但我们日常交流中所谈论的性格的含义,实际上是指心理学上的人格的概念。心理学家对人格的心理学含义尽管存在众多不同的看法,但在通常意义上是指一个人相对稳定的心理特征和行为倾向。在这种意义上说,人格就是中国人通常所理解的性格。正因为如此,有的研究者为了避免引力理解上的混乱,主张将心理学上的Personality翻译成"性格"。所以,性格测试,也即人格测试,或叫人格测量。

(1)《明尼苏达多项人格测验》,简称MMPI,是现今国外最流行的人格测验之一,此量表是由美国明尼苏达大学S. R. Hathaway和J. C. Mckinley合作编制。该量表的内容包括健康状态、情绪反应、社会态度、心身性症状、家庭婚姻问题等26类题目，可鉴别强迫症、偏执狂、精神分裂症、抑郁性精神病等。

(2)《卡特尔16种人格因素量表》，简称16PF，是美国伊利诺州立大学人格及能力测验研究所卡特尔(R. B. Cattell)教授经过几十年的系统观察和科学实验，以及用因素分析统计法慎重确定和编制而成的一种精确的测验。这一测验能以约45分钟的时间测量出16种主要人格特征，凡具有相当于初三以上文化程度的人都可以使用。本测验在国际上颇有影响，具有较高的效度和信度，广泛应用于人格测评、人才选拔、心理咨询和职业咨询等工作领域。该测验已于1979年引入国内并由专业机构修订为中文版。

(3) MBTI性格类型测试。MBTI性格理论始于著名心理学家荣格的心理类型的学说，后经美国的Katharine Cook Briggs与Isabel Briggs Myers深入研究而发展成形。目前它已被翻译成十几种文字。近年来，全世界每年有200多万人次接受MBTI测试。据统计，世界前一百强公司中有89%的公司引入使用MBTI作为员工和管理层自我发展、改善沟通、提升组织绩效的重要方法。

(4) DISC性格测试。DISC理论由美国心理学家威廉·莫尔顿·马斯顿(Dr. William Moulton Marston)博士在1921年的著作《常人的情绪》(Emotion of Normal People)中提出。DISC理论对不同的年龄、性别、种族、国别的人们均适用，已经成为人类共同的性格语言。迄今为止，有多家公司根据DISC理论开发出相应的DISC性格测试，已经广泛应用于政府、军队和企业。迄今为止已经有超过8000万人做过DISC测试。由于DISC测试施测的简便性以及测试结果使用的便利性，DISC测试受到企业界的热烈欢迎，成为影响力不亚于MBTI测试的常用性格测试。DISC性格测试主要从指挥者(D)、社交者(I)、支持者(S)和修正者(C)四个主维度特质对个体进行描绘，揭示个体激励因素、沟通方式、决策风格、能力特长、抗压能力等特质。目前广泛用于企业招聘、选拔、培训、团队建设、管理沟通等和个人用于提升潜能、解决人际冲突、增强幸福感等。

(5) DPA动态性格测试(Dynamics Personality Assessment)。动态性格测试其理论基础来源于公元370年的气质理论和瑞士知名心理学家荣格的人格分析理论，是最新的员工状态管理评估系统、最实战的状态管理体系、最精准的状态诊断系统，经过有效验证，DPA在正确使用时其准确率可达95%。依据DPA为基础的专业培训，涉及"到位的营销、人性的管理、有张力的领导力，以及相关测评体系的谘商认证"等工作。系统致力于优化人员状态，启动人性动力，打造自动自发的人才驱动系统，能够让人们更好地认识和了解自己，可以帮助企业老板和高级管理人员组合不同类型和动力员工，打造优势动力企业和团队，降低员工流失率，提升员工忠诚度，激发员工行动力。目前已成为世界上应用最 广泛的测评工具之一。DPA动态性格测评包含WorkStar工作状态管理系统、TeamStar团队状态管理系统、JobStar岗位标杆管理系统、PerStar匹配状态管理系统、TrainingStar状态优化训练系统等五大模块，能够让人们更好地认识和了解自己，可以帮助HR部门对不同类型的员工进行更好的组合，目前已成为世界上应用最 广泛的测评工具之一。

(6) 投射测验。以弗洛伊德的心理分析人格理论为依据。这种理论主张，人的某些无意识的内驱力受到压抑，虽然不易觉察，但是却影响着人们的行为。在投射测验中，给受测者一系列的模糊刺激，要求对这些模糊刺激做出反应。如抽象模式，可以作多种解释的未完成图片和绘画。分别要求受测者叙述模式，完成图片或讲述画中的内容。受测者的动机、态度、情感以及性格等，就会在回答的过程和内容中不知不觉地投射反映出来，从而了解受测者的若干人格特征。常用的投射方法有：

（1）罗夏克墨迹测验（RIBT）。由瑞士精神医学家罗夏克于1921年设计。共包括10张墨迹图片，五张彩色，五张黑白。主试每次按顺序给被试呈现一张，同时问被试："你看到了什么？""这可能是什么东西？"或"你想到了什么？"等问题。被试可以从不同角度看图片，做出自由回答。主试记录被试的语言反应，并注意其情绪表现和伴随的动作。

（2）主体统觉测验（TAT）。美国心理学家H. A. Murray和C. D. Morgen 1935年编制。由30张模棱两可的图片和一张空白图片组成。图片内容多为人物，也有部分风景，但每张图片都至少有一个物。每次给被试呈现一张图片，让被试根据看到的内容编故事。

（3）房树人测验（Tree House Person）。又称屋树人测验，它开始于John Buck的"画树测验"。John Buck于1948年发明此方法，受测者只需在三张白纸上分别画屋、树及人就完成测试。而动态屋、树、人分析学则由Robert C. Burn在1970年发明，受测者会在同一张纸上画屋、树及人。这三者有互动作用，例如从屋及人的位置与距离都可看出受测者与家庭的关系，所以这两种分析学多数会结合使用。

二、把握旅客性格差异

（一）在民航服务交往中注意旅客的谈话方式

语言不仅是人类社会交往中使用最为普遍、最为常见的一种形式，也是民航服务交往中最常见最普遍的交往方式。通过民航服务人员与旅客的交往，服务人员可以从旅客的语言、语音、语词、语调等方面来判断旅客的心理活动。从语词上看，如果某位旅客讲话语词相当丰富，成语连篇，语调文绉绉的，言辞有礼，一般可以推测这位旅客有一定的文化修养；有的旅客在谈时，滔滔不绝，可以推测这位旅客性格较直，具有外向型的特征；如果他的话太多，不顾旁人的反应动作幅度又大，则可以推测这位旅客缺乏自制力，具有胆汁质的气质；相反有的旅客沉默寡言，语言表达比较隐晦，则可以推测该旅客可能是内向型的，有抑郁气质的特点。此外，还可以从旅客的口头禅中看出某些方面的个性特征。如果某位旅客在交谈中常用"差不多"，或在某次交谈中这一口头禅运用的频率很高，一般来讲，该旅客在个性特征上表现为随和、圆滑；如果常用"说真的""老实说""的确""不骗你"等口头禅，则在个性特征上表现为担心对方误解自己，性格上一般来讲有些急躁，内心常感不平，有取得他人信赖的愿望；如果常用"应该""不应该"等口头禅，在个性特征上表现为有极强的自信心，显得很有理智、冷静；如果常用"可能是"或"也许是吧""大概吧"，说明在个性特征上表现为自我防卫本能较强，即不愿完全暴露内心想法。有时这类口头禅有以退为进的含义，常用"听说"这一口头禅的旅客往往说话给自己留有余地，这种人见识广而决断力却不够，也可能是处世圆滑的人；如果常用"但是"等口头禅，一般来讲，在个性特征上表现为任性。也有的人喜欢以"但是"为自己辩解，同时也反映了温和的性格，因为说话委婉没有断然的意味，如果常用一些语气词"啊""呀"等，一面反映词汇贫乏、思维迟钝，另一方面可能是有地位的人显示骄傲的性格。另外，在观察民航旅客的讲话中还可以从旅客使用人称代词和连接词中看出旅客的一些个性特征。一般来讲多用第一人称单数的人，具有强烈的自我显示欲；如果不分场合，一概使用第一人称复数的人喜欢附和雷同；如果在谈话中频繁引述古人或名人语录的习惯，是一种狐假虎威、权威主义的心理表现；如果谈话常用"和""加上""而且"这类词的人说明他缺乏归纳判断能力。从语调上看，我们可以通过旅客讲话的语调来判断旅客当时的心情和心理活动。如果旅客在与服务人员交谈时，语调温柔,则可以看到旅客当时心情比较畅快,相反,旅客语调生硬则可以看出他生气或对某事物的不满。另外也可以从旅客的语言中听出旅客是某地方人。还有不少旅客在交往时往往三句不离本行,从中可以知道该旅客的职业等。

总体上讲,对民航旅客的这些语言、交往方式大体上可分为三类:第一类是直率型,即开诚布公地宣布自己的观点,宣传自己对某事物是拥护还是反对。例如,在飞机上有些旅客发现座位不太干净,就不愿意坐,直接跟乘务员公开讲不愿意坐这个脏座位,要求调换座位。第二类是回避或隐蔽型,即对某事物不采取直接的公开的表示自己的观点。如在候机室对民航旅客调查对中国民航旅客服务有何意见时,这类旅客不会直接讲中国民航旅客服务怎么不好,而是搪塞一句或答非所问。第三类是暗示型,即对某事物用含蓄的、间接的方式对别人的心理或行为加以影响。同上面的例子一样,当征询他的意见时,他不会直接讲中国民航旅客服务质量怎样,而是讲了大量的法国戴高乐机场候机室的服务使他终身难忘等,这就是一种暗示:中国民航旅客服务不如法国戴高乐机场。

(二) 在民航旅客服务交往中注意旅客的面部表情

人的面部活动是人心理的表现,是人的情绪最明显最直接的表现。人的心理活动与情绪一般通过面部的三个部分活动来反应:第一部分是由前额、太阳穴、眉毛、眼睛组成。这部分活动主要由眉毛的变化与眼神和眼的动作来表现。眉毛的活动有低眉,通常又叫皱眉头。皱眉头的出现,表示该旅客内心烦恼,定有不愉快的事情或遇到难解决的事情。扬眉则表示该旅客内心惊奇、快乐、傲慢等心情。眉毛斜挑,即一条眉毛下降,一条眉毛上扬,它所反映的心理状态介于扬眉与低眉之间。眉在打结,即两条眉毛同时上扬眉互相趋近,当发现某位旅客处于这种状态时,服务人员定要格外注意,这位旅客一定有极为悲伤的事情,或者是有慢性病人发病时的表现。眼睛的活动主要是眼神与眼睛的动作。眼睛在人体身上能发射信息的所有器官中是最重要的部分,它可以传递其他器官所无法传递的多变、细微的信息,哪怕是在无表情时眼敛开闭或斜视都能发出一定的信息。从眼神中看可以发现有温柔的目光、冰冷的目光、伤心的目光、凶恶的目光、智慧的目光等。从时间上看有瞬间的目光、持久的目光、一扫而过勾人心弦的目光等。在所有的目光中,民航旅客服 队员特别要注意某些旅客的凝视目光,这种目光反映当事者的两种心理状态:一种是强烈的爱;另一种是强烈的恨。这种目光往往是暴发的前奏。第二部分是鼻子。一般人认为鼻子不会反映人的心理变化,其实不然,从鼻子的自身变化来看,皱鼻子表示厌恶。例如:在候机室,有些外国旅客上厕所,厕所不干净,旅客脸上的第一个动作就是皱鼻子,这表示厌恶,歪鼻子则表示怀疑,鼻子的抖动,鼻尖冒汗则表示心理十分紧张。除了鼻子自身变化外,人们还有各种方式来接触鼻子,从而构成一定的活动反映人们的一定心理。例如,某位旅客在飞机上的厕所里抽烟,乘务员发现了,指出他违反民航规定的条例,如果他真抽了烟,想骗人,他会不知不觉地用手抚摸鼻子。当思考题难或极度疲劳时会用手去捏鼻梁,无聊时则会用手去挖鼻孔等。第三部分是嘴。当旅客内心出现喜悦的心理时,嘴边自然会向后拉,呈现笑容;反之悲伤时,则紧闭着嘴等。

(三) 在民航旅客服务交往中注意旅客的姿态

人们在交往中大约有两千五百多种有意义的姿态,其中一个姿态相当于语言中的一个“单词”,一系列的姿态和动作的“单词”融合在一起,就组成丰富的语言,这里不可能一一分析每位旅客的姿势或姿态的含义,而只着重分析民航旅客服务中常见的一些姿态。

在民航旅客服务中，在与旅客接触的时间中，我们较多的是看见旅客坐着。例如，在候机室候机、在餐厅里用餐、乘机时等，大部分旅客都坐着，一般人认为：一个人坐下来不讲话似乎很难看出他们的心理活动。其实不然，一个人坐着以后，四肢暂时闭着了，人们便不知不觉地根据自己的个性特点与当时心理来放各自的四肢。当旅客坐下来以后，一般先放的是脚。放脚的姿态有脚踝交叉、小腿交叉、膝盖交叉、大腿交叉图等姿态。脚踝交叉反映出此人心理是一种含蓄、清高，多半见于女性旅客。小腿交叉通常是身居高位或有一定身份人在公开场合坐的姿势。例如，英国女王在照相时就是这种姿态。两腿并拢是一种较严肃的姿势，常见于女青年，反映一种比较谦虚、有教养、懂得规矩的心理反映。坐下来脚放好以后，自然而然放置手。手一般有抱臂。抱臂这一姿势一般来讲是一种表示防卫。另外，抱臂还有思索、探求问题的含义。如我们考虑问题苦于理不出头绪时常常抱臂，锁眉闭目冥思苦想。当旅客坐下以后，一般来讲，脚的姿态与手的姿态是相互交叉的，同时使用的，如在候机室某位旅客坐下来，双腿分开，双手相互交叉，身体往后仰，这种姿式一般反映出此人较高傲，盛气凌人；双腿交叉，双手自然放在腿上，这种姿势反映出此人性格较内向；如果坐下来双手是放在沙发两边，一般来讲此人较随便，同时这也是一种轻松的姿势；如果坐下来，把一只脚抬起来，跨在椅臂上，这种姿势往往反映此人想显示自己的优势的主宰地位，同时也带有一点进攻性的意思。候机室服务人员或乘务员或餐厅服务人员等如果碰到这种坐姿的旅客，他是往往不把服务人员放在眼里，一般来讲这种旅客较难服务。

对于旅客坐姿，一般来讲反映了旅客当时不同心理状态和不同心理的活动。根据这些姿势的表现，可以归纳为以下几类：

（1）坦诚开放姿势。这一姿势有许多动作，如摊开双手，这是许多人表现真诚与坦然时的一个姿势，又如当自己受到别人责怪，但并非是自己主观原因造成时，自然而然便在胸前摊开双手做出“你要我怎么办呢?”的姿势，还有，一个人若襟怀坦白或是与人为善的，常常会在别人面前解开外衣的钮扣，甚至脱掉外衣等。

（2）防卫对抗的姿势。它与坦诚开放姿势相对，这是一种小心戒备，隐蔽个人意向以对抗他人侵犯的姿态，旅客中常见的姿势有交叉双臂；有强化的胳臂交叉姿势；有握臂；有局部胳膊交叉姿势。交叉双臂两手放腋下，这是一种普遍而又有代表性的交叉姿势，无论在任何场合，它都显示了一个人的消极和防御的态度。在候机室、餐厅、宾馆、电梯里，这种姿势屡见不鲜。强化的胳膊交叉姿势是将双臂紧紧地交叉在胸前，而且双手紧握。这种姿势暗示出一种更强烈的防御信号和敌意态度。这种强化的胳膊交叉手姿势往往还会伴随着咬紧的牙关和赤红的脸。持有这种姿势的人多抱有一种敌意态度，同时也是一种防御信号。握臂姿势是将一只手紧紧地握住另一支胳膊的上侧，这样就加强了这一姿势的牢固性，有时，由于胳膊被握得太紧，还会因为阻碍血液循环使手指和关节变白，持有这种姿势的旅客，一般都出于心理紧张或恐惧。局部胳膊交叉姿势有两种：一种将一只胳膊横跨过胸，并用这只手握住另一只臂，这种姿势多半出于女性旅客，我们看到在候机室、宾馆或餐厅里等候的女性旅客，由于她们不想过分明显地表示她们的紧张情绪和害羞的心理，出于下意识的掩饰，而常用这一姿势来控制自己的感情。另一种局部的臂交叉是将左右手相握，这也是一种防御性交叉形式，同前者相比，这种姿势显得更加隐敝，更加微妙。

（3）紧张与不安的姿态。紧张不安的姿态，是一个人处在紧张或惶恐的情况下，往往出现的姿势。如候机室有些初次乘机的旅客或有些旅客因某事引起心理不安时,会双手掌相交握或双手指相叉又紧握,或两腿交叉,双手紧握臂;或者点起香烟。还有的旅客笨拙地将脚跟紧紧地交缠在一起。男性旅客多半双手在耻骨上方相握,或紧紧抓住椅或双臂。而女性旅客通常是把紧握的双手搁在腹部上。如果服务人员看到某位旅客坐下来以后,脚踝交叠、双手紧抓住椅垫,这种姿式表现出强烈的克制心理(最常见在牙病候诊室里,牙病人心情紧张,但想克制时的一种心理动作的表现),如果在飞机上,遇到这种姿势的旅客,多半是初次乘机,心情十分紧张。此时乘务员应送上一杯热茶或饮料,解除其紧张状态。除了上述姿势之外,服务人员还可以从民航旅客不同跷腿的姿势来辨别是美国人,还是欧洲人。美国旅客放腿的姿势一般通常用"4"字姿势,即一只脚平放在一条腿上,正好把脚踝搁在膝盖上,这是典型的美国人放脚的姿势,包括有许多美国妇女在穿着长裤时也会摆出这种姿势。欧洲旅客坐下来一般不会用"4"字形放脚,而是把一条腿叠在另一条腿上。另外在候机室或餐厅里发现某位旅客(尤其是女性)坐下来,交跨双腿一只脚不住地轻轻地踢荡时,这时准是他或她对当时情境已经感到厌倦。这种姿势常见于飞机延误,或在餐厅里要的菜迟迟不上来时的一种心理表现。

(四)在民航旅客服务交往中注意民航旅客的物体语言

民航旅客的物体语言是指一个人在摆设、佩戴、选用和玩耍某物体时所传出的具有一定意义的信息。这种信息是人通过物体而产生具有一定意义的显示标志。例如,戴近视眼镜的人大都显得很有知识的样子;戴墨镜的人则显得严肃或难以接近;抽雪茄烟的人显得豪放粗犷,谈话时不停地看手表的人显得心不在焉,乘坐高级轿车的人给人一种较高地位的感觉,等等。物体语言不仅能传递出情感、性格、态度,同时还具有更广泛的信息传播性。戴了定婚戒指的人明显地通过戒指向他人暗示出婚姻状况;胸前佩戴校徽向人暗示两种信息,如果是红底白字,无疑是该校的教职工,如果是白底红字,无疑是该校的学生等。这里主要分析候机室或等候处常见的旅客抽烟、服装、手提包的物体语言。

在日常生活中,人们总是讲某人抽烟上瘾是由于尼古丁的刺激,但国外一些人类行为科学家则认为:吸烟是一个人内心矛盾、思想冲突的外露显现,同尼古丁的刺激并无多大关系。人们的日常生活充满喜怒哀乐,感情变化无常,工作也有张有弛,因此吸烟往往成为人们缓和改变思想情绪的一种办法。例如在候机室里,常见一些旅客抽烟,这些旅客坐在那里时间长了,心里不耐烦了,往往会点上一支烟调节一下情绪。如果某位旅客抽一口烟,磕打一次,或没抽上几口就连续磕打,磕打很用力,将烟灰弹得到处都是,一支烟没有抽到头就将其在烟灰缸上擦来擦去,甚至过早地掐灭,然后再点上一支等,那么从旅客抽烟的速度和磕打的次数就可以看出,他的思想情绪正处在激烈的矛盾中,同时也暗示出他的忧愁心理。一般来讲,大多数抽烟者都是将烟吸到一定的长度才掐灭。如果一个人尽早地将烟掐灭,就证明他思想情绪发生了变化。抽烟者必定要吐烟,吐烟的方向也能十分明显地显露他当时的心情,如果这位旅客自信、骄傲,地位优越,有主见,有见识,则他吐烟的方向往往是向上。相反如果他吐烟的方向总是向下,则显示他信心不足、犹豫,神情低沉,沮丧以及企图遮掩某件事情。在民航旅客中,有些旅客抽烟不是抽卷烟而是用烟斗,用烟斗吸烟一般显得稳重、老练、成熟和协调。用烟斗者在抽烟时有一系列讲究,如磕打、清理、装烟、点烟,而这些讲究可以帮助他们精神解脱和思考问题。从装烟到点烟需要一段时间,装完烟才叼在嘴上,再点火吸抽,那么这段时间往往可以利用起来。一般来讲,用烟斗吸烟者讲话速度不会很快,语词也不会随便,而是稳当、准确。另外民航旅客中,服务人员还可以从旅客抽烟的牌子看出此人的经济收入,例如有些民航旅客抽雪茄烟,雪茄烟的价钱比较昂贵,体积也较大,一般都是重要人物、首领或总经理等人才用,有些非常嗜好抽雪茄的人,其性格往往比较强悍豪放,敢作敢为。

除此以外,旅客的一些服装、手提包等方面的物体语言也能传递出一定的信息。人们通常讲"人凭衣服马凭鞍",一个人穿什么样的服装直接关系到别人对他的印象如何。人类行为学家认为服装显示出一个人的地位、职业、性格和心理活动。例如,大饭店里,服务人员的服装上可以看出职业的等级。另外,服装也显示人的心理状态。通过服装可以看出一个人虚荣心理的程度。例如在冬天,有些人宁可忍受寒冷的袭击,不愿穿更多的衣服,体型肥的人往往喜欢穿瘦小、颜色深而有竖条纹的衣服,这样可以使他们显得"苗条"。服装对人的性格的显示也是非常明显的,喜欢穿西服、戴领带的旅客总显得规规矩矩,一本正经;喜欢穿牛仔裤的旅客总显得随便;穿着整齐,衣服裤子熨得平平整整的旅客总显得细心;而穿着脏乱、歪戴着帽子、敞开怀、挽着裤腿的旅客总显得大大咧咧;喜欢穿艳色的衣服的旅客大都显得活泼,而喜欢穿黑色衣服的旅客总显得冷静、肃穆。从手提包上看,在民航旅客中有些旅客的提包塞得满满的,一旦要索取某件东西,总是习惯把提包翻个底朝天,或者将所有的东西都掏出来,才能找到所需要的东西。持有这类"杂乱"型的旅客多见于男性,这类旅客多数属于大大咧咧、不斤斤计较,对服务人员来讲,这种类型的人比较好服务。相反,有的旅客提包款式大方,色调偏于温和静雅,而且包内的物品放得井井有条,层次分明,无论想找哪件物品,总是伸手就及,持有这种提包的旅客,大多数人有虚荣心,自信心较强,在服务过程中,服务人员要小心、仔细,以免伤着他们的自尊心。

上面介绍了民航旅客个性心理的种种表现,这可以帮助我们排除对不同性格旅客进行不同服务的困难。同时,也便于服务人员在实际工作中了解旅客的个性特点,使服务工作做到有的放矢,力争使每一位旅客感到满意。

三、民航服务人员的性格培养

民航服务人员的工作性质决定了其需要培养良好的性格,提升自身素质,为旅客提供优质服务。只有在学习和工作中不断磨练自己,性格才能得到提升和完善。培养良好的性格,提升自我修养,应从以下几方面着手:

(1) 了解自己的性格。从性格的形成和发展过程来看,人的性格形成受家庭、学校、社会以及自身气质的影响。但性格与气质不同,性格可以培养,通过后天的努力可以培养良好的性格。相反地,如果一味放纵自己,也会逐渐形成不良性格。因此,性格是一把双刃剑,成也性格,败也性格。民航服务人员培养自身良好性格,首先要充分认识到自身性格的优缺点,了解自己,才能战胜自己。

(2) 准确评价自己的性格。评价自身的性格,可以通过认识性格中的主要特征、人格测量以及他人评价等方面来进行。要全面掌握性格评价的各方面信息,才能准确分析利弊,扬长避短,确立目标,不断完善。

(3) 积极塑造良好的性格,完善自己的性格。培养良好的性格需要有直面的勇气,即勇敢面对自我、克服性格弱点。如"静坐常思己过,闲谈莫论人非""克己守礼,奉公守法""勤俭节约、绿色环保""珍惜时间,珍惜生命"等,都需要通过不断学习,锻炼能力,约束行为,从而培养良好性格。

案例阅读

航班中的性格色彩①

如果我告诉您，人的性格是有色彩的，您相信吗？

在东航开展的“性格色彩”培训中，我知道了人的性格基本上可以分为四种类型：热情洋溢的红色、谨守分寸的蓝色、具有大将之风的黄色、温顺和谐的绿色。每种颜色的人有优点也有缺点。掌握“性格色彩”理论，既能让我们很好地认识自己，也能够让我们更深入地了解别人，扬长避短，让我们工作和生活如鱼得水，事半功倍。

学以致用，那天，我就将“性格色彩”的理论运用到航班中去。通过我平时对组员的了解，开准备会分号位时，我就将红色和绿色性格的乘务员分做外场，将蓝色性格的乘务员分做内场，而作为乘务长的我，就应该在工作中加强黄色性格的优势：责任感、全局观、雷厉风行、坚持不懈。

果然，当天的客舱气氛非常好。红色性格的乘务员主动热情，迎客时就让旅客如沐春风；绿色性格的乘务员温柔细心，很好地体现了公司的“两微”服务；而蓝色性格的内场乘务员呢，把厨房收拾得干干净净、工作程序安排得有条不紊。一个半小时的航班，由于内外场的协调配合，50 分钟大家就把工作完成了。

不巧的是，回程航班由于交通管制原因而延误了，旅客只能坐在飞机上焦急地等待着。这时候擅长与人沟通的红色外场乘务员开始巡视客舱了，她主动与面露焦虑的旅客攀谈解释，用活泼亲切的话语使紧张的客舱气氛缓和起来。“我先给您倒杯水吧”“再等一会儿吧。报纸看完了？我帮您调换一种看看”……忽然，有一位旅客开始按捺不住了，很显然，这应当是一名容易冲动的红色性格的旅客。此时，绿色性格的乘务员迎难而上，她是最佳的倾听者，极富耐心，能够巧妙地化解冲突。在旅客发泄出心中的不满后，绿色性格乘务员听出他还没有吃饭，适时地递上一份热腾腾的晚餐，旅客的情绪得到了安抚，平静了下来。

“叮咚——”头等舱的呼唤铃响了，我立即满面微笑地迎了上去。还没等我开口，头等舱的一名旅客就说：“不要给我解释，我只要知道起飞时间！”一看就知道这名旅客是黄色性格——缺乏耐心，遇事只要结果，不讲过程。“好的，我去问一下机长，马上给您答复！”我与机长沟通后，迅速回到旅客面前说：“先生，我们的飞机排在第三架起飞，大约还需要等半小时。您还需要其他服务吗？”旅客对我的回答略感满意，看了看手表说：“不需要了。”

尽管延误了一段时间，飞机终于还是顺利起飞了，一切都平静下来。“性格色彩”在航班中的运用，让我们平添了一种沟通和服务的技巧，能够更加轻松愉快地完成航班任务。这其中更深的奥妙，还是让我们一起探索吧！

职业病②

郑州一连下了三天的雨，跃步进入了秋天，速度之快让我这个空调舱里的“飞女”不禁感叹：怎么都秋天了，我刚买的三条连衣裙还没机会穿呢。没办法，为了能在这个秋季继续时尚，自然还要添置新行头：套头长衫、窄脚牛仔裤、闪闪的挂链……当然少不了一管米色系的唇膏。

---

① 张蓉. 航班中的性格色彩. 中国民航报，2008 - 11 - 12.
② 程丹. 职业病. 中国民航报. 2007 - 9 - 12.

奔到某品牌的彩妆柜台兴冲冲地问："自然色的唇膏有哪些?"品牌小姐缓缓转过身来说："有橙色、红色、咖啡色系的，你自己选吧。"说完，便转身继续和另外两名品牌小姐聊天去了。

自己选！你以为你这里是香港候机楼化妆品自选厅吗？不买了！我心中不快，扭头离开了，品牌小姐们仍在热烈地聊着，毫不在意我的离去。老公说："你又对人家的服务不满了，真是职业病。"

"我哪有什么职业病，本来就是她们态度有问题，根本就不想卖东西嘛，你没发现这个牌子的柜台原来是正门附近的，现在已经被搬到了侧门了，肯定是这个牌子在商场的业绩不好才挪位子的……"老公笑嘻嘻地听着，等我长篇大论完了才说："在飞机上遇事能忍，回来了就不能忍，还对老公乱发脾气，这就是职业病。"

"不对，职业性航空病是指由于航空飞行环境中的气压变化，所引起的航空性中耳炎、航空性鼻窦炎、变压性眩晕、高空减压病、肺气压伤五种疾病。"我十分专业地对老公说道。老公却说："我觉得你们常见的职业病就是心情烦躁，晚上回家后一小时内睡不着觉，还要听你讲飞机上遇到的生气的事，还要替你抱不平。"听老公这样说，我不禁一愣，笑道："不愧是空勤家属，这么了解我们。"

上个星期我坐了一次"D"字头的火车，从进火车站我就开始嘀咕：还是比机场脏乱，人太多。因为好奇，所以我们买了头等座，想看看和飞机有什么区别。上了火车后我说："怎么像进了飞机?"老公说："人家本来就是号称航空式嘛，能不像飞机吗?"等火车开动时，我突然对老公说："行李架为什么是开放式的，没有盖板，座椅靠背也不用调直吗？小桌板也不用收起来，还可以用手机……"老公哭笑不得："亲爱的，这是火车，不是飞机。你也不是乘务员，是旅客，别瞎操心了。你是不是还要准备起来安全检查啊。"我不好意思地笑道："对啊，坐火车就是这样，也不错了。咦？座位上怎么没有安全带?"

空中乘务员的工作很辛苦，给我们留下这样那样的职业病，如颈椎病、腰椎病、静脉曲张、神经衰弱，所以我们要吃药、按摩，保证良好的睡眠，我们更需要积极乐观的生活态度、朋友的笑脸、家人的关心理解。看来治疗我们这行职业病，爱和宽容才是最有效的良药吧。

复习题

1. 什么是性格？性格有哪些特征？
2. 简述性格与气质的关系。
3. 简述性格的特质理论。
4. 性格的测量方法有哪些？
5. 如何针对旅客的性格差异提升民航服务质量？
6. 民航服务人员如何完善自己的性格？

第五章

态度与民航服务

第一节　态　度

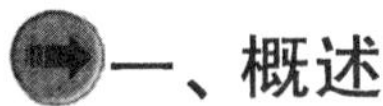

一、概述

（一）态度的含义

态度是指引我们对物体、人和事件做出反应的信念与情感倾向性①。其中信念是人们依据自己对事物的认知而采取行动的个性倾向；情感是人对客观事物是否满足自己的需要而产生的体验，包括道德感和价值感，具体表现为快乐、幸福、爱戴、尊敬、仇恨、厌恶伤心等。例如，某个人经常做坏事，我们会觉得这个人品德差，因此会对这个人表现出讨厌，同时对他表现出不友好。在这个例子中，态度是“不友好”，而“不友好”是由“讨厌”（情感）“品德差”和“经常做坏事”（认知）引起的。

（二）态度的成分

态度由多个成分组成的，包括认知、情感、信念和行为倾向。态度的成分在很多时候表现出一致性，但是也常有不一致的时候。因此态度与实际行为之间的关系并不是一一对应的。

1. 认知

认知是指人对客观事物进行认识的过程，是人们透过事物的表象认识其本质的内在心理活动。它是个体对客观事物所具有的认识、理解与评价。例如，吸烟者看到自己的肺变黑了，并且伴随一些病状的出现，这时吸烟者认识到吸烟对自己身体的伤害。吸烟者理解了“吸烟有害健康”，认为吸烟是一个坏习惯，应该戒掉。态度的形成以对客观事物的认知为前提，只有先有认知，才能确定客观事物的作用、意义、结果等。例如，某个服务员人员对顾客的服务周到细致，顾客认为服务人员待客真诚，对服务人员表现出友好的态度。

---

① ［美］戴维·迈尔斯．心理学．7版．黄希庭，等译．北京：人民邮电出版社，P597.

2. 情感

情感是个体对事物是否满足自己的需要而产生的体验。它是一种主观意识。每一个个体的需要不同,并且对于事物的需要程度也不一样,因此对于同一种事物,不同的个体会有不同的情感。即便具有同一情感,但在强度上也会表现不同。例如对于某一事物,有的人喜欢,有的人讨厌。对于同一个人,有的人憎恨他,有的人讨厌他,有的人喜欢他,有的人爱戴他。不同的情感能激发不同的心理活动和行为动机。

3. 信念

信念是人们在一定的认识基础上确立的对某种思想或对事物坚信不疑并身体力行的心理状态和精神状态。它是认知、情感和意志的有机统一体。信念是以认知为前提,以情感为纽带,以理性为支撑。例如某服务人员的对顾客的合理要求尽可能地满足,并时时地关注顾客的需要,顾客便会认可这家公司的服务,认为这家公司的服务是优质的,并确定自己在日后会继续选择这家公司。在这里"顾客认为这家公司会提供优质服务"便是顾客在认知基础上产生的信念。

通过理性的思维得到的正确认识,才能形成坚定的信念。信念是态度形成的核心与关键,但是与态度并不是一一对应的关系。

4. 行为倾向

行为倾向是个体依据对态度对象的认知、情感和信念而产生的一种内在反映倾向,是人的行为意向。例如某顾客在餐厅里用餐时,点了一份餐,但是隔了 20 分钟菜还未上,服务员表示 5 分钟后马上就好,但是又等了 10 分钟菜仍然未上,服务员再次表示马上就上,此时顾客已经很不开心并决定离开,同时决定以后再不会光顾这家餐厅了。在这里"决定离开"和"以后再不光顾"便是顾客的行为倾向。

认知、情感、信念和行为倾向构成了态度,四者之间有区别又相互联系。认识因素是态度形成的基础,情感和信念是态度的核心和表达的动力,行为倾向是态度的表达准备。四者间是相互联系的,认知是信念、情感与行为倾向的前提;信念和情感是强化行为倾向;行为倾向是认识、信念和情感的结果。只有四者都具备了才能形成态度。

(三) 态度的特征

任何事物都有它的特征,态度也不例外。态度具有后天性、对象性、稳定性、内隐性、可塑性和交互性的特点。

1. 态度的后天性

态度不是人生来就有的,而是后天习得的,是在具备了各项能力的基础之后,在社会交往中形成的。

2. 态度的对象性

任何人态度的表达都是有对象的。它是人们在对该对象有一定认知的基础上形成的一种态度,因此态度具有对象性。

3. 态度的稳定性

态度一旦形成,便具有稳定性,在一段时间甚至是很长时段内不会改变,除非在特殊的情况下或者导致态度改变的因素出现。态度具有稳定性是因为它是人们在对态度对象有一定认知基础上产生的,形成时已经经过理性思考,因此具有稳定性,但是这种稳定性是相对的,而不是绝对的。

4. 态度的内隐性

态度是个人内心的活动，是内在的心理状态，因此人们不能直接观察到。这也就是为什么当我们与别人交谈时，有时并不能明确对方的态度。所谓“人心隔肚皮”，便是这个道理。但是这并不表示人们对于别人的态度不能把握。态度可以通过个体的言行来表现。

5. 态度的可塑性

态度是可以塑造的。换句话，态度具有被塑造的可能性。因此人的态度又是可变的。通过改变个体对态度对象的认知，能够改变个体对该事物的情感与意志，自然便能改变个体对该事物的态度，因此态度是可塑的、可变的。例如某顾客因为服务人员的不周到而感到非常气愤，于是决定对该服务人员进行投诉，并决定不再购买这家公司的服务。在投诉期间，该公司人员热情周到的服务让顾客感到非常的满意，顾客于是又改变了原来的想法，认为只是这位服务人员的错，而不是公司不好，于是放弃了不再购买该公司服务的想法。

6. 态度的交互性

态度是在社会交往中形成的。人人与之间的交流会影响到态度的形成与改变，因此态度具有交互性。例如A原来不喜欢某类型的车，但是由于A喜欢的人开某类型的车，进而A改变了自己对某类型车的态度，他从不喜欢变成不讨厌进而变成了喜欢。再比如，A不喜欢管别人的事，但是他所在的团队，人与人之间相互关心与照顾，因此他也变得到愿意帮助别人。

（四）态度的影响因素

态度一旦形成是不易改变的，但这不是说态度一旦形成便不会改变。态度的稳定性是相对的。一旦影响态度的因素有改变，那么态度也会改变。态度主要受人的认知、情感、信念与利益的影响。

1. 认知对态度的影响

个体对事物认知的程度影响着个体对该事物的态度。例如在网购开始出现时人们对于它并不了解，倾向于认为网上购物不安全，更愿意去实体店购物。随时间推移，当人们开始对其安全性有深入了解时，越来越多的人对于网购持肯定态度，并加入了网购的行列。因此当个体对于某一事物认知的越多，他对于事物的态度表现也越明显，也更具有稳定性。

2. 情感对态度的影响

情感对态度的影响表现在亲情、友情、爱情对于态度的影响。人的本质是一切社会关系的总和。人的本质在于其社会性，所以没有人能够单独存在而不与他人发生任何关系。马斯洛的需求理论提出人有社会性需要，而社会性体现在亲情、友情和爱情上。个体对事物的态度会受到亲人、同事、朋友、同学、伙伴及所爱的人影响。例如，某消费者想购买一饰品，但她并不知道什么品牌的饰品好，此时，她会倾向于选择亲人、同事、朋友、同学、伙伴等选择的品牌。

3. 信念对态度的影响

信念的强度直接影响到个体对于事物态度的稳定性。个体对于事物的信念强度越强，态度越坚定，越弱越容易改变。因此信念的强度决定了态度的稳定性。例如，顾客在评价某服务公司服务质量时，有A“好的服务”、B“很好的服务”、C“无可挑剔的完美的服务”三个选项供选，在这里，如果顾客的选择是C，那么他对这家公司的信念要强于选择A或B的信念，日后再次选择这家服务公司的可能性较大。

4. 利益对态度的影响

个体对于某事物的态度与利益有很大的联系。利益与个体的关系越强，态度越具有稳定性。例如,顾客的评价与服务人员的绩效挂钩,那么服务人员会认真对待服务顾客这一环节,对顾客服务周到。如果与绩效无关,那么有些服务人员便会不重视对顾客的服务,而是关注于其他与绩效有关的环节。

(五) 态度的功能

态度的功能主要有社会适应功能、自我防卫功能、价值表现功能和认识功能。

1. 社会适应功能

人是社会性的,人的存在是不断地适应。态度的形成都与其适应性相关。人的态度在适应环境中形成,形成后的态度起着帮助个体更好地适应环境的作用。社会适应功能满足了人们作为社会性的动物的情感需要和归属需要。没有人希望自己是孤独的、孤立的,我们都在不断地寻找和获得他人的认同,从而使自己有归属和情感的依托。所以,态度的习得是一种必然,是个体适应社会生活的一种功能。在人际关系中,态度的这种功能表现为人们有意识地协调、调节人际关系,对于不同的人采取不同的交流交往方式等。

2. 自我防卫功能

每一个人都对于事物都有自己的态度,因此在不同的人之间对于同一事物有不同的态度。态度作为一种自卫机制,当遇到冲突时,态度会随时做自我调节,从而保持自己内心的平衡。例如 A 是某篮球队的粉丝,但当 A 发现 B(一个他讨厌的人)也是这个篮球队的粉丝时,那么 A 会贬低 B(“他也配喜欢某篮球队”),或者 A 会选择其他的球队,从而达到内心的平衡。

3. 价值表现功能

个体对某物的态度,与某物是否满足自己需要有很大的关系。从某种程度上说,态度表明个体的价值取向。例如,A 一如既往地选择某公司为自己提供服务,表明这家公司的服务能够满足 A 的需要,同时也表明 A 对这家公司服务的认可。

4. 认识功能

对事物的态度,影响人们对该事物的认识。当人们对于某物持有肯定态度时,人们愿意认识与亲近该物,反之亦然。一般来说,人容易根据现成的态度去判断人、事和物,这是态度认识功能的反映。因此在人际关系中会出现“人以类聚,物以群分”的现象。

态度的这些功能不是单独存在的,他们相互依存,不可分割。态度的这些功能表明态度能够影响个体的社会性判断、个体对某一事物的耐力、个体的工作效率等。

二、态度的测量

态度是可以测量的,态度量表和问卷是常用的测量方法。态度量表法就是运用量表调查和测定研究对象主观态度及其强弱程度的一种调查测量方法。由于态度具有内隐性,所以不能直接被观察到,需要通过认知反应、情感和信念反应及行为反应来表现。常用的态度测量方法有语义差异量表法、李克特量表(Likert scale)、瑟斯顿量表和斯坦普尔中心量表。

(一) 语义差异量表法

1. 语义差异量表法的含义

语义差异量表又被称为语义分化量表,是由美国心理学家奥斯古德(Osgood),萨奇(Suci),泰尼邦(Tannenbaum),1957 年发展的一种态度测量技术。已往的态度测量基本上是在赞同或不赞同一个维度上的测量,不易表达出态度的复杂性。语义差异法弥补了这一缺陷。

语义差异法提出了三个不同维度即评价、强度和活动的态度测量。态度对象的评定是通过由对立形容词构成的一些量表进行的,如好—坏(评价方面),强—弱(强度方面),主动—被动(活动方面)。在设计出一系列双向形容词量表后,请被测者根据对词或概念的感受、理解,在量表上选定相应的位置。语义差异量表把各尺度集合为一个分数,从而用数值的形式来评分,这些分数表明了被测试者总体的态度强度。一般分值越高表明测试对象态度越肯定,反之亦然。

2. 语义差异量表法的特点

(1) 语意差异量表以形容词的正反意义为基础,在每一个形容词和反义词之间有 7 ~ 11 个区间,第一个区间有一个分值。

例如,两个反义词是非常满意和非常不满意,这两者间分七个区间,七个等级分值为 +3, +2, +1,0, -1, -2, -3。

(2) 语义差异量表从评价、强度和活动三个维度来进行态度的测量。

(3) 语义差异量表可以同时测量几个对象的形象,还可以将整个形象轮廓进行比较。

语义差异量表适用范围较广,但是在设计上有一点难度。这是因为形容词的确定比较难。量表中使用的形容词,一要对测量事物确切有效;二要相互独立不重复且尽可能涵盖事物的所有特性。因此在形容词选择上要费很大的功夫。

3. 语义差异量表的使用步骤

首先,确定每一片断的维度供受访者判断。其次,界定两个相反的术语代表每一维度的两极(为防止回答偏差,最好将彼此有关系的项目位置加以变化)。最后,作出语意差异的计分表。

2007 年中国民航常旅客调查①

说明:

2007 中国民航常旅客调查,目的是了解中国常旅客的特点,让航空公司提供更好的、更有针对性的常旅客服务,为常旅客计划的管理者实施细分营销提供理论支持。参与调查的旅客将有机会获得飞机模型等纪念品。

本次调查主办单位为中山大学和民航资源网,调查结果的版权归本次活动组织者所有。

您的电子邮件(抽奖用)

一般情况下,您的机票可以报销吗?

A. 可以 B. 不可以

您最经常用的常旅客卡是来自哪个航空公司的?

A. 东方航空公司 B. 南方航空公司 C. 国际航空公司 D. 海南航空公司
E. 深圳航空公司 F. 山东航空公司 G. 厦门航空公司 H. 上海航空公司
I. 四川航空公司 J. 其他航空公司请注明

以下各题请依据您最经常用的常旅客卡及其所属的会员俱乐部与公司的情况填写,1 代表您对该题完全不同意,7 代表您对该题完全同意,从 1 到 7 表示您的同意程度递增。

1. 使用该会员卡可以为我节省很多钱

✖完全不同意 1 ○ 2 ○ 3 ○ 4 ○ 5 ○ 6 ○ 7 ○ ✔完全同意

---

① 2007 年民航常旅客调查. 民航资源网. http://www.carnoc.com/ynq/wshdch/2007ffp/.

2. 该会员卡使用起来很方便

×完全不同意 1 2 3 4 5 6 7 ✓完全同意

3. 我有机会获得该会员卡提供的奖励

×完全不同意 1 2 3 4 5 6 7 ✓完全同意

4. 该会员卡提供很多不同的奖励方式供我选择

×完全不同意 1 2 3 4 5 6 7 ✓完全同意

5. 我渴望得到该会员卡提供的奖励

×完全不同意 1 2 3 4 5 6 7 ✓完全同意

6. 如果失去本该得到的飞行里程数,我会觉得可惜

×完全不同意 1 2 3 4 5 6 7 ✓完全同意

7. 我感觉使用该会员卡能提高我的身份

×完全不同意 1 2 3 4 5 6 7 ✓完全同意

8. 我并没有感觉到我是该卡所在的会员俱乐部的一分子

×完全不同意 1 2 3 4 5 6 7 ✓完全同意

9. 我喜欢该会员俱乐部

×完全不同意 1 2 3 4 5 6 7 ✓完全同意

10. 相对于其他航空俱乐部,我更偏爱该会员俱乐部

×完全不同意 1 2 3 4 5 6 7 ✓完全同意

11. 我会向其他人推荐该会员俱乐部

×完全不同意 1 2 3 4 5 6 7 ✓完全同意

12. 我忠实于该会员俱乐部

×完全不同意 1 2 3 4 5 6 7 ✓完全同意

13. 我在该会员卡上已累积一定的飞行里程数,所以我不会乘坐其他公司的班机

×完全不同意 1 2 3 4 5 6 7 ✓完全同意

14. 如果其他公司提供更为优惠的里程累积政策,我会考虑乘坐其他公司的班机

×完全不同意 1 2 3 4 5 6 7 ✓完全同意

15. 如果其他公司提供更为优惠的里程兑换政策,我会考虑乘坐其他公司的班机

×完全不同意 1 2 3 4 5 6 7 ✓完全同意

16. 为获得该卡提供的奖励,在我需要乘坐班机时,我会首选该卡所在公司的航班

×完全不同意 1 2 3 4 5 6 7 ✓完全同意

17. 我喜欢该卡所在的航空公司

18. 相对于其他航空公司，我更偏爱该卡所在的航空公司

完全不同意 1 2 3 4 5 6 7 完全同意

19. 即使没有该会员卡，我还是会选择乘坐它所在的公司的班机

完全不同意 1 2 3 4 5 6 7 完全同意

20. 即使降低我的会员等级，我还是会选择乘坐该卡所在的公司的班机

（二）李克特量表(Likert scale)——测量情感成成

1. 李克特量表的含义

李克特量表属评分加总式量表最常用的一种。它是1932年由美国社会心理学家李克特于1932年在原有的总加量表基础上改进而成的。它由一组陈述语，每一陈述语有等级分数的答案组成，答案一般分成五个等级，分别记为1、2、3、4、5，并以总分作为评价依据，用于测量态度等主观指标强弱程度的社会测量表。李克特量表要求受测者对每一个与态度有关的陈述语句表明他同意或不同意的程度。每个被测者所获得的分数代表其态度，总分表明被测者的态度强弱或其在这一量表上的不同状态。

2. 李克特量表的特点

李克特量表具有以下特点：第一，它主要应用于测量态度意向等主观指标。第二，它由一组陈述语及陈述语的等级分组成。第三，答案一般分成五个等级，分别记为1、2、3、4、5，如从非常同意到非常不同意的有利项目分别为1、2、3、4、5分，对不利项目的分数就为5、4、3、2、1。第四，依据被测试者的答题部分来评判他的态度的强弱。第五，李克特量表仅仅需要对态度语句划分是有利还是不利。

3. 李克特量表的基本步骤

（1）收集与测量的概念相关的陈述语句，一般为50～100句。

（2）根据测量的概念将每个测量的项目划分为“有利”或“不利”两类，并保证有利的或不利的项目都有一定的数量。

（3）进行预先测试。要求受测者指出每个项目是有利还是不利，并对强度进行选择。一般采用“五点”量表：①非常同意。②同意。③无所谓（不确定）。④不同意。⑤非常不同意。并对每个回答给一个分数，如从非常同意到非常不同意分别为1、2、3、4、5分。

（4）计算受测者的分数，并依据分数将受测者划分为高分组和低分组。

（5）选出若干条在高分组和低分组之间有较大区分能力的项目，构成一个李克特量表。

一般根据平均分差数及淘汰比例要求，淘汰平均分差数较小的部分陈述语，保留平均分差较高的陈述语。平均分差数小的陈述语，被认为其辨别力的相对较差。也可以比较最高分的前三名与最低得分的前三名的差值，差值越大越有区分度。

（6）进行实际测量，解释和分析测量结果。

李克特量表简单易操作,它的五种答案形式能够使回答者较方便选择。其使用范围较广,能够测量其他一些量表所不能测量的某些多维度的复杂概念或态度。在同样长度的量表中,李克特量表具有更高的信度。但是此量表只能表现被测者的态度强度,不能进一步描述被测者之间的态度结构的差异。

(三)格特曼量表——累加量表

1. 格特曼量表的含义

格特曼量表是格特曼于1950年提出的。它是单向度编制量表或问卷的方法,主要用于测量态度等主观指标强弱程度的一种累加量表。它是由一组陈述语或问句及"是""否"答案组成的。它的设计办法是累加的,如果回答者对强度程度较大的问题作出肯定回答,那对强度较小的问题也应该是肯定回答。

2. 格特曼量表的特点

(1) 格特曼量表的答案只有肯定或否定的回答,如"是""否""同意""不同意",记分以0、1分制。肯定回答记1分,否定回答记0分。

(2) 在比较总分的同时,还看在具体项目上的差别。

(3) 汇总被测试者的分数同时,也对测量用的陈述语或问句进行了排序。格特曼认为每个陈述语或问句的态度强度不一样,因此如果被测试者在高强度的问句上作了肯定回答,那在低强度的问句上更应该是肯定回答。

(4) 它不仅能评价回答者的态度,而且可以通过计算一致性系数来检查和评价量表的科学性。

3. 格特曼量表的制作和使用步骤

(1) 提出一系列与测量问题有关的陈述语或问句,并配上"是""否"答案。

例如:你喜欢飞机上提供的餐饮　　是　　否

　　　你希望飞机上提供点餐服务　　是　　否

　　　你希望飞机上提供影视节目　　是　　否

(2) 选择一部分人进行试测,并根据试测结果进行项目辨别力检验。

一般常用的辨别方法是在试测结果一览表中计算每一项目肯定回答的百分比,淘汰回答肯定或否定高度一致的项目。因为一致程度越高,说明项目的辨别力低,没有区分度。

(3) 依据试测结果编制格特曼量表,进行实际测量。

(4) 把测量结果编制成汇总分析表,进行分析和评价。

(5) 对反常现象作出解释,评估量表的有效性。

评估表的有效,一般要求一致性系数在0.9以上。

(四)态度量表需要注意的方面

态度量表的使用前提是假定被试正确地理解了问题并愿意表明他们的态度。但在现实中关于某些敏感问题或者在某些特殊条件下,被试往往可能不愿意表达自己真实的想法,这样容易造成测量失误。这时就需要采用间接方法对态度进行测量。所谓间接的方法就是使被试没有意识到自己受到评价,或者虽然意识到但不知道评价的是什么。例如可以评价其他方面如逻辑思维能力的名义来评价其态度。另外,为使被试能够更真实地表明自己的态度，最好解决被试的后顾之忧，例如，主试承诺对被试态度保密、在比较宽松的环境中进行等。

三、态度与行为的相互关系

（一）态度对行为的影响

态度作为一种行为倾向，预示着人们的行为倾向，潜在地决定人们按某一形式对特定事物采取的某种行为。人们对事物的态度会影响人们的行为选择。例如某个人喜欢说谎，人们不喜欢他，因而会不愿意与他交往。正如南非史蒂夫·比克（Steve Biko）所说："改变人们思考问题的方式，事情也许会改变"。一般来说，态度的改变会带来行为的改变，态度与行为具有一致性。但态度与行为并总是一致的。因为人总会有说一套做一套的时候。如父亲知道吸烟有害健康，所以他会想方设法让儿子远离吸烟，但是他自己却做依然吸烟。人们的思想与行为之间、私下的言谈和公开的行动之间总会有不一致的时候。20 世纪 30 年代，斯坦福大学心理学家理查德·拉皮尔在对美国旅店和餐馆是否接待亚洲人（当时美国对亚洲人的歧视很严重）的调查中发现，店主们的态度与他们的实际行为并不一致。

1. 态度与行为一致性

态度影响人们的行为，一般来说正面态度会引起人们的正面行为，负面的态度会引发人们的负面行为。

1）态度中的认知因素会影响人们的行为

在很多的时候人们对他人行为原因的解释会影响到人们对他人行为的态度及相应行为的选择。例如，在开车回家的路上，你前面的车时而左右摇摆，时而快，时而慢，又时不时有熄火的迹象，让你觉得很不舒服。这时你对那辆车主行为的归因会影响到你的态度，而态度又将影响你的行为。如果你认为那位车主是位新手，他并不是故意做出那些行为，那么你会原谅他的行为，并且做谦让的选择；如果你认为车主是故意而为之，那么你会想法设法超过他，并给一个表示讨厌的眼色或者指责他的行为。

2）态度强度越强，态度与行为的一致性越高

当人们十分清楚自己对某事物的态度，并且非常坚定的时候，人们的行为与态度保持一致性的机率很高。如某吸烟者得了很严重的病，医生告诉他，如果他继续吸烟将会有生命危险。此时吸烟者很清楚地意识到吸烟的害处和对自己生命的危害，那么他将坚定决心远离吸烟。再如，人们坚信飞机飞行期间手机不能处于开机状态，如果开机将会影响到飞行仪器的正常运行，将直接导致危机事件发生，那么人们在飞机飞行期间是绝对不会打开手机的。

3）当行为选择处于自由环境时，态度与行为一致性更高

环境会对行为选择产生重要影响。只有当环境相对自由时，行为人才能真正随心而动；否则，环境中寻找的限制因素会对行为产生限制作用。

2. 态度与行为的不一致性

态度与行为不一致的情况总是存在的。态度与行为的不一致性表现为正面态度与否定行为或负面态度与正面行为。在下面的情况下，态度与行为不一致性表现尤为明显。

1）情境压力

当人们在做出行为选择时，所处的环境不自由，环境给他以无形的压力，往往会让人们做出与自己态度不一致的行为。

2）利益的冲突

当人们做行为选择时，如果他依据自己的态度选择与态度一致的行为，那么他的利益会受到损害，此时他会选择与自己态度不一致的行为。例如A对其领导B很反感，但是领导B对其有奖励权和惩罚权，且因领导对其晋升有重要影响，因此A表现出顺从领导B的态度。

3）行为结果的重要性

行为结果的重要性影响着态度与行为的一致性。当与态度不一致的行为所产生的结果对行为人有很重要的意义时，行为人往往会选择与态度不一致的行为。

4）从众的心理

人是社会性动物，这在一定程度上决定了人们在做出某一行为时会充分考虑自己所处群体中的他人的行为。因此从众心理影响到态度与行为的一致性。当自己的态度与他人态度不一致时，人们会选择服从群体中的他人行为，做出与自己态度不一致的行为，以避免自己独立于群体之外。另一方面，人们可能会对于事物的认知模糊不清，态度不清晰，这也易于出现从众心理，从而摆脱不知所措的境遇。

（二）行为对态度的影响

态度影响人们的行为，同样行为也影响人们的态度。行为之所以会对态度产生影响是因为人们对倾向于合理化自己的行为。换句话说，当我们认知失调，即态度与行为不一致时，我们紧张，而为了消除这一种紧张，我们往往会合理化自己的行为，让态度与行为保持一致。行为对态度影响主要表现在以下两方面。

1. 循序渐进的行为

“循序渐进”指学习工作等按照一定的步骤逐渐深入或提高。依据循序渐进的概念，循序渐进的行为表现为行为的力度由弱到强、行为的范围由小到大等。他人的循序渐进的行为会影响到其他人的态度。在心理学上表现为登门槛效应。登门槛效应又称登门坎效应、得寸进尺效应，即当人们先接受了一个小的要求后，就更有可能接受一个更大的要求。

登门槛效应让我们看到一个无关紧要的行为会使得另一个行为更容易被接受。在一个实验中研究者装扮成安全驾驶志愿者，请求加州人同意在他们家门前竖立一个巨大但不美观的写有“小心驾驶”的标牌，结果有17%的人同意。而在其他地方，他们先提出一个小的要求：可以放置一个3英寸高的写有“安全驾驶”的标牌吗？结果几乎所有的补试都欣然同意。两周后，他们再去询问是否可以在其前院竖立一块大而丑的标牌时76%的人表示同意。①一方面人们倾向于拒绝高标准的要求或违反意愿的请求；另一方面人们却乐于接受低标准、低付出、较易完成的要求，在实现了较小的要求后，人们才慢慢地开始有接受较大的要求倾向。

2. 角色影响态度

人具有社会性，而这一社会性决定了人必须与其他人发生联系，在联系中人们承担相应的角色。不同的角色有不同的社会规范，也有不同的角度来对待与自己相联系的事物。在人的一生中人们在不断的转换着角色，不断地增加与减少角色。而角色因为要符合社会规范，行为的不断重复，会影响人们的态度。

1972年，心理学家津巴多（Zimbardo）请一批大学生志愿者参加一个有关于角色对态度影

---

① ［美］戴维·迈尔斯.心理学.7版.黄希庭，等译.北京：人民邮电出版社，2006：599.

响的实验。心理学家模拟了一个监狱，志愿者们一部分人扮演警察，并且给他们配备了相应的制服和器具及给予了他们相应的权力。另一部分人扮演犯人，穿上囚服并住在阴暗的房间里。实验两天后，志愿者模拟的和真实的一样，大部分人对“警察”对“囚犯”产生了蔑视的态度，并且还有些人自己设计了一些残忍卑劣的手段对待“囚犯”。“犯人”也开始表现出或自卑或造反或崩溃，这一局面使得心理学家不得不取消实验。从这个实验可以看到，本来都是一样身份的大学生，大家是平等的，但是在经过角色扮演后，随着角色的深入，刚开始扮演的不平等逐渐地成为真实中的不平等。因此，角色对态度有很重要的影响。

四、民航服务的态度要求与培养

（一）民航服务人员的态度要求

民航服务人员的态度要求主要从两方面来体现：一方面是服务人员对于工作的态度，另一方面是服务人员对旅客的态度。

1. 对工作的态度

对的工作的态度表现为爱岗敬业、善于钻研和团结友爱。只有对于工作是发自心底的热爱，才能踏踏实实地做好服务工作，在处理冲突性事件时，才能始终表现出良好的心态。服务性的工作是与人打交道的工作，面对形形色色地的旅客，服务人员的沟通能力和协调能力需要不断地自我提升，因此服务人员要有钻研的精神；民航服务的工作更多是团队的协作工作，各个环节要衔接有序，如果有一个环节没有做好，那么整个服务都将受到影响，甚至会发生严重的事故。

2. 对旅客的态度

主要表现为文明礼貌、主动热情和耐心周到。主动体现在要有主动为旅客服务的意识，要有主人翁的精神时刻关注旅客的需要，要做到眼勤、手勤和脚勤。热情主要表现为对旅客话语亲切和真诚的服务。耐心体现在心态平稳、不急不躁和高容忍力。周到体现在细心地观察旅客的需求，为旅客着想，多思考，把事情做在前。

（二）民航服务人员良好态度的培养

1. 加强对服务人员的培训

民航服务人员人态度的形成与服务人员对工作的认知、对工作的感情有直接的关系。因此要使民航服务人员对工作有良好的态度，民航公司要加强对服务人员的培训，主要表现在对民航服务的认识，对民航规定与要求的理解，民航服务人员的专业技能、沟通技能、冲突解决技巧等的培训。培训要有计划性和持续性，要重视培训评估。

2. 关注工作人员的需求

像旅客一样，民航服务人员也有自己的需求，不同的人有不同的需求，民航公司要关注员工的需求和满足员工的需求。只有这样员工才能归属感，才会以主人翁的态度的工作。

3. 创建良好的公司环境

在这里公司环境主要指公司的工作环境、公司的文化环境和人际关系环境。良好的公司的环境，是员工工作的保健因素，它们关系到员工的满意度。所以公司要在自己条件允许范围内，给员工一个舒心的环境，并形成同事间团结友爱、互帮互助的环境。

案例阅读

航班先后两次延误　30名旅客拒绝登机被撂下[①]

12月3日，在宁波栎社国际机场，四川航空股份有限公司（Sichuan Airlines Co.，Ltd.，简称“川航”）与旅客之间因飞机误点产生纠纷。经过大致如下：

旅客：你晚点，得赔。

航空公司：延误时间不超过4小时，我拒绝赔偿。

旅客：你拒绝赔偿，我就拒绝登机。

航空公司：你不登机，那我只好卸了你的行李“一飞了之”。

直到前天（4日）上午10点50分，拒绝登机的旅客乘上3U8938次航班从宁波飞往昆明，这场纠纷才告段落。

川航3U8938次航班原计划12月3日上午10点50分从宁波起飞，但受重庆大雾影响，飞机被迫停在深圳，航班晚点，到下午2点05分起飞，延误时间达3小时15分钟。

机场的工作人员说，当时大部分旅客表示理解，但有3名旅客不听解释，坚持索赔。

不巧的是，当天下午2点，宁波机场受到空中管制，起飞时间只好再次推迟。

空中交通管制来得很突然，13个航班受到影响，延误时间1~2小时。

这下子，旅客再次骚动起来，其中几名中年男子围向登机口，要求航空公司赔偿。

昨天下午，记者联系到了川航宁波营业部的相关负责人。

他告诉记者，在机场和航空公司的多方努力下，3U8938航班计划下午3点10分起飞，大多数旅客开始登机，但一名男乘客却挡住登机口。“大家都不用登机，看看航空公司能拿我们怎么办?”这名男子要求旅客以集体拒登来逼迫航空公司赔偿。

后来有79名旅客登机，剩余50名旅客拒绝登机。

“我们要保障大多数旅客的利益，无奈只能选择将拒载的50名旅客的行李卸下，实行减客50名旅客的航空保障流程。”这位川航负责人说。

不过登机广播再次响起后，又有20名旅客陆续登机。但仍有30名旅客没有登机。

当拒绝登机的30名旅客透过候机厅的玻璃窗看到，航班缓缓启动，呼啸着驶离了机场，顿时傻眼了，希望能重新登机，但这已经是不可能的事了。

飞机起飞后，拒绝登机的旅客再次要求索赔，可航空公司的态度非常明确：每人零补偿，只能办理退票或改签手续。

4小时过后，索赔无望的旅客开始纷纷要求改签，但当晚飞往昆明的航班无法满足30名旅客全部成行。

“王先生因为次日要参加一个重要的商务会议，无论如何一定要到昆明。”机场工作人员说，最终他花了1920元买了一张全价票，并在机场工作人员的帮助下，在飞机起飞前的最后5分钟顺利登机。

当晚拒绝登机的30名旅客中，除王先生自掏腰包改签当日航班，还有3名旅客选择退票，其余26名旅客于次日上午10点50分乘坐3U8938次航班飞往昆明，比计划行程整整迟了24

---

① 钱江晚报.

小时。

航空公司表示：根据中国民用航空局（Civil Aviation Administration of China，简称“民航局”）的相关规定，如果是因为承运人的原因，航班延误时间达4小时以上，旅客可以向航空公司索赔。但14:00后，该航班是受到空中交通管制的影响，这期间延误的时间和之前的不能叠加，不能做任何现金补偿。

昨天傍晚，记者找到了当天乘坐此航班的旅客马先生。

“两次延误加起来有4小时20分钟，航空公司说延误时间不能叠加，但实际上这两次延误是接连发生的，都是承运方造成的，这种解释我们都觉得很不合理。”马先生说。

因为当晚已经和朋友说好在昆明机场接他，虽然想讨个公道，马先生也只好上了飞机，但不少旅客仍拒绝登机。“没想到飞机卸了他们的行李就飞了。”

复习题

1. 态度有哪些成分？
2. 态度的影响因素有哪些？
3. 语义差异量表、李克特量表和格特曼量表的特点是什么？
4. 态度测量中需要注意哪些方面？
5. 在哪些情况下态度与行为不一致？
6. 如何培养民航服务人员良好的态度？

第二节　旅客态度的形成与改变

一、旅客态度的形成

（一）态度形成的理论

人态度的形成是伴随人的社会化进程的。态度形成于后天，它是人的需要、习惯、经验、理念等与客体特性的交互作用建立起来的较稳固联系的结果。主要的态度形成理论为学习理论，包括行为主义学习理论、认知主义学习理论和社会学习理论。

学习理论的前提是态度不是与生俱来的，而是在后天的学习中形成的。态度形成是一个从无到有的过程。态度是个体学习的产物，学习有直接经验的学习和间接经验的学习。

1. 行为主义学习理论

行为主义学习理论又称刺激—反应（S—R）理论，它认为人类的思维是与环境相互作用的结果，即“刺激—反应”，刺激和反应之间的连接叫做强化。该理论认为通过对环境的“操作”和对行为的“积极强化”，能够被塑造和改变行为。霍夫兰等（C. Hovland，I. L. Janis ，H. H. Kelley，1953）认为，态度大致同其他习惯一样是后天习得的，是个人通过联想（包括强化和模仿）获得有关信息和情感的过程加上评价组成的，因此也可以通过环境的设计和对态度的强化来形成态度。在这里，强化可以是正强化也可以是负强化。例如当客人积极地响应号召或遵守原则时，服务者给出物质或言语上的激励后，客人会更加响应与遵守原则。同样，模仿也能起到很好的作用。模仿是通过榜样的示范作用来发挥作用的。态度的形成同样可以通过模仿起到效果，榜样越有影响力，模仿的效果就越好，态度越容易形成。如果模仿与强化同时作用，那么态度将更容易形成。

米德拉斯基等（E. Midlarsky，J. H. Bryan & P. Brickman，1973）进行过一项实验，他们以六年级学生为被试玩有奖弹子游戏，赢一次得一张代币（token），积累的代币到一定数量可换一件更好的礼品。研究者分了控制组与实验组。控制组的情况是研究者让学生将每次获得的代币放入标有“我的钱”字样的罐内；同时，在墙上张贴儿童基金会为贫苦儿童募捐招贴画，附近放有一个标有“给穷孩子的钱”字样的罐。在玩游戏前，主试对所有被试说：“让我们使这些穷孩子知道，我们在关心他们”。实验组除上述情境外，还增加了主试将自己赢得的代币放入“给穷孩子的钱”的罐子的环节。结果发现，控制组捐代币者极少，而实验组的被试大都能照主试的样子去行动，假如主试对他们的行为给予强化，如报之以微笑或说激励的话，那么被试的捐献就会增多。

2. 认知主义学习理论

认知主义学习理论认为学习是一个认知结构不断构建与重建的过程。它强调刺激反应之间的联系是以意识为中介的，强调认知过程的重要性。此理论认为学习是新材料、新经验和旧的材料或经验结为一体形成认知结构。认知来源于对对知识的了解和理解。态度的一个重要成分便是认知，认知的形成无形中影响着态度的形成，因此态度是认知学习的结果。态度的形成不是一次性的，而是多次不断反复地形成、修改和清晰的。因此在态度形成中要注重知识的交流与了解，要关注态度的形成是一个主动的过程。由于认知学习理论重视内在的动机与学习活动本身带来的内在强化的作用，因此在形成某一态度时要注意强化的作用。

3. 社会学习理论

社会学习论是由美国心理学家阿尔伯特·班杜拉（Albert Bandura）于 1977 年提出的。它着眼于观察学习和自我调节在引发人的行为中的作用，探讨个人的认知、行为与环境因素三者及其交互作用对人类行为的影响。班杜拉的社会学习理论所强调的是这种观察学习或模仿学习。观察学习的全过程由四个阶段（或四个子过程）构成，即注意示范、观察学习的保持、再现示范行为和行为持久。在社会学习过程示范者的选择、符号化示范行为、行为之后的强化（包括外部强化、自我强化和替代性强化）有着很重要的作用。态度的形成也一样。人们在生活中社会中，周围的人和事等环境对于人产生了潜移默化的作用。在社会交往中个体通过观察他人行为及其强化结果，替代性的习得特定行为或客体的社会文化意涵，并形成相应态度的过程。态度的形成经历三阶段：服从、同化、内化。

（1）顺从（compliance），指在社会影响下，个人外显行为上与别人一致。在这里态度中认识或情绪成分的很少，外因一消失，它也就中止。

（2）认同（identification），指由于喜欢认识对象，乐于与其保持一致或采取与其相同的表现。认同有较多的情绪、情感成分。

（3）内化（internalization），即把认同的东西与自己已有的信念、价值观联系起来，给予理智上的辨认，作出判断。态度，一经形成，将比较持久不易改变。

由以上理论可知，态度的形成不是先天就有的，而是后天形成的；态度形成是可以直接习得，也可以是间接的习得；态度强度与认知和情感有很大的联系，关系越紧密，强度越来强，越不易改变，反之，则越易改变；态度的形成强化很重要，强化包括外部强化、自我强化和替代性强化。

（二）旅客态度形成的影响因素

旅客对于航空公司的态度并不是先天就有的，而是后天形成的。不同的旅客对于同一家航空公司有不同的态度；同一个旅客对于同一家航空公司在不同的时段也有不同的态度。要服务好旅客，让自己航空公司在旅客中有良好的形象，必须知道旅客态度形成的影响因素。一般来说，旅客态度的形成受以下因素影响。

1. 旅客的认知

认知是态度形成的基础，旅客对于航空公司了解得越多，越能够理解航空公司所采取的措施，越能够遵守航空公司的规定和利用好航空公司的规定。旅客对于航空公司的认识包括对于航空公司各项工作的认识和对航空知识的了解。

“小麻烦”是为了“大安全” ①

近一段时间，民航关于保障安全的各种措施不断出台：3 月 14 日起，乘坐国内航班的旅客一律禁止随身携带液态物品，俗称“禁液令”；4 月 7 日起，禁止旅客随身携带打火机、火柴乘坐民航飞机，俗称“禁火令”；从 5 月 1 日起，国内航班上头等舱旅客每人可随身携带两件物品，公务舱或经济舱旅客每人只能随身携带一件物品，即“一件令”。同时，很多机场要求旅客脱鞋接受安全检查。

民航安检的不断升级，得到了大多数旅客的理解和配合。但是，由于对民航安全工作的不了解，一些旅客对于严格的安检措施产生了反感和抵触情绪，发生了在安检口与安检人员冲突，甚至殴打安检人员的不和谐事件。有的旅客认为，民航的安检措施损害了他们的权利，给他们的旅途带来了不便。

不可否认的是，诸如“禁液令”“一件令”这样的安检措施，确实会给旅客带来一些麻烦，延长了安检时间，增加了等候的时间，需要提前更长时间到达机场，使旅客不得不为一些随身行李办理托运。但是，为了确保旅客人身安全，这些“麻烦”是非常有必要和值得的。

2008 年是奥运之年，即将召开的北京奥运会对中国民航的安全保障工作提出了新的要求。举办一届有特色、高水平的奥运会，最基本的前提就是要做好奥运期间的安全保障工作。奥运会期间，来自世界各地的国家首脑、政要、运动员、裁判员和观众将欢聚中国，他们最主要的交通方式之一就是搭乘民航飞机。因此，中国民航的安全保障工作是整个奥运安全保障工作的重要组成部分，承担着千万个国际国内旅客的生命安全，关系着中国在世界面前的形象，责任重大，不容有失。

2. 旅客需要的满足

旅客对民航的态度取决于民航公司对于旅客的需要的满足。马斯洛认为，人有不同的需求，并且需求的层次不同。同样，不同的旅客有不同的需要。需要是否得到满足是旅客的评价的标准，如果旅客的需求得到满足，那么旅客将持肯定的态度，反之，则持否定的态度。因此民航只能从旅客的需求出发，进行服务的设计，才能最大程度地让满足旅客的需要。也正因为此，当前越来越多的航空公司推出特色性的服务。如推出专门为 60 岁以上的老年乘客的温情服务，为他们提供专座、老花镜、毛毯和专人看护护送的服务。再如，提供特色餐饮和提供服务承诺等（如航班准点承诺，如果有因为不可抗拒的原因延

---

① 肇茜，“小麻烦”是为了“大安全”. 中国民航报，2008 -5 -7.

误、延期、取消航班的情况,保证补偿乘客的损失,从而减低旅客的后顾之忧,增加了他们的安全感与对民航公司的信任)。

3. 旅客的个性

旅客的个性对于旅客的态度的形成起着关键的作用。旅客的个性主要体现在气质类型与性格特点上。例如,胆汁质的人兴奋性高,性情真爽、精力旺、有魅力,但易冲动、脾气急。因此胆汁型旅客的态度容易受外在因素的影响,态度容易形成但是稳定性弱。多血质的人感受性低、耐受性高,反速度快而灵活。多血质的旅客,由于对于信息反应速度快,因此态度较易形成,但是不稳定。黏液质与抑郁质的旅客,态度不易形成,但是一旦形成稳定性很强,不易改变。再如在性格方面,自信、独立、坚强的人,态度不容易形成,但是形成稳定性高;而自卑、依赖性强和软弱的人则容易受他人的影响,态度易形成也易改变。

4. 民航服务人员的行为

民航服务人员是航空公司的窗口,他们的行为直接影响到旅客对于民航的态度。旅客在与民航的业务来涉及到航空公司的方面。例如订座与售票服务、值机服务、候机服务、空中服务、行李服务、特殊旅客服务、旅客投诉与冲突服务等。在服务过程中航空人员应该保持热情、大方、细心和耐心态度,通过行为来使旅客感到旅途的快乐。

5. 民航的环境

民航的环境对于旅客态度的形成有直接的影响。环境主要包括硬件设备环境和软件环境。比如取票服务系统操作便利性、值机时间快慢、等候飞机时信息的畅通度、飞机的舒适度、取行礼等待时间的长短、处理冲突的快慢等。

办手续不排长队,西安出港的东航航班更正点了!①

本报讯　通讯员周宏娟报道:作为东航西北分公司的地面保障单位,东航西北分公司地面服务部全面负责东航及其代理公司的航班保障和旅客服务工作,因此航班的正点率成为了决定该部门服务质量优质与否的重要因素。近日,该部门就提升西安出港的东航航班的正点率,提升年底100天的服务质量等问题进行了一系列探索和改进,取得了实效。

日前,东航西北分公司地面服务部与西安咸阳国际机场召开了协调会,并就相关问题达成一致,使得乘坐东航航班的旅客在咸阳机场通过安检、登机及使用贵宾休息室等诸多方面更加方便、快捷。同时,该部门延长了国内值机处全开放值机柜台的开放时间,并在每个值机柜台增设了旅客温馨提示牌,由值机员提醒和指引旅客尽快通过安检。根据旅客人数,该部门还在乘机高峰期提前增设团体及无交运行李柜台,并由室主任巡视、监督,分流排队旅客,必要时增开值机柜台。

另外,作为现场信息传递的中枢,该部门现场调度及时传递信息,把好旅客登机关和“零分减客”关,并加强了与现场相关单位的协调。该部门旅客服务处一方面加强候机大厅的广播提示,提醒并督促旅客及时登机;另一方面则加大对远机位登机旅客的关注度,积极主动采取措施,引导团队旅客及特殊旅客登机,减少旅客因在远机位登机而发生误机。

据悉,自实施航班正常性改进措施以来,因旅客值机柜台排队或登机口变更等原因引发的旅客投诉明显减少。根据西北分公司地面服务部的统计,该部门服务的航班正常率达到99.7%,未发生一起由人为原因和安检原因造成的航班延误。

---

① 周宏娟.100%的满意.中国民航报,2008-11-19.

（三）旅客态度的特征

在态度特征中本章提到态度有后天性、对象性、稳定性、内隐性、可塑性和交互性。同样，旅客的态度也有态度的这些特征。

1. 旅客态度的后天性

旅客态度的后天性，体现在旅客对于民航的态度可以来自自己与民航接触的直接经验，也可以来自别人评价的间接经验；可以是从聊天中获得，也可以是从网上的评价中获得；可以有意获得，也可以无意获得。不论是直接经验还是间接经验，民航的服务是关键。因此民航要有“服务是公司的基础性的服务”“服务能够创造价值”的观念，在“顾客至上”的指导下，为每一位顾客提供好服务。要善于多渠道地宣传民航公司正面的形象和旅客态度的稳定性。

旅客态度的稳定性是相对的，不稳定是绝对的。旅客态度稳定性的持久性取决于态度形成的基础是否牢固，旅客是否易受到特殊情景的影响、他人的影响。一般来说，旅客基于直接经验形成的态度要比间接经验要持久；特殊性情景与他人对旅客影响的强度与旅客个性有相关性。正如前文所述，黏液质和抑郁质的旅客要比胆汁质、多血质的旅客态度稳定性要好。

2. 旅客态度的内隐性

旅客态度的内隐性说明旅客态度是个人内心的活动，是旅客内在的心理状态。人们不能直接观察到，但是可以通过他们的表现来判断，如神态、举止和行为。因此民航人员要细心地观察旅客的言行，从而了解旅客的需要，提供服务，进而便旅客有好的态度的形成。

出差旅客患病痛，细腻服务解忧愁①

1998 年的中秋节前夕，吴尔愉在 FM102 航班客舱巡视时，突然发现坐在 39 排 C 座的旅客脸色苍白，双手捂住腹部，表情非常痛苦。细心的吴尔愉连忙走过去产询问是否需要帮助。原来这位旅客到北京出差后，由于水土不服，得了急性脾胃炎，腹泻严重，手脚冰凉。她凭借自己多年的工作经验，一边安慰旅客，一边回到厨房用饮料瓶冲了热水给他取暖。为了减轻旅客的痛苦，她又调整周围旅客的座位，用毛毯铺在座位上让他平躺下来，同时还请坐在周围的旅客帮助她观察病情。虽然航班几乎是满客，工作非常繁忙，但是她还是是不是地抽时间来照顾旅客，直到飞机安全降落。

到达上海后，她还是不放心 ，毅然放弃自己的休息时间，陪旅客到医院看病，直到确认他已无大碍，还叫了出租车送旅客回家。事后吴尔愉根据旅客留下的名片给旅客打电话，询问旅客的病情，得知旅客已好转并已开始工作，她放心了。那位旅客非常的感动，记住了这位美丽的蓝天使者。就在中秋节的那天，那位旅客特意民买了月饼和鲜花送到了上航，向吴尔愉表示真挚的谢意。

3. 旅客态度的可塑性

旅客态度的不稳定性是绝对的，因此旅客态度的是可塑的。塑造旅客的态度可以通过增加旅客对民航公司的认识和为旅客提供服务的体验来实现。态度的形成认知是基础，情感是关键。因此民航公司要多创造平台，通过多样化的交流方式与旅客交流，获得旅客对工作的支持，对工作人员一些行为的理解。同样，民航应多从旅客需求的角度出发，在提供共性服务时，为不同需求的旅客提供个性化的服务，增加旅客的满意度。

---

① 吴尔愉服务法. 上海：上海航空有限公司，2005 - 21.

4. 旅客态度的交互性

旅客态度的交互性源于旅客间态度中认知的交互作用。在社会中，旅客不是独立的人，他有自己的家人、亲人、朋友、同事和同学等。在与他们的交往中，信息的交流和情感的迁移对他们的态度形成与改变有很重要的作用。例如，A 旅客从未坐过飞机，别人对航空推荐与评价直接影响他的对航空公司的评价与选择。再如，A 对某航空公司并未有不满，但是 A 的好朋友对某公司有不好的体验，朋友对航空公司的评价会影响 A 对这个家公司的评价。

5. 旅客态度的迁移性

迁移在物理上表现为从一个地点换到另一个地点。迁移在心理学上被称为“学习迁移”或“训练迁移”，是指一种学习对另一种学习的影响。同样，态度也有具有迁移性，其表现为把对某对象的态度迁移到另一对象的态度。要产生态度的迁移，这两对象间必须要有联系或者有相通之处。民航服务人员的态度是民民航公司的员工，他们的言谈举止，自然代表了公司的形象，因此旅客基于民航人员的服务而形成的态度，自然会转化了旅客对民航公司的态度。所以民航公司要重视对公司人员素养提升，从而提高员工的服务质量，得到更多旅客的认同。

师傅教我如何做服务①

什么样的服务才能称得上优质？是不是像蜜蜂一样忙忙碌碌？其实并非如此，作为一名乘务员，尽管飞行多年，但当年我从师傅那里学到的服务经验至今依然让我受益。

记得每次只要是与师傅飞行，我总会有收获。她要求我把头等舱用过的餐巾布和托盘分开放，这样油污就不会沾染到洁白的餐巾布上，清洗起来不会很麻烦，虽然清洁工作不需要我们动手，但这样给别人减轻了劳动量，利人利己的事是我乐于做。这也是书本上、课堂里没有学过的知识，但对我而言受益匪浅。

师傅常告诫我：频频讯问头等舱旅客对饮料的需求是不合适的，因为头等舱客人需要一个安静的环境，在头等舱服务也是一样，尤其要说话轻、动作轻、脚步轻，但主动帮他们挂衣服要比询问他们“先生，您的衣服需要挂吗？”会更令他们愉悦，因为这时你的热情是恰到好处的，他们会认为你真诚的服务是值得赞许的。善于观察在服务工作中也是必不可少的。还记得归还衣物时我就曾闹出过笑话，我把两位乘客的外套弄错了，后来师傅告诉我那件竖条纹的西装外套要还给穿竖条纹西裤的男士。是啊！它们本来就是一套西装。

有件事教育了我。一次飞行，飞机舱门已关，很快要滑行起飞，这时我正为头等舱旅客送迎宾饮料，有橙汁和矿泉水两种选择，但客人提出要茶。我答应他后回到厨房，打开电源，准备了茶具，等我把茶送到客人手上后的不一会儿，飞机就被推出了，我不得不去收杯碟，收回来的茶他几乎没动过。

事后师傅告诉我：“虽然按规定你这么做并没有错，但你送的是热饮，他能立刻喝吗？不能，那么他要等一会儿，可是很快你就要收杯子，那么他有时间喝吗？他没喝到茶，心里不高兴，而你做了那么多无用功，你也不开心，就算他勉强喝掉了茶，匆匆忙忙地喝和细细品味地喝哪个更好些呢？不如事先告诉他飞机将滑行的实际情况，然后建议他选择迎宾饮料，起飞后再为他提供茶。把选择权留给他，是不是会好点？”我恍然大悟，原来用心服务才是最优质的服务。后来每一次的安全检查，我都不再大声喊“安全带请系紧”，而是逐一地看，用心地找，小声提醒没系安全带的客人系好安全带，这要求我检查时更仔细，避免走过场，也让我用实际行

① 马海燕. 师傅教我如何做服务. 中国民航报，2007－4－11.

动理解了什么是优质服务。

二、旅客态度的改变

旅客态度并不是一经形成就不再会改变。已形成正面的态度，会因为一些原因而转换成负面的态度。同样，负面的态度也会因为一些原因而转换为正面的态度。作为民航人员，要学会相关的态度改变理论，明确旅客态度改变的影响因素，通过理论指导自己的行为改变旅客的负面态度。

（一）态度改变的理论

在态度改变方面的理论主要有“平衡理论”“和谐理论”“信息理论”“预期价值理论”“认知协调理论”“认知失调论”。

1. 平衡理论（balance theory）

这是由海德（F. Heidey）于1958年提出的有关人际关系和态度变化的一种社会认知理论。该理论认为，人的心理活动是人与社会因素相互作用中实现动态平衡的过程。社会因素包括各种人、事物和事件等。

个人不是单独存在的，总是要通过某事或因为某事（X）与他人发生联系。海德从心理学出发提出了P—O—X图式，其中P为认知主体，O为另一认知主体，X是P和O共同认识的对象。X可以是某事、某物或某人。这种三角关系大体上可分为平衡态和不平衡态两类。海德认为：“在三个实体的情况下，如果三种关系都是肯定的；或者两种是否定的，一种是肯定的，则平衡状态存在”（图6－2（a）～（d））。相反，三种关系都是否定的；或者两种肯定，一种否定，则存在着不平衡状态（图6－2（e）～（h））。如甲（P）喜欢某民航公司（X），乙（O）也喜欢某民航公司。由此甲与乙互相有好感，并建立了建立了友好关系。在这里是一种平衡状态，在P—O—X封闭的三角关系中（图6－2（a）），三者之间都是正向关系，即P对X、P对O以及P认为O对X都具有肯定的态度。由此可知，就P来而言，他心理上是平衡的。如果在交往过程，明星有一些负面新闻出现，甲不相信这负面新闻，依然是某民航公司的忠实粉丝，而乙相信了负面新闻并且决定不再忠于某民航公司。此时原来三者之间的状态成了（图6－2（e））两正一负的模式。原来的平衡状态被打破，变成了不平衡，此时两个认知主体P和O都会感到心理上的不平衡，产生不舒适、不愉快和焦虑等感觉。就P而言，为了从不平衡状态恢复到平衡状态，他或者是对O进行劝说，希望他不相信新闻，依据忠实于某民航公司，态度由负变为正，从而使三者关系恢复到图6－2（a）的平衡状态；或者他改变自己的观念接受负面新闻，不再忠于某民航公司，使三者关系为图6－2（b）的状态；或疏远或断绝和O的关系，从而三者的有关系模式为图6－2（c）。

2. 认知协调理论（cognitive dissonance theory）

费斯廷格（L. Festinger）于1957年最早阐述了这一理论的见解。与海德重视人际关系对认知平衡的作用不同，他强调自我调节在认知平衡中的作用。他认为，人有许多认知因素，它们或彼此协调一致，或相互冲突，或互不关联。认知元素之间相互冲突便发生了认知失调，而失调往往会导致人心理不适、焦虑和紧张。为了消解这种心理不安，人们往往会通过自我调节来达到一种平衡。调节的方法有三种。

（1）改变相冲突的因素中的某一认知元素，使之趋于协调。例如A喜欢乘坐某航空公司的航班，因为那家航空公司服务好，但是在一次乘坐此航空公司航班中有一个服务人员态度不

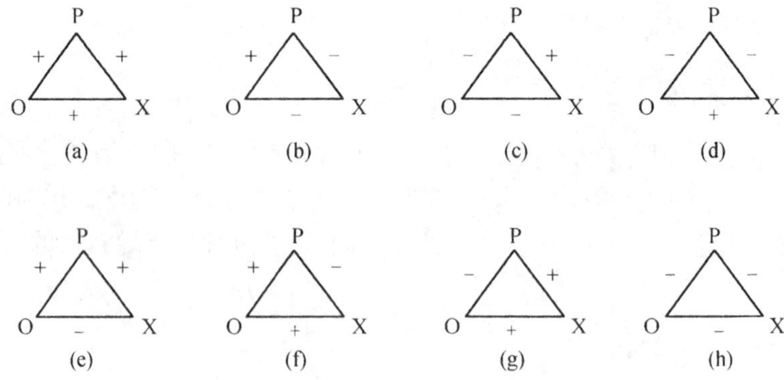

图 6－2　平衡态和不平衡态示意图

好，另他很不开心。在这里，A 的认知“那家航空公司服务好”与认知“一个服务人员态度不好”相冲突，此时他心理开始不平衡，要达到平衡，他改变其中一个认知，或者改变前者，认为那家航空公司服务不好；或者改变后者，认为那位服务人员的服务还行。

（2）增加新的认知元素，调和已有认知元素。例如，在上面的那个案例中，A 后来获知，那位他认为服务态度不好的服务员最近家里发生一些重大的事，她还没有完整过来进而影响到了工作。其实那位服务人员对工作是很负责的。这样 A 依然认为某航空公司的服务是好的。

（3）强调某一认知元素的重要性。例如某航空公司推出了很多个性化的服务，令 A 很满意，但是有几次坐这家公司的航班都遇到了不能准时出发的情况，A 对此又有不满意。这两个认知产生了冲突，A 认为飞机准时是很重要的，且对个性化的服务需求较少。因此为了准时，他决定不再选择那家航空公司。

3. 参与改变理论

参与改变理论是德国心理学家库尔特·勒温（Kurt Lewin）在实验的基础上得出来的。他认为个体所参与的群体活动的方式会决定或改变个体的态度。他通过群体动力研究发现，在群体中的活动，个体可以分为主动型的人和被动型的人。主动型的人主动参与群体活动，自觉地遵守群体的规范；而被动型的人，他们服从权威和已制定的政策和规范等。主动型的人态度的改变是易改变，因为整个过程他们都参与其中，更能理解与接受改变。而被动型的人态度不易改变。因为他们改变的过程中他们是被动的参与，所以改变起来比较难。

由此可知，要当旅客对民航公司的负面行为有负面态度时，民航公司可通过各种方式请旅客参与到民航公司的改变措施中来，进而改变他们的态度。

（二）旅客态度的改变方法

正如“100 个读者，就有 100 个哈姆雷特”一样，不同的旅客对于民航公司有不同的认同。在这些认同中的有的是否定的，有的肯定的。因此改变旅客的否定态度，是民航公司必须工作的内容。一般来说，改变旅客的态度方法有“宣传改变法”“换位改变法”“团队影响改变法”“参与管理改变法”。

1. 宣传改变法

宣传改变法是从旅客态度形成的认知要素出发，以不同的方式就相关规定对旅客进行宣传、告知和教育，进而使旅客了解，增加他们的理解与信任，使旅客改变不合作的态度。在很多时候，旅客的不合作的态度并不是有意而为之，而是由于不知晓相关规定所引起的。这时需要民航公司做好宣传工作，特别是在一些新规定出台时，更应加强宣传。

机械无情人有情　南航滞留西宁旅客及时疏运[①]

民航资源网2009年8月6日自南航消息：8月3日，因飞机左发动机液压泵漏油造成西宁—北京航班延误，专业维修人员第一时间从乌鲁木齐赶赴现场，并从长沙运来维修器材进行抢修，经过近8个小时加班加点维修，终于在22：03维修完毕。大部分旅客对因机械故障导致的航班延误表示理解，并对航空公司从数百千米外紧急调运人员和器材，机务维修人员在高温下挥汗如雨奋战数个小时给予了赞许，旅客于23:10开始登机。但部分旅客认为该飞机经过维修，担心存在安全隐患拒绝登机。中国南方航空股份有限公司（China Southern Airlines Company Limited，简称“南航”）会同西宁曹家堡机场妥善安排了这批共52名旅客的休息及用餐，相关工作人员整晚陪同，耐心解释，无微不至地照料旅客。

最后登机的旅客拿着航空公司工作人员递上的热气腾腾的湿毛巾和冰镇饮料，纷纷动情地说：“我们因为不了解机械故障，不敢登机，给你们添麻烦了，你们整夜不睡照料我们，让我们看到了新时代航空公司的优质服务，真是机械无情人有情啊！”（南航）

截至笔者发稿时，经过认真安排，52名旅客通过改签或乘坐后续航班，已全部从西宁顺利返回北京。

2. 换位改变法

换位改变法以“角色理论”为依据。该理论认为，个体的行为应与角色要求一致。民航服务人员要从旅客的角度去思考旅客需求，尽可能提供满意的服务；同样民航企业要创设条件，让旅客了解民航服务人员的工作，让其认识到每项民航规定的重要性和民航服务人员的职责。条件允许的情况下，创设角色交换体验平台，让旅客体验民航服务人员的工作。

山东航“五一”节开展角色互换体验劳动活动[②]

民航资源网2012年5月2日消息：2012年4月29日，山东航空股份有限公司（Shandong Airlines Co., Ltd.，简称“山航”）执行飞行的乘务组们精心策划了一场机上娱乐与航空安全于一体的活动，与广大旅客共同欢度“五一”劳动节。

“五一”小黄金周到来，三天的假期让很多游人选择了最方便快捷的民航出行。在今天这个特别的日子里，劳动者是最快乐、最光荣的。伴随着一声声“您好，欢迎登机”，乘务组全体人员微笑着迎接每一位旅客的到来，此时假期的旅行也随之起航。

“亲爱的旅客朋友们，你们好！今天是‘五一’劳动节，是庆祝劳动人民的日子，是劳动人民共同的节日”。客舱广播拉开了“五一”主题活动的序幕，乘务组为今天搭乘的旅客策划了丰富的机上娱乐活动。为突出“五一”劳动节这个具有意义的节日，乘务组决定与旅客进行一下角色互换，由旅客扮演乘务员进行空中服务工作，在假期的旅途中感受一下别有特色的空中体验。活动开始，旅客们争先抢后要求与之互动，由于积极参与的旅客人数过多，这下可难为了年轻的乘务员们。最后，乘务员随机选择了几位旅客并为其准备围裙，让旅客真真切切地做一次乘务员，被选旅客们纷纷接过乘务员递上的围裙丝巾，精心打扮，成为了一个个“准空

---

① 机械无情人有情　南航滞留西宁旅客及时输运. 中国南方航空股份有限公司. 民航资源网，2009-8-6.

② 民航资源网，2012-5-2. http://news.carnoc.com/list/221/221194.html.

姐”，在乘务员的指导下走上了工作岗位，有的拿着空中广播器用甜美的声音疏通过道，提醒旅客注意空中颠簸；有的贴心为旅客服务询问旅客需求，小心送上一杯杯饮料；有的在练习推拉饮料车并小心不要碰撞旅客，体验了乘务员在高空作业中并不只有优雅还有艰辛。参与的旅客在欢笑中将乘务工作当成了一项有趣的游戏，在感受“我是空乘”的同时，真实的体验到劳动的快乐。在一片欢声笑语中，旅客们不仅感受到浓厚的节日气氛，又在游戏中了解了航空安全及相关航空知识。

在欢快的活动即将结束之际，乘务组向辛勤工作参与活动的旅客赠送上诚挚的问候和精美的活动纪念品，“五一”特色服务也受到了旅客朋友们的一致好评。最后，全体乘务组代表山东航空向乘坐本次航班的各位旅客表示诚挚的祝福，感谢旅客的支持和参与者为全航程带来的欢乐，感谢社会各界给予山航的支持与厚爱并祝各界劳动工作者节日快乐，祝福他们在新的一年里“劳动最幸福，劳动最快乐”！

3. 团队影响改变法

团队影响改变法是以平衡理论为基础的。海德提出的平衡理论，重视人际关系对认知平衡的作用不同。当旅客有不合作的态度时，可以通过其他的旅客的态度来影响。

吴尔愉在一次实行期间，提醒旅客将后背椅调直，但是旅客不耐烦地说“不调直没关系的，何必那么认真”。此时吴尔愉笑着对他说“先生，当然有关系，您的座椅背不调直，不但影响你的安全，而且还影响您后一排旅客的安全撤离”。后一排旅客一听说“是呀，会影响到我们的安全的”，那位旅客只好将背椅调直①。

4. 参与管理改变法

引导旅客积极地参与有关民航的活动，能达到改变旅客负面态度的目的。要确保旅客自愿参与相关活动，旅客自愿参与的程度直接影响到旅客态度改变的程度。此外，应注意参与管理时间上的把握。

三、有效说服旅客

在服务中，旅客不合作的态度时有发生，如何有效地说服旅客是民航服务人员的必修课。

（一）说服的概念

说服有两个读音，一个“说(shuō)服”，《辞海》《汉语大词典》和《现代汉语词典》释为“用理由充分的话使对方心服”；一个是“说(shuì)服”释为“用话劝说别人，使他听从自己的意见”，不论是哪个读音，都是指通过谈话、用理由去改变别人的想法和态度。

（二）说服的途径

根据信息接受的对信息的加工动机和认知能力，说服的途径主要有两种，一种是中心途径，另一种是外周途径。

1. 中心途径

中心途径是指当人们具有专注于信息的动机和认知能力时，会专心聆听并思考论据的充分性。中心途径关注论据的充分性，通过有力的论据使被说服者信服。因此说服者在论点的阐述上要有充分的论据作为支撑。中心途径能引起人们更加稳定而持久的态

① 吴尔愉服务法.上海：上海航空有限公司，2005：37.

度和行为的改变。对于那些喜欢专注并有能力专注于论据的人，一般需要采用中心途径说服。

2. 外周途径

外周途径是指当人们不愿意或者没有足够的动机和足够的时间去思考的时候，人们不会仔细地思考沟通中的论据而是受周边线索的影响。外周途径关注那些令人不假思索就会接受的外部线索，而不会考虑论据是否令人信服。

使用外周途径说服的对象不关注论据是否有力，他们更多地通过外部的线索来思考信息本身，而不是经过对信息的深入探讨。

（三）说服的影响因素

说服的要素主要有说服者、被说服对象、信息内容、沟通渠道。说服的有效性与这几个要素有很重要的关系。

1. 说服者

说服者的身份、个人魅力和沟通能力，影响被说服者对信息的接受和态度的改变。

（1）身份。身份意味着说明服者信息的拥有度和话语的权威性。如在乘机时，乘务员对旅客的告示和旅客对旅客的告诫，旅客更倾向于相信乘务员的话语。在飞行颠簸时，飞行员的安慰较乘务员的安慰更能够让旅客安心。

（2）个人魅力。个人魅力来自个人专业技术能力及为处人事能力。民航服务人员个人魅力的获得主要来自于民航服务人员在服务过程中的表现。主要涉及到服务人员在服务过程中是否有效地进行了服务，服务时是否表现出热心、耐心和细心。因此，要增强说服能力首先服务人员要做好自己，不断增强自身素养，提升个人魅力。

航班延误火气大，体贴入微怨气消①

2000年8月的一天，在广州至上海FM304航班上，由于机场航空管制使得飞机无法准点起飞……当得知还需继续等待时，一些旅客大为光火，询问变成了质问，声音越来越大。吴尔愉带着微笑解释和道歉，但是却不能化解旅客的焦躁与不安。……一位旅客异常的愤慨，不断地按响呼唤铃。吴尔愉非常耐心地向他解释："别着急，先生先喝水吧！一有消息，我便立即通知您""你们能告诉我确切的起飞时间吗?""对不起，至今仍未接到准确的起飞时间，请您耐心地等一会儿""哼，上航的乘务员最差，问什么，什么都不知道"。面对这种情况，吴尔愉想：这位旅客情绪如此激动，说不定另有原因。于是问道："先生，您是不是有什么急事?"他说："我是到上海转机的，到美国去开一个重要的商业会议，如果耽误了会议会损失很大，你们负得了这个责任吗?"吴尔愉真诚地说道："别担心，按您美国航班的起飞时间是来得及的，降落后我会安排您第一个下飞机。"当飞机降落后，吴尔愉把客人领到第一排。刚要转身离开，这位旅客便叫住吴尔愉："小姐，对不起，刚才我太冲动，请你原谅。""没关系，我能理解您的心情，希望您以后还坐我们的航班。"

（3）沟通能力。具体表现为语言表达能力，传达信息的准确性和感染性。民航人员的工作主要是为旅客服务，沟通能力如何直接影响到说服工作的有效性。一个优秀的民航人员一定是一个善于沟通的人。

---

① 吴尔愉服务法.上海：上海航空有限公司，2005：46.

巧用语言降怨气 欢声笑语客认同①

旅客在飞机上使用手机是常遇见的事在一次飞行途中，吴尔愉也曾经因为劝阻旅客不在飞机上使用手机而挨旅客的拳头。九年来，她慢慢地积累了经验，知道了什么时候旅客会开手机，什么群体会带着好奇开手机。在一次飞行途中，当所有服务程序完毕后，吴尔愉巡视客舱经过一位先生的身边，发现他侧身正在开机，于是便问道："先生，你知道飞机上不能使用手机吗?"旅客头也没抬地回答"知道"。吴尔愉用开玩笑的口气说："啊！那是您明知故犯呀！"紧接着，她又说道："先生，我知道您开机是想知道时间。如果您还想了解时间的话请按呼唤铃叫我，我会为您报时的，但是请不要开机，太危险了！"吴尔愉在不让旅客感到尴尬的情况下，成功地制止了旅客的不正当行为。

2. 被说服对象

被说服对象的性格以及事件的重要程度影响说服效果。旅客较通情达理，在知道了事件原委后往往会采取配合的态度；但是如果遇到的一些比较自我或火气比较大的旅客，则说服工作难度较大，因为他们一般不愿意静下心来听解释。另外，如果发生的事件对于旅客很重要，那么旅客因为利益损失过大也不易被说服。如因为误点耽误了合同洽谈而损失巨大，或因航班耽误而耽误了国际性比赛等。

3. 信息内容

说服者的信息准确性和可信度影响说服效果。在民航服务中如果服务人员的专业素质不够，在与旅客发生误解时不能运用相应的知识来化解，那么有效说服旅客的难度增大。

4. 沟通的媒介

沟通的媒介有很多，民航人员在对旅客做说服工作时，仅通过广播是不能做好相应的说服工作的。说服工作最好是面对面地进行。

（四）如何有效说服旅客

民航服务过程中，旅客由于对于民航的要求与规定的不理解，或者自己的要求没有得到满足，或者航班的延误、取消等，会采取不合作的态度。因此，如何说服旅客是民航人员几乎每天都要面对的。依据态度的形成与改变的影响因素，可以从以下几方面来做：

1. 保持良好的心态是有效说服的基础

在遇到旅客不合作的态度时，民航服务人员首先是要保持良好的心态。主要体现在更热情地提供服务，更耐心地回答旅客的质问，更细心地观察旅客以便发现解决问题的突破口。在服务中，服务人员要树立旅客至上的理念，要明白在服务过程中服务人员与旅客之间关系是不对等的，因此要突破平时与人相处的思想。这是由服务人员的角色要求决定的。保持良好的心态是做好说服工作的基础。

2. 真诚的行动是有效说服的关键

有了良好的心态，还需要用行动来表现。民航服务人员要做到"言行一致"，在更多的时候甚至需要行动在前。因为行动更直接地表明了民航人员已关注到了旅客的需要与问题，表明民航服务人员在努力地解决问题。用行动去化解与说服，在旅客不合作态度比较强硬时特别奏效。因为此时旅客已经不愿意听服务人员的解释了，民航人员需要从外周途径着手，以友

---

① 吴尔愉服务法.上海：上海航空有限公司，2005：41.

好的态度、细心周到的服务感化旅客，转移他们的注意力，通过实际行动帮助旅客解决问题，消解他们心中的怨气。一般来说，旅客需求在没有得到满足时会有寻求补偿的心理，如果民航人员能及时有效地采取措施弥补旅客的损失或解决旅客的顾虑，那么服务人员行动的说服力则更强。用行动来说服旅客是有效说服的关键。

3. 丰富的知识是有效说服的保障

对于由于旅客对民航服务要求不了解，而不愿意合作的态度，民航服务人员要以相关的知识去说服旅客。常见的情况，如旅客怕麻烦自己带着不符合规定的行李登机，登机迟到一两分钟被拒，在飞机上不听劝阻依然使用手机，不配合调直椅背等。当这些现象出现时，服务人员要从旅客的角度耐心地解释其危害性，从而使旅客明白，这样做是为旅客的安全考虑，并不是有意刁难。

以上三方面分别从情感、行为和认知三个角度来说明有效地说服性。三方面是相辅相成的。每次的说服工作，只有三者都做好了，才能进行有效地说服。当然对于不同原因引起的旅客不合作的态度，以上三方面在运用中的侧重点不同。总体而言，在说服时，外周途径较中心途径更能突出其实用性，因为冲突发生时，旅客往往不愿意仔细考虑服务人员的解释。

案例阅读

东航点滴温馨服务　感动旅法华侨①

旅法华侨许小姐至今还在感动着，因为东航的温馨服务使她久久难忘。

今年6月，当旅法华侨许小姐高高兴兴地从千里之外的法国乘坐东航的航班回到祖国的怀抱时，一件让她意想不到的事情发生了。

由于回温州老家没有直达航班，许小姐得从上海转机前往温州。当许小姐兴冲冲地走出客舱，来到行李提取处前提取行李转机时，眼前的一切让她心痛不已。原来许小姐在巴黎登机前托运了三箱名贵的法国葡萄酒，由于未做好前期运输的特别处理，葡萄酒未包装妥当，致使在运输过程中，造成多瓶葡萄酒被打翻。

看到一片狼藉，还有不断往外渗的葡萄酒，许小姐心痛不已，并且将脾气发到了航空公司工作人员的身上。此时，东航上海保障部浦东客运中转部的值班主任顾新宇来到行李提取处引导转机温州的旅客前去中转厅转机。他了解到许小姐的情况后，仔细查看了这三箱葡萄酒，发现其中还有2/3是完好无损的，只是沾到了一些洒出的葡萄酒显得比较脏，如果处理一下，还是好的。

作为一名富有经验的民航工作者，顾新宇深知良好的服务是公司赢得市场的重要砝码，虽然这不是航空公司的责任，但是许小姐毕竟还是乘坐东航航班进行旅行的。正在顾新宇思量的时候，许小姐一气之下，要将三箱葡萄酒全部遗弃。

看到这种情形，顾新宇急忙安慰许小姐，并稳住她的情绪。顾新宇告诉许小姐，她的三箱葡萄酒并没糟糕到一无是处，许多葡萄酒酒瓶只要清洗一下与先前的别无二致，并主动表示可以帮助许小姐清理葡萄酒酒瓶。听到东航工作人员这么一解释，许小姐破涕为笑，打消了放弃的念头，转为配合东航工作人员一起清理自己的行李。

---

① 陆志慧. 东航点滴温馨服务　感动旅法华侨. 中国民航报，2007－8－5.

顾新宇四处为许小姐寻找托运行李的箱子，并找来了一些填充物。中转部的员工主动为许小姐清洗葡萄酒酒瓶，并小心翼翼地将一瓶一瓶的葡萄酒整整齐齐地放入新的托运箱中，小心地在葡萄酒四周填入填充物。最后，顾新宇还不辞辛劳地带着许小姐前去给托运行李打包。看到打包后的崭新两箱葡萄酒，许小姐这才真正感受到中国的航空公司良好的服务，为能接受东航这样的服务而感动。不久以后，许小姐为东航上海保障部浦东客运中转部送来了一面鲜红的锦旗。"为民办事，认真负责"是对东航人高品质服务的最好褒奖。

作为上海枢纽港建设中的一分子，东航上海保障部浦东客运中转部每年如一日地为南来北往的旅客提供温馨的服务，类似这样的感人故事还有很多，反映的是东航人始终如一的良好服务品质。

女婴突发高烧牵人心　空姐细心照料获赞扬①

"东航班机，一流服务，对旅客的帮助和关心，让人备感温暖……"江西省人大副主任朱英培先生乘坐东航江西分公司航班，在亲眼目睹乘务员对空中突发高烧女婴紧急救护一幕后，由衷地写下了他对东航的赞美之词。

近日，在该公司北京—南昌的 MU5188 航班上，飞机起飞约 30 分钟后，头等舱一名旅客怀中的一岁多的女婴突然哭闹不止，面颊通红。乘务长倪晔韫上前向旅客询问后，得知该名女婴早上曾发烧，吃过药后有所减退。摸着女婴滚烫的额头，乘务长丝毫不敢马虎，立即为她测量体温，发现其竟高烧至 40 度，此时的女婴还伴有惊厥症状。情况十分危急，倪晔韫立刻对乘务组进行了分工：一人用冰块在女婴额头冰敷，另一人用酒精棉球为其擦示手掌及脚掌心，帮助她散热，同时他们积极通过广播寻找医生。机上的旅客中恰好有两名医护人员，他们及时提供了帮助。经诊断女婴的确是由感冒引起的高烧，于是乘务员们反复为她冰敷，用两块小毛巾加冰后放在女婴颈部动脉处，协助家长给女婴多喂水，以防高烧引起虚脱。女婴的病情也牵动了机上所有旅客的心，大家不时地向空姐打听小宝宝的病情。经过乘务组的紧急救护，女婴的情绪渐渐平缓下来，体温降至 38.9°，家长终于松了口气，不住地对乘务长表示感谢。医生也竖起大拇指对乘务长说："做得好！"客舱里传来一片赞扬声。

"请给我拿张空中服务意见征询卡！"一直坐在女婴临座的朱英培先生激动地说道。于是，就有了文章开头的一幕。

复习题

1. 旅客态度形成的影响因素有哪些？
2. 旅客态度呈现出哪些特征？
3. 改变旅客态度的方法有哪些？
4. 说服旅客的途径有哪些？
5. 影响说服有效性的因素有哪些？
6. 如何有效说服旅客？

---

① 章盟. 女婴突发高烧牵人心　空姐细心照料获赞扬. 中国民航报，2008－10－29.

第六章 民航服务中的人际关系与沟通

第一节 人际关系

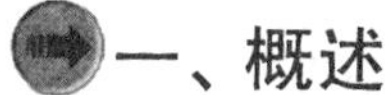

一、概述

（一）人际关系的概念

人际关系常指人与人之间交往关系的总称，也被称为“人际交往”，就是人们在生产或生活活动过程中建立的一种社会关系。这种关系会对人们的心理产生影响，会在人的心理上形成某种距离感。人际关系代表了人们在交往中心理上的直接关系或距离，反映了个人寻求满足其社会需求的心理状态。在社会学研究中，人际关系被定义为人们在生产或生活活动过程中所建立的一种社会关系；在心理学研究中，人际关系被定义为人与人在交往中建立的直接的心理联系。人际关系主要包括亲属关系、朋友关系、学友（同学）关系、师生关系、雇佣关系、战友关系、同事及领导与被领导关系等。在民航服务中，人际关系主要是服务与被服务的关系。

人是社会性的动物，每一个个体都有其不同的思想、背景、态度、个性、行为模式和价值观，人际关系对每个人的情绪、生活、工作有很大的影响，甚至对组织氛围、组织沟通、组织运作、组织效率及个人与组织之关系均有较大的影响。因此，了解人际关系的概念、特征和人际交往的各种原则，对人与周围环境和谐共处、在良好的氛围下学习、工作和生活有很大的促进作用。

（二）人际关系的特征

一般而言，人际关系有三个重要特征：

1. 个体性

人际关系虽然是人与人之间的关系，但是由于每个人的个性不同，因此即便是同一个人，在和不同的人相处的过程中，也会有独一无二的相处方式，因此，人际关系一般来说，个体性的特征远远强于公共性的特征，每个人应当在保持自己个性的前提下，用不同的相处方式对待其他个体。

2. 直接性

人际关系一般都是一对一发生的,因此具有直接性。尤其是在民航服务中,服务多数是一对一、面对面的,在人际交往的过程中可以直接感受到。一般来说,人际关系的建立都是直接的,是可以为人们亲身体验和感受到的。

3. 情感性

人际关系是人们在社会交往中产生的,是基于每个人的情感活动产生的,因此带有强烈的情感特征。人际关系中的情感倾向有两个不同的方向,一是使得人们互相接近或吸引的连属情感;二是使得人们相互排斥并反对的分离情感。一般在人际交往的过程中,人们倾向于建立第一种情感,第一种情感较多的环境也是对人际交往较为有利的环境。

(三) 人际关系的重要性

人际关系对每个人的生活、工作都有非常重要的影响。人生活在社会中,作为社会人,人际关系是人们最基本的社会需求。如果一个人处于较为融洽、和睦的人际关系中,会保持心胸舒畅、身心健康;如果人际关系出现了问题,会使人产生不安、焦虑和抑郁的心理。

人际关系可以帮助人们进行自我了解。有人曾说:“人际关系是一面镜子”。在人际关系中,我们可以通过他人对自我的行为评价、反应等,更加清晰地认识和了解自己,看到自身所处的位置,有利于自身的心情调节和角色定位。

人际关系可以帮助人们达到自我实践与肯定。人际交往实现的过程中,人们不断认识自己,也更加清晰地了解自己的目标和定位。良好的人际关系和正确的处世技巧,有助于个人在事业上的成功;良好的人际关系能为一个人达到自我实践与肯定,取得事业上的成功奠定良好的社会基础。

人际关系可用于自我检定心理是否健康。精神生活的状况影响着人的幸福和健康。在和谐良好的人际关系中,信任、友爱、团结、理解的人际环境,有利于人们思想和情感上相互交流。在人们碰到挫折和困难的时候,通过沟通交流,达到相互理解。人们之间连属情感较多,人际关系舒畅、快乐,更容易形成乐观、自信、积极向上的人生态度,形成健康的身心状态。

(四) 人际关系的建立与发展

人际关系的建立和发展有不同的发展阶段,也应当遵循一定的原则。

1. 人际关系的发展阶段

奥尔特曼和泰勒(D. A. Taylor,1973)认为,良好人际关系的建立和发展,从交往由浅入深的角度来看,一般需要经过定向、情感探索、感情交流和稳定交往四个阶段。

第一阶段是定向阶段,包含着对交往对象的注意、抉择和初步沟通等多方面的心理活动。我们不可能和任何一个人都建立良好的人际关系,而是对人际关系的对象有着高度的选择性。在通常情况下,只有那些具有某种能激起我们兴趣的特征的人,才会被特别注意,并产生抉择行为。注意是自发非理性行为,而抉择是理性行为。只有在我们的价值观念上具有重要意义的人,我们才会选做交往和建立人际关系的对象。初步沟通是我们在选定一定的交往对象之后,试图与这一对象建立某种联系的实际行动,目的是对别人有一个最初步的了解,以便使自己知道是否可以与对方有更进一步的交往,从而使彼此之间人际关系的发展获得一个明确的定向。

第二阶段是探索阶段。其目的是探索双方在哪些方面可以建立真实的情感联系。随着双方共同情感领域的发现，双方的沟通也会越来越广泛，自我暴露的深度与广度也逐渐增加。但在这一阶段，人们的话题仍避免触及别人私密性的领域，自我暴露也不涉及自己的重要方面。尽管在这一阶段人们在双方关系上已开始有一定程度的情感卷入，但双方的交往模式仍与定向阶段相类似，具有很大的正式交往特征，彼此还都仍然注意自己表现的规范性。

第三阶段是交流阶段。双方关系的性质开始出现实质性变化，在人际关系中，安全感已经得到确立，因而谈话也开始广泛涉及自我的许多方面，并有较深的情感投入。如果关系在这一阶段破裂，将会给人带来相当大的心理压力。这就是为什么“失恋”会在人的心中产生重要心理障碍的原因所在。在这一阶段，双方的表现已经超出正式交往的范围，此时，人们会相互提供真实的评价性的反馈信息，提供建议，彼此进行真诚的赞赏和批评。通常民航服务中的人际交往最高会停留在这一层次。

第四阶段是交往阶段。人们心理上的相容性会进一步增加，自我暴露也更广泛深刻。此时，人们已经可以允许对方进入自己高度私密性的个人领域，分享自己的生活空间和财产。但在实际生活中，很少有人达到这一情感层次的友谊关系。许多人同别人的关系并没有在第三阶段的基础上进一步发展，而是仅仅在第三阶段的同一水平上简单重复。

2. 人际关系的原则

在人际交往过程中，需要遵循和注重以下原则，才能保证人际交往顺利实现：

(1) 相互原则。人际关系的基础就是彼此间的相互重视与支持。因此“相互性”是人际关系的首要原则。任何个体都不会无缘无故地接纳他人，也不会无缘无故地排斥他人，因此人际交往中的接近与疏远、喜欢与不喜欢是相互的。

(2) 交换原则。人际交往的实质是社会交换。个体期待人际交往对自己是有价值的，即在交往过程中的得大于失，至少等于失。人际交往是双方根据自己的价值观进行选择的结果。因此人际关系具有“交换性”。

(3) 自我保护原则。自我保护是一种自我支持倾向的心理活动，其目的是防止自我价值受到否定和贬低。由于自我价值是通过他人评价而确立的，个体对他人评价极其敏感。对肯定自我价值的他人，个体会对其认同和接纳，并投以肯定与支持；而对否定自我价值的他人则予以疏离，此时可能激活个体的自我价值保护动机。

(4) 平等原则。交往双方的需要和这种需要的满足程度必须是平等的，人们之间的心理沟通是主动的、相互的、有来有往的。人都有友爱和受人尊敬的需要，都希望得到别人的平等对待。人的这种需要，就是平等的需要。

(5) 相容原则。相容是指人际交往中的心理相容，即指人与人之间的融洽关系，与人相处时的容纳、包涵、宽容及忍让。要做到心理相容，应注意增加交往频率，寻找共同点，谦虚，宽容。为人处世要心胸开阔，宽以待人。要体谅他人，遇事多为别人着想，即使别人犯了错误，或冒犯了自己，也不要斤斤计较，以免因小失大，伤害相互之间的感情。只要共同进步、团结有力，做出一些让步是值得的。

(6) 信用原则。信用即指一个人诚实、不欺骗、遵守诺言，从而取得他人的信任。人离不开交往，交往离不开信用。要做到“说话算数”，不“轻许诺言”。与人交往时要热情友好，以诚相待，不卑不亢，端庄而不过于矜持，谦逊而不娇柔做作，要充分显示自己的自信心。一个有自信心的人，才可能取得别人的信赖。处事果断、富有主见、精神饱满、充满自信的人就容易激发别人的交往动机，博取别人的信任，产生使人乐于与你交往的魅力。

(7) 理解原则。理解主要是指体察了解别人的需要，明了他人言行的动机和意义，并帮助和促成他人合理需要的满足，对他人生活和言行的有价值部分给予鼓励、支持和认可。

上述这些人际交往的基本原则，是处理人际关系不可分割的几个方面。运用和掌握这些原则，是处理好人际关系的基本条件。

二、人际关系的相关理论

（一）人际关系理论的缘起

古典管理理论认为，社会是由"经济人"组成。"经济人"是一群无组织的个人，其在思想和行动上力争获得个人利益，追求最大化经济效益，因此管理部门认为其面对的仅仅是单一的职工个体或个体的简单总和。基于这种认识，工人被安排去从事固定的、枯燥的和过分简单的工作，虽然生产率大幅度提高，但工人的劳动变得异常紧张、单调和劳累，从而导致怠工、罢工以及劳资关系日益紧张等事件。随着经济的发展和科学的进步，有着较高文化水平和技术水平的工人逐渐占据了主导地位，体力劳动也逐渐让位于脑力劳动。此时，单纯用古典管理理论和方法已不能有效控制工人以达到提高生产率和利润的目的。这使得对新的管理思想、管理理论和管理方法的寻求和探索成为必要。与此同时，人的积极性对提高劳动生产率的影响和作用逐渐在生产实践中显示出来，并引起了许多企业管理学者和实业家的重视。

（二）霍桑实验及其理论成果

20 世纪 20 年代，美国哈佛大学心理学家梅奥等人在西方电器公司进行了长达九年的试验研究——霍桑试验。通过专门的系统研究，形成一种较为完整的全新的管理理论，真正揭开了对组织中人的行为进行研究的序幕。

霍桑试验试图通过改善工作条件与环境等外在因素，找到提高劳动生产率的途径。从 1924—1932 年，先后进行了四个阶段的试验：照明试验、继电器装配工人小组试验、大规模访谈和对接线板接线工作室的研究。但试验结果却出乎意料：无论工作条件改善还是取消改善，试验组和非试验组的生产率都在不断上升。而在历时两年的大规模的访谈试验中，职工由于可以不受拘束地谈自己的想法，从而态度有所改变，这使得生产率有所提高。这种"传统假设与所观察到的行为之间神秘的不相符合"的结果被称为"霍桑效应"。

对此，梅奥认为，影响生产效率的根本因素不是工作条件，而是工人自身。参加试验的工人意识到自己"被注意"，产生了归属感，这种意识助长了工人的整体观念、有所作为的观念和完成任务的观念，正是这种人的因素导致了劳动生产率的提高。同时，在决定工人工作效率的因素中，工人为团体所接受的融洽性和安全感较之奖励性工资有更为重要的作用。

通过霍桑试验，证明了职工是"社会人"，强调金钱并非刺激职工积极性的唯一动力；由于人是社会高级动物，在共同工作过程中，人们必然发生相互之间的联系，共同的社会感情形成了非正式群体，形成了"非正式组织"；满足工人的社会欲望，提高工人的士气，才是提高生产效率的关键。霍桑试验主要得出如下结论。

1. 社会人理论

经济因素只是第二位的东西，社会交往、他人认可、归属某一社会群体等社会心理因素才是决定人工作积极性的第一位的因素，因此梅奥的管理理论也被称为"人际关系"理论或"社会人"理论。

2. 士气理论

士气指的是工人的满意感等心理需要。工作方法、工作条件等物理因素只是第二位的因素,心理需求的满足才是提高工作效率的基础。

3. 非正式群体理论

在官方规定的正式工作群体之中还存在着自发产生的非正式群体,非正式群体有着自己的规范和维持规范的方法,对成员的影响远大于正式群体,因此管理者不能只关注正式群体而无视或轻视非正式群体及其作用。

4. 人际关系型领导者理论

新型的人际关系型领导者能理解工人各种逻辑的和非逻辑的行为,善于倾听意见和进行交流,并借此来理解工人的感情,培养一种在正式群体的经济需要和非正式群体的社会需要之间维持平衡的能力,使工人愿意为达到组织目标而协作和贡献力量。

总之,霍桑试验表明,人不是经济人,不是孤立的、只知挣钱的个人,而是社会人,是处于一定社会关系中的群体成员,个人的物质利益在调动工作积极性上只具有次要的意义,群体间良好的人际关系才是调动工作积极性的决定性因素。因此,梅奥的理论也被称为"人际关系理论"或"社会人理论"。

(三)人际关系的三维理论

美国学者舒茨以人际需要为主线提出了人际关系的三维理沦,他称自己的理论为基本人际关系取向(FIRO)理论。其要点是:个体都有三种最基本的人际需要:包容需要——与他人接触、交往、相容;支配需要——控制他人或被他人控制;感情需要——爱他人或被他人所爱。人际关系需要决定个体与其社会情境的联系,如不能满足可能会导致心理障碍及其他严重问题,对于这三种基本的人际需要,人们有主动表现和被动表现两种形式,其取向有六种:

(1)主动包容式,主动与他人交往,积极参与社会生活。

(2)被动包容式,期待他人吸纳自己,往往退缩、孤独。

(3)主动支配式,喜欢控制他人,能运用权力。

(4)被动支配式,期待他人引导,愿意追随他人。

(5)主动感情式,表现对他人喜爱、友善、同情、亲密。

(6)被动感情式,对他人显得冷淡,负性情绪较重,但期待他人对自己亲密。

舒茨认为,童年期的人际需要是否得以满足以及由此形成的行为方式,对其成年后的人际关系有决定性影响。如果儿童与双亲交往少,会出现低社会行为,如倾向内部言语,与他人保持距离,不愿参加群体活动等;如儿童对双亲过分依赖则会形成高社会行为,如总是寻求接触,表现忙乱,要求给予注意;如果儿童与父母适宜地沟通、融合,会形成理想的社会行为,无论群居或独处都会有满足感,并能根据情境选择自己的行为方式,人际关系较好。如果双亲对儿童既有要求又给他们一定自由,使之有某种自主权,会使儿童形成民主式的行为方式;如果双亲过分控制,则易于形成专制式或拒绝、防御等行为方式。如果儿童在小时候得不到双亲的爱,经常面对冷淡与训斥,长大后会出现低个人行为,如表面友好但情感距离大,常常担心不受欢迎,不被喜爱,从而避免有亲切关系;如果儿童生活在溺爱关系中,长大后会表现出超个人行为,如强烈寻求爱,希望与人建立亲密的情绪联系;如果儿童能获得适当的关心、爱护,就会形成理想的个人行为,长大后既不会受宠若惊,也没有爱的缺失感,能恰当对待自己。

舒茨的三维理论在解释群体形成与群体分解中提出群体整合原则,即群体形成的过程开始是包容,而后是控制,最后是情感。这种循环不断发生。群体分解的原则是反其序,先是感情不和,继而失控,最后难于包容,导致群体分解。

三、有效增进客我人际吸引

(一) 人际吸引的影响因素

在人际交往的过程中,有些因素会影响到人际关系的亲疏,只有熟悉了这些因素,才能有效地增进人际吸引,有利于更好地进行人际沟通。

1. 熟悉与邻近

熟悉能增加吸引的程度。俗话说"远亲不如近邻""近水楼台先得月",如果其他条件大体相当,人们会喜欢与自己邻近的人。处于物理空间距离较近的人们,见面机会较多,容易熟悉,产生吸引力,彼此的心理空间就容易接近。常常见面也利于彼此了解,使得相互喜欢。熟悉性和邻近性二者均与人们之间的交往频率有关,交往频率与喜欢程度的关系呈倒 U 形曲线,过低与过高的交往频率都不会使彼此喜欢的程度提高,中等交往频率时,彼此喜欢程度较高。

2. 相似性

人们往往喜欢那些和自己相似的人。相似性主要包括:信念、价值观及人格特征的相似;兴趣、爱好等方面的相似;社会背景、地位的相似和年龄、经验的相似。实际的相似性很重要,但更重要的是双方感知到的相似性。俗话说"一拍即合""酒逢知己千杯少",讲的就是相似对人际吸引的影响力。

3. 互补性

与相似性不同,当双方在某些方面看起来互补时,彼此的喜欢也会增加。互补可视为相似性的特殊形式。以下三种互补关系会增加吸引和喜欢:需要的互补;社会角色的互补;人格某些特征的互补,如内向与外向。当双方的需要、角色及人格特征都呈互补关系时,所产生的吸引力是非常强大的。我们通常所说的"以人之长补己之短""不是冤家不聚头"描述的就是互补在人际吸引中的作用。

4. 外貌

外貌不但是指相貌的好坏,容貌、体态、服饰、举止、风度等个人外在因素在人际情感中的作用也是很大的。尤其是在交往的初期,好的外貌容易产生良好的第一印象,人们往往会以貌取人。外貌美能产生光环效应。"一见钟情""丑人多作怪",说的就是外貌对人际交往的影响力。

5. 才能

才能会增加个体的吸引力。但需要注意的是,如果这种才能对别人构成社会比较的压力,让人感受到自己的无能和失败,那么才能不会对吸引力有帮助。研究表明,有才能的人如果犯一些"小错误",会增加他们的吸引力。

6. 人格品质

人格品质是影响吸引力的最稳定因素,也是个体吸引力最重要的因素之一。美国学者安德森研究了影响人际关系的人格品质。喜爱程度最高的六个人格品质是:真诚、诚实、理解、忠诚、真实、可信,它们或多或少、直接或间接同真诚有关;排在系列最后、受喜爱水平最低的几个品质如说谎、假装、不老实等也都与真诚有关。安德森认为,真诚受人欢迎,不真诚则令人厌恶。

（二）增进客我人际关系的若干建议

基于人际吸引的影响因素，我们可以通过以下方法，改善人际关系，增进客我交往。

1. 注重自身的形象

良好的自身形象是客我交往的基础。改善自身形象对增进客我交往有着良好的促进作用。良好的自身形象包括衣着简洁大方，化妆修饰得当，举止得体谦和，态度热情文雅，乐于助人，文明礼貌，在适当的时候可以展示自己的才华和特长。

2. 学会赞美和倾听

赞美的实质就是对他人的肯定、赏识和鼓励。一个善于发现别人优点并且给予赞美的人，一定会受到别人的尊敬和喜爱。在现实生活中，人人都希望得到别人的正面评价，这是被尊重和自我实现的需要，赞美恰好可以满足这种心理需要。适当赞美别人，可以带来好的心情，改善人际交往。当赞美源自真诚、朴实、高雅时，会收到良好的效果。

倾听是交谈成功的第一步。善于倾听能促成良好沟通。在倾听的时候，要注意态度谦和，认真听取，善于通过体态语言和简单的表情给予别人反馈。倾听的时候还要注意听取“言外之意”，把握说话者的真实意图。

3. 真诚而热情有度

中国自古以来都以诚为本，“人无信不立”“诚信者，天下之结也”，讲的都是真诚的作用。在西方人际交往研究中也可以发现排在喜爱水平最高和最低的几个品质都与真诚有关。因此在人际交往过程中，虽然要注重一定的礼节礼貌，但是真诚才是客我交往的根本。真诚待人，才能得到真诚的回报。

热情有度就是要把握热情的分寸。热情固然是比冷漠更受人欢迎的品质，但是在人际交往中，过分的热情可能会影响到对方正常的需求，有碍于人的交往。而被动冷漠和消极的态度则会妨碍正常的人际交往。

4. 表情和举止得体

在人际交往中，表情通常被视为一种传播信息的载体，表情、眼神、笑容的友好和真诚，会表现出欢迎、喜欢的含义。举止得体，就是适合当时环境，动作语言恰如其分。具体说，就是在某种特定的场合，同某个或某些有关系的人说和做一件事，怎样的语言和动作最恰当，合乎这种场合的要求，合乎人的交流和人相互关系的要求。在言行举止上，要注意避免不卫生、不文明、不尊敬等行为。

四、航班延误中的冲突与投诉

（一）航班延误概述

航班延误是航空运输中常见的现象，随着民航业的高速发展，航班延误问题也越来越突出。航班延误会给普通旅客带来诸多不便，增加旅行成本，对商务旅客来说有时会坐失商机，与此同时也会给承运人带来较多麻烦，影响其服务质量，进而损害其公众形象、商业信誉和经济效益。在我国，因航班延误引起的纠纷时有发生。虽然各民航企业都在不遗余力地提高航班正点率，但受各种因素制约，航班不正常仍不可避免。如何妥善处理不正常航班，有效化解旅客与航空公司之间的矛盾，是民航部门不得不关注的问题，也是影响民航人际关系和服务质量的重要因素。

1. 航班延误的定义

通常人们的理解是,只要未能按机票上注明的时间起飞,就是"延误",或我们通常所说的"晚点"或"误点"。但航空运输不同于铁路运输或公路运输,由于其潜在的风险性,不能像要求其他运输方式那样按客票注明的时间起飞。《民用航空法释义》对"航班延误"作了如下解释:"本航空法规定的'延误',是指承运人未能按照运输合同约定的时间将旅客、行李或者货物运抵目的地点。运输合同约定的时间,一般指承运人的班机时刻表或者机票上载明的旅客抵达目的地的时间和航空货运单上载明的货物运达目的地的时间。"因此,将航空运输中的延误界定为"承运人花费的运输时间超过了一般情况下完成该项运输所需要的合理时间"较为恰当。

2. 导致航班延误的原因

航班延误是旅客、航空公司都不愿看到的现象。造成航班不正常的原因大致可分五大类二十余种,包括天气原因、空中交通管制、机场保障、旅客自身及航空公司等原因,其中航空公司原因又可分为飞机晚到、公司计划、机械故障、空勤人员失误等原因。

3. 航班延误的影响

发生航班延误时,旅客是首当其冲的受害者。航班延误会给普通旅客带来诸多不便、增加旅行成本,对商务客来说有时会坐失商机。旅客长时间滞留机场,不仅耽误行程还身心疲惫,所以容易情绪激动。大面积航班延误甚至会引发群体性事件。

航班延误也会给承运人带来较多麻烦,影响其服务质量,损害其公众形象、商业信誉和经济效益。航空公司的员工同样承受着超负荷的工作压力。出现航班延误时,通常旅客把工作人员围在当中,质问"飞机何时到达""何时能起飞?"但因为天气状况、航空管制等因素的动态变化,工作人员确实无法给乘客满意的答复。乘客对回答不满意,火气大,声音高,甚至辱骂工作人员。乘客对航空公司不满,会使航空公司声誉受损、效益损失严重,航班延误的负面新闻频频出现在各大媒体。

航班延误也会影响机场的管理秩序。在处置的过程中,由于一些航空公司服务不到位,信息通报不及时,会导致相当一部分滞留时间过长的乘客对航空公司极为不满,致使发生乘客强占航空公司贵宾休息室、围堵登机口、罢乘、占机、呼喊口号制造骚动的事件。

(二) 国外航班延误中的处理

在发达国家,航空运输市场已经较为成熟,但航空运输企业同样面临着航班不正常问题,其处理思路与方式值得我们思考和借鉴。

美国航空运输协会(ATA)对其成员航空公司提出了12项航空运输服务承诺要求,第二条款明确规定"航空公司需告诉旅客已知的不正常航班";第八条款规定"发生长时间的机上延误时,航空公司需满足旅客的基本需求";第十条款规定"航空公司必须向旅客公布其不正常航班的服务承诺"。美国各航空公司在每一个机场都有其场站代表,全权代表其所在的航空公司处理因航班不正常而导致的任何问题。此外,旅客可以向航空公司书面投诉,美国达美航空公司和合众国航空公司会在30天内给投诉的旅客作出答复,而有的航空公司则在60天内回复旅客的投诉。在美国,一些航空公司会实行内部黑名单制度。虽然美国的航空公司都有明确的航空运输承诺、不正常航班处理程序和投诉制度,而且在航班不正常时,美国旅客几乎从没发生过与航空公司冲突的情况,但是这些航空公司还是建立了内部黑名单制度。航空公司会将在不正常航班中给公司带来麻烦的旅客列人其中,不再为这些旅客提供航空运输服务。

欧洲航空公司会严格按照欧盟的“261”法规，对旅客提供及时服务和合理赔偿。航班延误后，航空公司会向客人发放免费电话卡，提供的餐食质量较高。延误航班到达目的地后，当地机场专门有一组人员接待旅客，并帮客人换乘飞机。延误处理完后，他们会对客人进行抽样调查，内容包括旅客对延误的处理，对航空公司员工的态度、效率，食宿质量等方面服务是否满意等。此外，德国汉莎航空公司在处理延误上也有自己的独到之处。据了解，汉莎没有专门针对延误的课题研究。他们认为，处理起飞时间延误的最好办法就是尽量避免到达时间延误。

日本航空公司以安全和准时著称，但有时也会出现滞留乘客、取消航班现象，这主要是因为航空公司的工作人员罢工和恶劣天气造成的。在遇到航班延误、航班取消时，除了在最短时间内通知发布信息外，日本航空公司一般不会为乘客提供其他的交通方式到达目的地，但可以为滞留乘客提供免费住宿，尽可能为他们提供便利。然而，如果飞机延误或取消是由于天气等非人为因素造成的，日本航空公司将不承担任何责任。对于滞留的乘客，航空公司会按照航空条例，为乘客提供水、休息物品、医疗检查等服务。航班延误后，日本航空公司会争取使乘客行李能随乘客所坐的航班飞行。但由于安检原因，乘客行李也可能会随其他班机托运。在行李到达机场后，日本航空公司会尽快通知行李主人。对于进行了安检却丢失的行李，日本航空公司须按照相关法律承担责任，但责任会根据旅行线路和起飞地点不同而变化。顾客如果事先向航空公司提交行李估价报告，并支付了相关费用，日本航空公司则需要进行额外赔偿。

（三）航班延误中的冲突及处理

航班延误不单是法律问题，更多的是民航如何转变观念、改善经营管理、切实提高服务质量，以应对激烈的市场竞争的问题。航空公司需要认识到，他们与乘客（消费者）是统一的利益共同体，应该实现双赢的战略选择。形成航班延误的原因是多元化的，解决航班延误的方法与途径也应当是多样性的。要尽可能减少延误，非一人所能为，也非一家航空公司所能为，而需要民航主管部门、民航运输企业、机场、旅客以及其他相关部门的共同努力。航班延误在所难免，关键是事后如何处理。

发生航班延误的时候，作为航空公司，首先应该根据乘客知情权的要求，将信息在第一时间及时、透明地传达给乘客，尽量告知预计的延误时间，并及时向旅客提供航班信息，帮助延误旅客候补改签其他航班。在必要时，可以请航空公司或机场方面的专业人士向旅客解释航班延误的原因，争取旅客的谅解和支持。同时，应向旅客宣传目前有关航班延误的法律法规，使旅客心中有数。乘客在了解了具体延误情况后，就可以自主选择退票、改签或是继续等待，航空公司和旅客间出现矛盾时就可以很好地化解。对没有到机场候机的旅客而言，避免了因航班延误而造成旅客在机场长时间等待，也减少了航空公司因航班延误而增加的经营成本；对于已在机场候机的旅客而言，及时提供航班信息则有助于旅客决定是否对行程做出调整。

其次，航空公司要做好延误后旅客的安抚工作，保证服务质量。在发生航班延误时，航空公司的服务质量尤为重要，甚至决定了事态的发展和旅客对航空公司的整体印象。当人们由于航班延误产生焦躁情绪的时候，航空公司的工作人员一定要有负责人员在场，及时解答旅客的问题，采取恰当的措施处理旅客提出的合理要求，根据实际情况按照各航空公司公布的补偿标准向旅客提供补偿。在实践中，大部分旅客还是能够谅解航空公司的，也不会提出过分的要求，只想知道延误的原因，延误到何时，是否可以改签或补救等。航空公司采取的补救措施，尤其是满足乘客需求的程度，往往成为事态发展的关键，要求赔偿不是乘客的初衷，但一旦乘客提出的基本要求没有达到，往往会让简单的事情变得复杂化。

再次，应严格按照规定，使乘客无需交涉也可以得到规定的处理和补偿。出现航班延误后，航空公司不能只是采取宁事息人的态度，只针对闹事的乘客提供更好的待遇和补偿。航空公司如果这样处理，毫无疑问增长了乘客在下次航班延误时闹事的信心，因为有先例可言，他们上次是怎样做的，这一次不应该比上一次差，并且已经认为这种做法是应该的。在发生争执或诉讼时，航空公司应依靠法律，据理力争，不应该轻易放弃对自身权利的保护，也不应答应乘客的无理要求，可以对他们进行说服劝阻，采取良好的态度，但在原则问题上应有具体的规定。航空公司可以借鉴国外经验，设立黑名单制度。这一方面消除了制造“麻烦”的乘客对航空公司再次造成负面影响，另一方面也震慑了一些潜在的故意给航空公司制造麻烦的旅客。对于态度良好但要求不合理的乘客，可以采取第三方劝阻、法规宣传等方式，使他们了解自己应有的权利，维护航空公司的合理权利。

最后，航班延误后民航方面也要主动和媒体进行沟通，就延误原因、采取了哪些补救措施、对乘客做了哪些安排等信息及时反馈给媒体，以此来保证媒体听到了两面之词。信息对媒体的及时传达在很多时候，可以让一则坏新闻变成好事情，这些信息的传达也会影响到普通民众对航班延误的认识，消除对民航方面产生的许多误解。如果能够较好地跟媒体沟通，进行危机公关，无疑这不但不会引起矛盾，反而会使公众对公司的印象改观，树立正面、良好的公司形象。

在发生航班延误的时候，航空公司或机场的工作人员应该在第一时间让乘客意识到，他们的想法是保持一致的，尽可能让旅客顺利成行。极个别旅客由于航班延误造成情绪过于激动，发生漫骂机场工作人员，毁坏机场设施设备，强占航空公司贵宾休息室、围堵登机口、罢乘、占机的事件。有的乘客因自己的违法行为受到了相应处罚，如被罚款或拘留。这些后果都需要乘客自己承担。因此，在延误后，我们应告诉乘客要理智地对待延误，即便是向航空公司“讨说法”“争权力”，也应以合理合法的方式进行，不然，只能导致航班无限期的延误，不仅自己不能顺利成行，也影响了其他乘客。如果行为不当，将会使自己从有理变为无理，从原告变为被告。相信大多数旅客都能够理解航班延误的不可避免性，听从劝阻，以更理智的方式来对待航班延误。

（四）正确处理乘客投诉

无论多么完善、周到的民航服务，都不能使所有乘客的所有要求得到满足，因此，民航服务人员必须认识到，乘客投诉是不可避免的。如果民航服务质量提高，乘客的投诉会相对减少，但当遇到乘客投诉的时候，一定要正确对待和处理。首先在认识上要明确这是一种不可避免的行为，如果处理得当对民航的发展会起到有利的促进作用；其次要在面临乘客投诉时采取得当、正确的行为，这样才能保护乘客利益，提高民航公司的服务质量，保持良好的口碑。

民航乘客的投诉有多方面的原因。比较常见的包括客观原因和主观原因。客观原因主要有航班不正常时的服务不到位，售票差错，行李延误、破损或丢失等；主观原因包括服务不到位、态度不好、不尊重旅客的风俗习惯、工作马虎、不负责任等。无论是主观原因还是客观原因，都是因为民航乘客的心理需求没有得到满足，个人利益受到损害造成的。

乘客投诉的心理因素主要表现在两大心理需求，一是受到尊重和公正对待的需求，就是为了在乘坐过程更加愉快，更加满意，得到公司最优质的服务；二是期待发泄或补偿的需求，就是为了在面对不满意的服务时求得心理上的平衡或经济上的补偿。了解了乘客投诉的心理需求，就能更好地面对他们的投诉。

乘客投诉有多种渠道，比较常见的包括电话投诉、书面投诉、网络投诉、直接公司投诉等。一般来讲，各大航空公司都有自己的投诉热线，有专门的部门和人员负责处理投诉。在机场的“客户服务代表”也同样是处理乘客投诉的工作人员，可以直接解决很多问题。通常，在发生问题的现场，安排食宿、小额索赔、补开机票等可以通过客服代表予以解决。如果乘客的要求得不到合理解决，可以通过电话投诉、书面投诉或网络投诉的方式，具体描述自己乘坐的航班号、日期、航班时刻，服务中发生了什么问题，遭受了哪些损失，并说明希望公司做什么以及自己的联系方式，以便公司及时与乘客取得联系并妥善解决问题。民航服务中心和民航局也有消费者事务中心可以处理投诉事宜。

投诉的处置原则包括首问原则、及时原则、理解原则、快速原则。首问原则就是要对第一个被询问到的乘务员要对乘客提出的问题给予一定的答复。及时原则就是要提高投诉处理的效率，准确无误地向上级汇报投诉的问题内容。理解原则就是要学会换位思考，理解乘客遇到困难时的焦躁情绪，急乘客之所急，想乘客之所想。快速原则就是要积极探寻乘客满意的解决办法，一旦找到就应当在第一时间和乘客进行沟通，争取在最短的时间内解决问题。

在处理乘客投诉中，要做到耐心倾听、诚恳道歉、表示安慰和采取行动四个步骤。无论是什么原因造成的投诉，收到投诉的人都要礼貌地接待乘客，倾听他们的心声，让他们讲述事情的真相，发泄心中的不满，使他们先平静下来。等他们讲述之后，要诚恳地进行道歉，满足他们的自尊心，让他们感到被尊重和被公平对待，虚心接受和表达歉意，然后再对问题进行说明和解释。面对乘客的伤害，接待投诉的人员还要表示安慰和同情，安抚他们的情绪，引导他们理性的对待和解决问题。最后，要采取积极的对策，找到解决问题的办法，立即采取补救措施，让乘客感到投诉被重视，满意度上升。即便遇到暂时不能解决的问题，也要向乘客表达道歉的诚意，并采取补偿措施。

在处置投诉时，要采取一定的处置方法，实现事半功倍的效果。可以根据不同性格差异采用不同的方法：对感情用事的乘客，要保持镇定；对固执己见的乘客，要先表示理解再行劝阻；对有备而来的乘客，要对规章制度进行细节的了解和说明；对冷静思考的乘客，要晓之以理；对生性多疑的乘客，要放低态度。

在处理不同类型的投诉过程中要注意以下问题：

1. 在处理当面投诉的过程中

(1) 要对乘客的建议表示真诚的感谢。

(2) 乘客有意见不要随意向上级推诿或拉着乘客去找上司评理。

(3) 对委屈深、意见大的乘客要多做工作。

(4) 不扣留或隐匿顾客的批评意见，满足乘客要求保密的要求。

(5) 按照组织系统处理顾客的投诉，不得对提意见的顾客施行报复。

(6) 处理好乘客不属实的意见，对暴跳如雷的投诉顾客要理智冷静，对无理取闹的顾客要灵活处理。

2. 在处理电话投诉的过程中

(1) 认真倾听、仔细记录，要表明对投诉问题的重视和关心，并明确告诉乘客，我们非常重视您的意见，并一定会将把您的意见反映给上级管理人。

(2) 询问清楚投诉事件的时间、地点、人物、情节和后果五大要素。

(3) 讲话语气要亲切、声音要适度、致谢要诚恳。

(4) 要询问和录存投诉者的姓名、班机号等信息及处理意见。

(5) 调查处理后要归档保存，并尽可能让投诉人知会。

3. 在处理信函投诉的过程中

(1) 认真阅读来函，明晰投诉的内容。

(2) 查找该乘客的相关资料以及事件发生当日的值机人员。

(3) 在信函基础上不能偏听偏信，而是要多方调查，了解事情的经过。

(4) 按照程序实事求是地调查处理，向投诉者回信致谢或回电并说明处理结果。

(5) 将投诉来函和收、阅、处、批意见归纳整理，归档妥存。

4. 在处理公司投诉的过程中

(1) 对来访人员热情接待。

(2) 充分了解事情经过并平复乘客情绪。

(3) 及时用各种方式与当事人双方进行沟通。

(4) 尽量当面处理问题，如果不能及时处理则要向来访人员说明原因。

(5) 不要为息事宁人草率处理，但要将负面影响降低到最低。

(6) 如果有媒体曝光也要派专人处理好媒体访问等相关问题。

总之，妥善处理投诉，对民航服务的发展有很大好处，一方面，对于民航服务人员改善服务、提高管理能力有所帮助；另一方面，对于乘客与公司之间建立信任关系有所帮助。

案例阅读

航班延误现状与对策①

据中国民航透露，每年大约有20%的航班不正常。其实，航班延误不仅是国内民航界面临的难题，在全球民航业内也普遍存在。据资料显示，自1995年以来，美国航班延误增加了58%，航班取消增加了68%，仅此两项，每年给美国的航空公司和旅客造成的经济损失高达50亿美元。据美国运输部最新发表的统计数字表明：2000年美国航班延误率是27.4%，比1999年上升了3.5%。根据中国民航总局公布的统计数据，旅客对航班延误的投诉几年来一直高居榜首。今年的头5个月，各航空公司航班平均延误率为22.1%，中国各航空公司的航班延误比去年同期增加了一个百分点。

航班延误问题进来在国内炒的沸沸扬扬，不容质疑民航总局出台的《航班延误赔偿知道意见》对航空公司改进服务，减少航班延误起到了很大的作用。但是这个文件却让广大旅客感觉自己拿到了一把尚方宝剑，大闹机场、占用飞机、辱骂机组、服务人员等过激行为屡屡出现在国内各大机场。要求高额赔偿而拒绝航空公司提出的其他服务措施司空见惯，导致航空公司声誉受损、效益损失严重，航班延误的负面新闻频频出现在各大媒体。

在面对航班延误时，民航方面对于航班出现延误解释往往简单精炼，这也其实是很复杂的情况。客观上存在信息传递不畅，对延误情况也不确定，民航方面长期以来也认为没必要解释，或者认为麻烦，说了旅客也听不懂等原因，延误的服务做得简单生硬，缺乏细致周到、体贴入微。对于绝大多数旅客来说，选择乘飞机出行，图得是安全、快捷和舒适。但若碰上航班延误，这种愿望无疑会大打折扣，甚至让人感到沮丧和愤怒，此时，延误的信息再无从得知或者时

① 浅谈航班延误. 网上公安机场分局，2010-10.

间一推再推，不清楚延误到何时，旅客当然会无法接受，容易出现过激行为。

但凡航班延误发生，总是旅客向媒体介绍情况；媒体为了制造轰动效应，就添油加醋炮制一篇耸动的新闻，与媒体的沟通上，航空公司做得很差劲。即使有负责任的媒体采访到民航相关单位，很不幸，负责与媒体、公众沟通的人一般是坐办公室，架子倒是十足，实际也是不大懂的门外汉，回答通常含含糊糊或过于简单，不足以让公众全面、准确地了解事实情况，越抹越黑。

如何与愤怒的客户达成一致①

你是否曾经遇到过这种情形：客户非常的不理性或者愤怒，他拒绝任何理性的合乎逻辑的建议。这里有7个建议，使你能够使他的情绪逐步平复下来并和你达成一致。

1. 合作

首先你需要找一个双方都认同的观点，比如说："我有一个建议，您是否愿意听一下？"这么做是为了让他认同你的提议，而这个提议是中立的。

2. 你希望我怎么做呢？

通常我们自以为知道别人的想法。我们认为我们有探究别人大脑深处的能力。为什么不问一下对方的想法呢？只有当对方描述它的想法的时候，我们才能真正确定，才可能达成双方都接受的解决方案。

3. 回形针策略

这是一个小的获得认同的技巧，是一个经验丰富的一线服务者告诉我的。当接待情绪激动的客户时，他会请求客户随手递给他一些诸如回形针、笔和纸等东西，当客户递给他时，他便马上感谢对方，并在两人之间逐步创造出一种相互配合的氛围。他使用这个方法好几次，每次都能有效地引导客户进入一种相互合作而达成一致的状态。

4. 柔道术

现在你了解他的情况了，你可以抓住扭转局面的机会利用他施加给你的压力。你可以说："我很高兴您告诉我这些问题，我相信其他人遇到这种情况也会和您一样的。现在请允许我提一个问题，您看这样处理是否和您的心意，……"

5. 探询"需要"

客户向你要一支可以在玻璃上钻孔的电钻，这是他的需求，如果你只是努力满足这一需求，就失去了更有效地满足客户需要的机会。"需要"是"需求"背后的原因，客户要这种电钻的原因是要在玻璃上打孔；是因为需要把管道伸出窗外等等。你应该努力去满足客户的需要——有没有把管道伸出窗外的更好方法？而不仅仅停留在满足客户需求的层次上，把电钻给他了事。我们经常发现客户提出的需求并不一定最符合他的需要，因为我们是专家，完全可以在这方面帮助客户，这也是最能体现我们专业价值的地方。

通常你在问对方问题时，对方总是会有答案的。如果你问他们为什么，他们就会把准备好的答案告诉你。但是，只有你沿着这个答案再次逐项地追问下去，它们才会告诉你真正的原因，你才会有去满足客户"需要"的方案。最好的探询需要的问题是多问几个"为什么"。

6. 管理对方的期望

在向他说明你能做什么，不能做什么时，你就应该着手管理对方的期望了。不要只是告诉他你不能做什么，比如："我不能这么这么做，我只能这么做。"大多数人所犯的错误是告诉对

---

① 董立明. 最全客户服务技巧.

方我们不能做什么。这种错误就好像是你向别人问时间,他回答你:"现在不是11点,也不是中午。"请直接告诉客户他到底可以期望你做些什么?

7. 感谢

感谢比道歉更加重要,感谢他告诉你他的问题,以便你更好地为他服务;感谢他指出你的问题,帮助你改进工作;感谢他打电话来,你觉得和他沟通很愉快。客户的抱怨往往起源于我们的失误,客户的愤怒往往起源于我们的冷漠和推诿。所以他打电话来之前会预期这将是个艰苦的对决,而你真诚的感谢大大出乎他的预料,他的情绪也将很快得到平复。

复习题

1. 什么是人际关系?
2. 人际关系的特征有哪些?
3. 人际吸引的影响因素有哪些?
4. 如何处理航班延误中的冲突?
5. 旅客投诉如何处理?

第二节 人际沟通

一、概述

(一) 沟通的概念

沟通从词源的角度看,本指开沟以使两水相通,后用以泛指使两方相通连,也指疏通彼此的意见。沟通一词用于人际交往,是人们之间最常见的活动之一,是指人们之间进行信息及思想的传播。沟通常常牵涉了几个方面:信息发送者,信息接收者,信息内容,表示信息的方式,传达的渠道。

(二) 沟通的过程

若想了解沟通的过程,就需要对大脑的运行方式作些必要的了解。尽管到目前为止人类还不是很清楚大脑是怎样整体运作的,但大脑活动的相当一部分以及大脑是怎样影响人们的交流方式已为人所知了。沟通的效果取决于人脑自身作用和外界可变因素的双重影响。

1. 沟通时人脑的作用

人脑的主要成就之一是生产出复杂的思想。沟通中人脑需要执行三项基本任务,其中两项是吸取和加工大脑接收的材料,第三项就是把材料加工生产成连贯而有意义的思想。主要过程如下:

1) 吸收印象

见到、听到和感觉到的材料根据人们独特的偏好被大脑作为图画、词语或声音吸收和存储起来。大脑每日接受成千上万个印象,大脑吸收的偏好方式在人成长至12岁左右时成形。就有些人而言,视觉形象能产生最大的冲击,而对其他人而言则可能是言语、声音或触觉最重要。

2）加工思想

大脑中中有一个“记忆库”，不同类型的输入材料被大脑分类储存在不同“记忆库”里，并且为了能生产出思想，大脑的各部分必须相互协作，对所吸收的信息进行加工。大脑这种找出备选信息并进行必要的关联是非常重要的。但大脑的信息加工是一个非常复杂的过程。有时候加工的过程会出现异常，例如从语言库中取出词汇来命名储存在视觉库中某人的容貌遇到困难，那就很难叫出某人的名字。这就好比银行里装有定时锁的保险箱，是由随机定时释放开关启动的。

3）生产语言

为了把思想转换成语言传输出去，必须生产出一种用以表达的设施。这涉及到给物体命名、寻找动词并且把名词和动词组装起来，以便形成互为关联的句子。这需要大脑各部分共同运作。命名、组装、关联任何一个环节出现问题，都有可能出现表达不连贯的现象。所以有些人在处理信息时需要有图表或模型帮助理解，另一些人能想像物体的形状，但找不到适当的名称；还有一些人不能把名词和动词连在一起组成有意义的句子。这就是大脑在生产语言时某个环节出现了不通畅的现象，影响了沟通，因此需要其他的方式辅助。

2. 影响沟通的各种因素

人脑的思维过程大致相似，但并非所有散布的信息都会被人脑吸收。但为了使自己免遭外界信息和刺激的压倒，人们学会了选择和加工信息。被吸收的信息将被个人独特感知能力、情绪状态，以及性别进行判断和评价。感知能力、情绪状态和性别等因素，都会影响沟通的效果。

1）感知能力及其对沟通的影响

人们感知外部世界的方式在他们产生思维的方式中起着至关重要的作用。人的感知是自出生以来通过基本的学习而形成的，包括态度和假设、动机和兴趣的发展。感知的事物在许多方面会影响到思想的生产方式，也就会影响到沟通的效果。在选择信息时，经历相同事物的人极少获得相同的信息；在解释情景时，使用相同信息的人几乎会相当肯定地根据各自评价对信息作出完全不同的解释；在作出假设时，解释情景的人可能把互不关联的事件或事实当做相关联的事件或事实。每个人都会依据自己的印象、先前的经验和企望以迥异独特的方式生产思想，即对信息的加工，但这种加工的余地是相当大的，而且明显带有偏见，这往往是在认识不到的，但它本身会影响沟通的过程。

2）情绪状态

人脑会将接收或输出的同一信息根据人的情绪状态进行处理。情绪高涨、平静或低落的状态下，人们会对信息有不同的处理方式。加工信息和生产思想的方式中起着重要的作用。如果您觉得情绪激动或紧张，本应更为理智的思想过程可能被这些情绪所蒙蔽，沟通就有可能出现偏差或受阻。因此，人们的情绪状态能左右接收和传送信息的方式，还直接影响到信 息的接受和理解的方式。这就是为什么人们在盛怒之下会产生不正确、不理智的沟通行为。

3）性别

研究发现，男女大脑的结构有一定的差别，这种差别也影响着各自的沟通方式，交流者的性别在沟通过程中也起着作用。男性大脑的语言和视觉结构似乎彼此联系较少，而女性则具有较强的整合视觉和语言的能力。这意味着男性长于集中精力处理个别事物，而女性则更能通观全局。如此说来，不同性别而产生的差异能显著地影响男性和女性吸收和评价彼此沟通的方式。这就是性别因素在沟通中产生的影响。

（三）沟通的特点

根据对沟通的研究和概括，沟通主要具有以下四个重要特点：

（1）随时性。"沟通无处不在"，只要处在社会中，与人打交道，就一定会有沟通，我们所做的每一件事情都是沟通。只不过方式不同而已。

（2）双向性。沟通是一个双向的过程，在沟通过程中，我们既要收集信息，又要给予信息，如果只有接收或者只有给予，沟通是无效的。

（3）情绪性。沟通中信息的收集会受到传递信息的方式的影响。如果一个人用很平静的方式和人沟通，那么可能取得良好的效果，但是如果情绪激动，那表达信息和传递信息都会受到影响，沟通可能会效果不佳。

（4）互赖性。沟通的结果是由双方决定的，受沟通双方的共同影响。如果在沟通中，其中一方信息没有很好的接收或加工，或者受情绪状态等因素影响，那沟通的效果就难以保证。

（四）沟通的基本模式

人类的基本沟通模式通常有两种，即语言沟通和非语言沟通。

语言是人类特有的一种较为有效的沟通方式。语言的沟通包括口头语言、书面语言、图片或者图形。其中口头语言包括我们面对面的谈话、开会等。书面语言包括我们的信函、广告和传真，甚至用得很多的 E－mail 等。图片包括一些幻灯片和电影等，这些方式的沟通统称为语言的沟通。在利用语言沟通的过程中，可以有效地传递信息、传递思想和情感。语言的本质在于信息的有效传递。语言沟通是最常见的沟通方式，它可以使得人的沟通超越时间和空间的限制，人们可以通过文字记载来理解古代人的思想，也可以通过录音等方式理解不在同一空间中的人的想法。语言的沟通准确、有效、广泛。

非语言沟通通常指的是利用人的肢体、动作、眼神、表情等进行沟通，广义来讲，"肢体语言"也是一种语言，所以可以达到沟通的效果。除了动作、眼神、表情外，在声音里也包含着非常丰富的肢体语言。我们在说每一句话的时候，用什么样的音色去说，用什么样的抑扬顿挫去说等，都是肢体沟通的有效部分。一般来说，相对于语言传递信息来讲，肢体沟通更善于传递人与人之间的思想和情感。

二、民航服务中的沟通障碍

（一）沟通障碍的概念及表现形式

沟通障碍（communication barrier）是指信息在传递和交换过程中，由于信息意图受到干扰或误解，而导致沟通失真的现象。在人们沟通信息的过程中，常常会受到各种因素的影响和干扰，使沟通受到阻碍。这样就会产生沟通障碍。沟通障碍主要来自三个方面：发送者的障碍、接受者的障碍和信息传播通道的障碍。其中，发送者和接受者的障碍主要是体现在双方的理解障碍、表达障碍以及情绪障碍，而信息传播通道的障碍主要是体现在信息不匹配、信息传达路径受阻等方面。沟通障碍往往成为影响民航服务的重要因素，导致不良后果的发生，因此了解沟通障碍的来源和形式，掌握消除沟通障碍的技巧，对提升民航的服务水平有着重要的意义。

沟通障碍有多种表现形式：

（1）产生距离。较少的面对面沟通可能会导致误解或不能理解所传递的信息，在产生距离的时候，因为没有肢体语言的交流，所以容易产生误会。而误会又会引起两人之间更远的距离，使双方更加难以顺畅沟通。

（2）曲解语义。沟通语言、文字、图像等有意义的符号，都被利用来表达一定的含义。而符号通常有多种含义，人们必须从中选择一种。有时选错了，就会出现交流障碍。当一个人分不清客观实际和自己的观点、感受、情绪的界限时，就容易发生曲解。我们不仅在“道理”层面上进行交流，也在情感层面上进行沟通，但有时由于双方观点，价值观、背景不同，因此沟通很难做到客观。

（3）缺乏信任。这种障碍与双方的经历有关。在以往经历的基础上，如果双方曾经的沟通发生过不愉快的事情，那就很容易对新发生的事情造成刻板印象，从而产生由于不信任对方而发生的沟通障碍。

（4）拒绝倾听。在双方沟通的过程中，如果一方认为对方的观点是荒谬和错误的，那么就不愿意听对方陈述他的观点和思想，这种拒绝正是沟通产生障碍的重要表现形式，并且拒绝倾听阻碍了双方沟通的最佳渠道，因此会引起更多的误会和更大的沟通障碍。

（5）权责不清。如果在沟通中没有恰如其分的表达权利和义务的划分，那就容易引起误解。在误解中有可能会出现权利和责任不清晰的状态。

（二）民航服务中的沟通障碍

民航服务中，客观上或多或少会面临航班延误与取消、行李或者货物运输差错等问题，主观上可能会面临部分服务人员服务不周、不尊重客人、工作不负责等问题，这些问题的出现会造成一方或双方情绪激动，从而影响到沟通的顺利进行。在民航服务中，由于旅途状况多发，很多人受情绪的控制，不能正确表达自己的意思，沟通没有注意自己的沟通方式，也没有营造良好的沟通环境，无法达到沟通的效果。如果乘客或民航服务人员的信息没有得到清晰的表达，它便不能被听者正确地理解和加工，有效的沟通也无从谈起。

在民航服务中，乘务员服务的过程就是沟通的过程。乘客来到陌生的环境中，难免会感到紧张或拘谨，乘务员作为客舱的主人，要主动了解乘客的心情，尽可能给予满足，从感情上和语言上进行良好的沟通。沟通障碍主要来自于语言不同、文化差异、情绪情感、个性态度或表达失误。

语言是沟通的一种重要的方式，但语言不是思想本身，而是用以表达思想的符号系统。同样的思想，由于人们的语言修养差异，有的人表达得较为清楚，有的人表达得不够清楚。民航服务人员如果不能清楚、准确地用乘客理解的语言传达相关信息，就会产生因语言造成的沟通障碍。我国地大物博，南北方言有很大差距，因此会引起沟通障碍；随着国际航班的不断拓展，由于各国语言差异也会造成不同程度的沟通障碍。

文化差异在信息沟通中的障碍更为棘手。不同群体、不同国家有各自不同的传统文化和民族亚文化，在一个国家、一个背景下能够清晰表达自己的人往往在另一种背景下显得很难沟通。如中西方对颜色的理解就有所不同，而在不同国家，对姓名、称呼、称谓的习惯也有所不同。即便是同一个国家、同种文化背景下，沟通双方如果文化程度差距较大，也会出现沟通障碍，文化程度高的人往往采用书面、正式的语言，文化程度低的人可能无法理解；文化程度低的人可能会用粗鲁、激烈的表达方式，使文化程度高的人难以接受。

情绪情感方面，有些乘务员在沟通中的非语言沟通掌握得并不好，过于热情或过于冷淡都会遭致乘客的反感,使乘客出现不好的情绪反应。有些乘客或乘务员因本人工作或生活的问题心情不好,一旦发生误解、质疑,就控制不住自己的情绪,容易与乘客发生沟通障碍,发生争执,甚至发生冲突。

个性差异也会影响沟通的顺利进行。有些人活泼开朗、积极大度,比较易于沟通,但是有些人的性格自私自利、自卑心强、固执己见,容易产生沟通障碍。对于品格高尚、不斤斤计较的乘务人员,乘客易于相信他们;对于品格低劣、态度冷淡的乘务员,乘客往往产生疑问,不敢轻信。

表达失误也会引起沟通障碍。如果民航服务中遇到比较复杂的情况的时候,乘务员如果措辞不当、疏忽遗漏、缺乏条理、表述不清,那就很难阐明信息的准确含义,造成信息传递失真,引起沟通障碍。

三、民航服务中的沟通技巧

在民航服务过程中,要掌握一些实战性的沟通技巧,这既有利于与乘客保持良好的沟通,又有利于提升自身的服务能力,更好地完成服务任务,达成服务目标。

(一) 了解乘客

民航服务人员在与乘客沟通之前,需要做好准备工作,只有了解了乘客的需求、行为习惯、心情等,才能开展有效的沟通。了解乘客主要包括以下方面:

(1) 了解乘客的个性和心情。使用沟通技巧和沟通策略,都要建立在确定乘客个性基础上。而且只有了解乘客的心境,才能把握最有利的沟通时机。乘客心绪不宁时,根本无法集中精力思考问题;心浮气躁时的沟通往往无法做出理智决策;而受到不公正待遇的乘客,往往会把第一个沟通不当的人当做“替罪之羊”。所以对待不同个性、不同心情的乘客,要急者慢之,慢者急之,能者善之,乱者稳之,以达到更好的沟通效果。

(2) 了解乘客的观点和目的。沟通的目的归根结底是解决问题,因此在沟通之前就下结论,是服务行业的大忌,必须首先了解乘客已有的观点、态度和目的,否则沟通过程可能言不及义,浪费时间精力,也只有双方的观点和目的都明确了,才能使沟通顺利进行。

(3) 了解乘客的思维和态度。有人的思维比较简单,应当用最简明的语言解决问题;有人比较喜欢条理性的分析,应当逐步展开自己的观点;有人喜欢从只言片语中婉转的提出建议,那就应当深入沟通,真正了解乘客的目的;有的喜欢夸大其词的说法,应该摒弃他们的歧义,找到真正的目的所在。总之,了解乘客的思维方式是非常重要的。对于态度强硬和谦和的态度,也应该采取不同的沟通策略:对待强硬的人,要晓之以理,动之以情;而对待谦和的人,也要阐明立场,表明歉意。

(二) 善用语言

民航服务人员可以充分运用肢体语言和非肢体语言,和乘客进行有效的沟通。

(1) 肢体语言的运用。真诚微笑、目光接触、行为举止等都属于肢体语言。真诚的微笑是沟通的最佳动力。微笑仅靠面部肌肉是不够的,眼神传递内心的真诚非常重要,微笑是沟通中最重要的法宝之一。目光接触的作用要注意不同的文化背景。由于文化和宗教不同,有些人不喜欢目光接触,如日本人、穆斯林教徒等。

(2) 非肢体语言的运用。合理运用重音和停顿和语气。重音的安排对于沟通来讲非常重要，把需要强调的东西用重音的形式凸显出来，可以达到沟通的目的。停顿也是一种重要的非肢体、非语言表达，停顿对句子的意义起到决定性的作用，如果停顿不当，有可能产生歧义。语气的运用也非常关键，柔弱的语气给人温和、友善的感觉；活泼的语气给人积极的感觉；急促的语气给人压迫的感觉；深沉的语气给人正式的感觉；迟缓的语气给人犹豫的感觉；严厉的语气给人威吓的感觉；还有“冷嘲热讽”“阴阳怪气”“气短声促”“嗤之以鼻”等说法都是表达不同的语气带给人的不同感受。

(3) 各种语言的表达。涉及到国际航班的服务人员，一定要注意使用各国不同语言的同时，也要注意跨文化的表达方式。由于飞机上的乘客来自不同地区，他们各自都有不同的文化背景。由于人们宗教信仰，民族习惯等原因，他们在沟通时即使表达相同意思，其表达方式也各有不同。民航服务人员应根据不同服务对象调整语音、语气、语调，注重翻译的准确性和表达的正确性，让不同文化背景下的乘客都可以满足需求，提高服务针对性和服务效果。

（三）耐心倾听

狭义的倾听是指凭助听觉器官接受言语信息，进而通过思维活动达到认知、理解的全过程；广义的倾听包括文字交流等方式。其主体者是听者，而倾诉的主体者是诉说者。倾听属于有效沟通的必要部分，以求思想达成一致和感情的通畅。倾听者作为真挚的朋友或者辅导者，要虚心、耐心、诚心和善意为倾诉者排忧解难。作为民航服务人员，可能会遇到许多乘客抱怨甚至羞辱的言辞，这时最重要的是首先控制自己的情绪，倾听乘客的心声，这是保证服务质量，保持良好的服务态度的重要一步。

(1) 要有礼貌。倾听本身就是一种有礼貌的表现。民航服务人员要愿意尊重乘客的意见，有助于彼此接纳、建立融洽的关系，也可以营造开放的沟通氛围，使乘务员充分了解乘客的想法，从而认识到双方意见一致之处，更容易在下一步解释的过程中说服乘客。

(2) 不要立即自我辩解。倾听乘客的时候，如果还没等乘客讲完就进行自我辩解，那就意味着服务人员首先站在了与乘客对立的角度，这非常不利于沟通的顺利进行。在倾听乘客的时候，民航服务人员一定要听乘客完整表达自己的意思，需要进行解释的时候再开口说话。

(3) 表示歉意。乘客申诉的理由无论是否正确，都有其自己的思维和逻辑，因此在倾听的时候，不管是否是服务方的问题和错误，都要对事情发生后对乘客造成的不便表示歉意，这种谦和的态度往往会引起乘客的共鸣，以至于更好地进一步沟通。

（四）表示赞美

民航服务人员与乘客交流要学会使用赞美性的语言。赞美的实质是对他人的认可、尊重和赏识，是对他人做法和想法的激励。一个善于发掘别人优点并且给予赞美的人，往往会受到别人的尊重、喜爱和类似的反馈。恰到好处的赞美在服务人员与乘客交往的过程中，往往会起到缓和气氛、增加好感的有效作用。

赞美要恰如其分，注意方式方法。因人而异、因时而异、因地而异、因场合而异。不管是直率、朴实的赞美，还是含蓄、高雅的赞美方式，都会受到乘客的青睐。但是赞美最重要的是真诚。要发自内心的诚恳流露，不可虚情假意，人们喜欢得到真诚的赞扬，而不是虚伪的讨好。

赞美的时候也要注意跨文化的差异，如对于英美国家的人来讲，你可以赞美任何人，赞美的方面主要可以集中在才智、表现、服饰、仪表等方面，但往往不贬损自己，也不会赞美老人“高寿”；但对于东方比较谦逊的人来讲，可以赞美“老骥伏枥”“姜还是老的辣”，也可以通过自我贬低等手段，抬高对方的身份、地位。

（五）积极反馈

在民航服务人员与乘客的沟通过程中，一定要注意积极反馈乘客提出的要求。对于能够满足的要求，应该在最短的时间内给予最大限度的满足。对于一时不能满足的要求，要说明原因，并且提出解决的方法，必要的时候要表示歉意。对于无法满足的要求，要耐心给乘客进行解释说明，让顾客觉得，虽然要求得不到满足，至少内心得到了尊重。另外，对于乘客提出的无法满足的要求，可以提出合理的建议，换一种方式，使乘客的内心需求得到补偿。如果发生航班延误、乘客投诉等问题，及时而积极的反馈也是获得乘客理解和支持的重要方法。有效的积极反馈，可以使得乘客更好地理解和配合乘务人员的工作，使沟通产生更好的效果。

案例阅读

航班取消服务继续　旅客感动送上红包①

日前，珠海飞北京CA1324航班因故取消，现场非但没有出现过往航班延误时发生的“火暴”场面，反而出现了旅客向机场服务人员送红包的动人一幕。

原来，在该航班取消后，珠港机场管理有限公司立即紧急启动“航班不正常旅客服务程序”，机场工作人员在第一时间按规范要求为旅客办理了各种相关手续并进行妥善安置。该航班有旅客105名，除10多名旅客自愿办理了终止乘机手续并安排车辆送至广州外，其他80多名旅客被安排到机场附近的两间酒店用餐、住宿。珠海机场快速、周到、热情的服务感动了旅客。一位中年男旅客对珠海机场的服务赞不绝口：“我经常坐飞机出行，去过不少机场，航班延误、取消等不正常航班我也经常遇到，但我认为珠海机场的服务是最周到的，无论在登机口、值机柜台还是其他场所，珠海机场工作人员的表现都令人温暖、敬佩。”并执意要给带他去酒店入住的机场工作人员小杨送红包。“这是我第一次向机场工作人员赠送红包，请你一定要收下”。小杨婉言谢绝了他的好意，并告诉他，为旅客提供周到的服务是自己的本职工作，珠海机场的每一位工作人员都会这么做的。

当记者就此事向珠海机场求证时，该机场旅客值机服务部负责人告诉我们，确有此事，珠海机场的轮椅旅客服务、无人陪伴儿童服务经常得到旅客的赞扬，但不正常航班服务受到旅客以这种方式嘉奖的却是头一回。

延误中的坚守和感动②

2008年1月25日，注定是我要牢牢记住的日子，因为这一天我怀着和许多新乘学员一样的心情登上了CZ3825航班，因为这一天我们的航班遭遇冰雪天气而延误了3天。3天里我们和旅客一起等待着，体验着灾难中的不安、紧张、感动与幸福。

第一段航程很顺利，13时05分我们准时到达长沙机场。旅客陆续下了飞机，我们为下一段航程做准备，大概过了20分钟，接到通知航班延误到15时，当时也没多想，但从此时开始，我们的航班却整整延误了3天。

---

① 航班取消服务继续　旅客感动送上红包.中国民航报，2008－4－30.

② 赫安宁.延误中的坚守和感动.南航新疆分公司.

到了15时旅客登机，可我们又接到通知，说航班延误到18时。此时，长沙正下着百年不遇的冻雨。然而随着时间一分一秒地过去，旅客也越来越烦躁不安。

“小姐，飞机什么时候起飞啊，我们已经在飞机上呆了好长时间了。”

“我要退票，现在就要下飞机，飞机也飞不了，让我们上来干什么？”

“我不要听你们解释，什么对不起，有用吗？”

……

从旅客的眼神中我看到了愤怒、无奈和渴望，但我们只能一次又一次向旅客解释，一遍又一遍地加水。我知道在航班等待的时候，让旅客看到乘务员的身影是最好的做法了。正常从长沙到深圳是短航线不配正餐，可由于情况特殊，机组特意为旅客要了正餐。由于下雨路滑，餐食过了很长时间才送过来，而这也是我们现在唯一能为旅客提供的。旅客用过餐后，才慢慢平静下来。不久，我们接到机场关闭、航班取消的通知，但很多旅客却不愿意下飞机，机长经与相关部门协调后同意了旅客的要求。

漫漫长夜，旅客渐渐都睡了，而我们每一名机组人员都没有休息，轮流巡视客舱，为半夜醒来的旅客加水。我的座椅也被一名旅客占去睡觉了。为了保持客舱里有良好的空气环境，我们一直开着舱门。每一位乘务员都像超人一样与睡魔抗争着，大家轮流在有限的座椅上休息，虽然时间不长，只有短短的半小时，可这对我们来说已是很幸福的了。

26日清晨七八点钟，旅客渐渐醒了，我们又开始了服务，可这回旅客都说：“你们一宿没休息，太辛苦了，快睡会儿吧。”占用我的座椅睡觉的那位旅客觉得很不好意思，到机场给我买了3罐八宝粥。还有些旅客在地面服务人员那里给我们所有机组人员都领取了方便面。此时的旅客已变得很安静，他们不再按呼唤铃，渴了自己走到后厨房接水，垃圾自己去丢，而且还为我们两名睡着的乘务员盖上毛毯。

一切都在等待中度过，我们陪旅客聊天，玩游戏，让枯燥的时间早一点过去，尴尬的气氛变得那么融洽和谐，还有好多旅客给我们写了表扬信，我大概翻了一下，一本都写满了，令我太惊讶了。

下午3点多，地面服务人员把旅客接下飞机，为他们安排住宿。清舱完毕，我们也终于下了飞机。

28日接到起飞通知，晚上10点多旅客登机，大家见面时竟然像老朋友一样。每当我问候“您好，晚上好！”时，旅客都会回馈我一句“辛苦了”。22时45分飞机起飞，深夜12点左右我们顺利抵达深圳宝安机场。作为一名新人，我想说，我的服务技能不是最好的，但我是最用心的。

复习题

1. 什么是沟通？
2. 沟通的特点有哪些？
3. 沟通的基本形式有哪些？
4. 民航服务中沟通障碍的来源有哪些？
5. 民航服务中沟通障碍的形式有哪些？
6. 民航服务中的沟通技巧有哪些？

第七章

民航服务中的群体心理与社会影响

第一节　群体心理

一、概述

（一）群体的含义

人不是单独孤立地存在社会中的。他们总会因为一定的关系而结合在一起形成群体，如共同的利益、共同的关系、共同的兴趣爱好或共同的目标。所以群体是由两个或两个以上因某种关系而联系在一起的个体组合体。

（二）群体的类型

群体的类型很多，按照不同的分类标准，群体有不同的分类。

1. 依据群体结合方式、群体结构与形成原则来划分

群体可以分为正式群体与非正式群体。这种划分最早是由美国心理学家埃尔顿·梅奥基于霍桑试验而提出的。

（1）正式群体是由组织设立的，有正式文件规定的群体。成员有固定的编制、明确的职责。成员间受正式的规章制度和行为规范的约束、有归属感和服从的心理。例如，民航公司是一个大的正式群体，而各个职能部门是小的正式群体。

（2）非正式群体是相对于正式群体而言的，是个体基于相同的兴趣、性格、信念、爱好或利益等而组成的群体。他们之间关系亲密，成员间有很强的归属感。

2. 按照群体成员个体间关系的密切程度来划分

群体可以划分为松散型群体、联合群体与集体。这是苏联有些心理学家A·B·彼得罗夫斯基依据群体的发展水平对群体所作的划分。

（1）松散型群体。松散型群体是指人们在单纯的时间与空间上结成的群体。他们之间没有情感的归属与依托，没有相同的兴趣、爱好、规范、目的和意义等，彼此间也没有约束。此类群体的形成只不过是因为在相同的空间或相同的时间聚在一起。例如同一飞机上的乘客、同一房间的病人、同一商场的购物人员等。

(2) 联合群体。指因为共同的活动或关系等而结合而成的群体。联合群体中的成员在共同活动中,追求的是个人的利益。他们之间的关系可以是合作、竞争或服务的关系。例如,在一个国际赛中,中国有两位选手、其他国家各有一位选手参加,两位中国选手之间既是合作关系又是竞争关系。再如,飞机上民航服务人员与旅客的关系是服务者与被服务者的关系。[①]

(3) 集体。集体是群体发展的最高阶段,成员间有共同的利益,成员相互帮助完成共同的目的。他们在重视个人利益的同时,关注集体的利益,当个人利益与集体利益发生冲突时,个人利益服从集体利益。在集体中人员有情感的归属、彼此间的认可的需要,有信息共享和实现共同目标的需要。

3. 依据参照群体的行为是正能量还是负能量进行划分

可划分为正参照群体和负参照群体。这是美国心理学家 H·海曼根据他的试验研究(1942)而作的划分。他将实际上并未加入群体但是却接受此群体的行为规范的个体模仿的群体称为参照群体(reference group),也称为标准群体或榜样群体。当些被模仿的群体的行为体现的正能量,那么这些参照群体则是正参照群体,反之则是负参照群体。

(三) 群体的作用

正如群体动力学家肖(Shaw)所说:"群体成员之间应该互动、相互影响"。在现实生活中,不论是哪一种类型的群体,都对群体成员的行为选择有直接影响,他们的存在或者强化某项行为,或者抑制某种行为的发生。促进与抑制的程度因群体类型不同而不同。

二、社会促进与社会抑制的理论解释

(一) 社会促进与社会抑制的概念

1. 社会促进的概念

社会促进(social facilitation)又称为社会助长,指个体在有他人在场从事活动的表现要优于其单独从事某项活动的效率的现象。这里的他人可以是没有任何关系的纯粹性的他人(如围观者)、合作者和竞争者等。例如,一个人跑 100 米用的时间比两个人同时跑所用的时间多。

美国心理学家特里普利特(N. Triplett)是最早以科学方法揭示社会促进现象的心理学家。他通过试验发现,自行车选手在有竞争对手的情况下比单独一个人时骑车速度提高了 30%。为了进行一步检验,在另一个实验中,他安排 40 个儿童在指定时间里尽快地转动钓鱼杆卷线轮绕线,结果证实儿童结伴绕线速度比单独绕线更快。同时其他的研究者还指出社会促进不仅限于人,他们在老鼠、蟑螂、鹦鹉等动物身上也发现了这种效应。但是他人在场并不总是起促进的作用,有时也有阻碍的作用。

2. 社会抑制的概念

社会抑制(social inhibition),又称为社会干扰。是指个体在从事某一活动时,由于他人在场,从而干扰活动的完成,降低活动效率的现象。在这里他人可以是纯粹性的他人、合作者、竞

---

① 本文作者对这一群体进行扩充。

争者和服务关系者等。如在拔河比赛中，个人的付出的努力会低于个人单独拔时的努力。比如新手刚学会某项技能，在众多人面前展示时，失误频出。

（1）社会抑制导致工作效率低下。实验社会心理学家F·奥尔波特（F. H. Allport）于1916年到1919年在哈佛大学心理实验室做了一系列有关社会促进的试验。但是这个促进的试验在体现社会促进现象的同时，也呈现出了社会抑制的现象。他在试验中发现，被试在群体中能写出较多批驳逻辑论点的文章，但文章的质量低于个人单独时写的。同时其他心理学家的试验也证实了社会抑制的现象。如J·F·达希尔（1930）发现，个体在有他人在场时进行乘法运算会出现许多差错。J·皮森（1933）则发现，有旁观者在时，被试记忆表现不如无人在场。

（2）社会抑制导致社会懈怠现象的产生。在群体中，由于他人的存在，职责的不明确使得责任被分散，从而导致降低个体的绩效或者减少付出的努力。努力的减少因为责任的分散或者个体认为自己的努力是可有可无的，因为有他人的存在。

最早发现社会懈怠现象的是心理学家黎格曼（Ringelman，1880）。他发现人们一起拉绳子时的平均拉力要比单独一个人拉时的平均拉力小。在研究中他设置了三种情景让参加试验的工人用力拉绳子并测拉力：第一种情景是让工人单独拉，第二种情景是3人一组，第三种情景是8人一组。按照社会促进的观点，人们会认为这些工人在团体情境中会更卖力。但事实恰恰相反：独自拉时，人均拉力63千克；3人一起拉时总拉力160千克，人均53千克；8个人一起拉时，总拉力248千克，人均只有31千克，不到单独时的1/2。实质上在这里他人的存在起到的抑制性的作用，因为责任分散了。

（二）社会促进与社会抑制的理论

为什么他人在场时会产生社会促进与社会抑制两种截然不同的效果呢？心理学家们对此进行了探索，主要有以下几种理论。

1. 优势反应强化理论

优势反应强化理论由查荣克（R. Zajonc，1965）提出。他认为在场的他人，会唤醒个人的状态，提高个人的动机水平，而动机水平的提高会使个体的优势反应能轻易地表现出来，而较弱的反应受到抑制。

优势反应，是指个体已经学习并熟练掌握的、不加思索就可以表现出来的习惯性行为。如自行车选手骑自行车，小孩子绕线、跳跃和计数等，这些简单而熟悉的行为在他人在场时会提高活动的效率。反之，批驳某一哲学命题、掌握无意义音节等活动是需要动脑筋或是不熟练的行为，他人在场提高动机水平的结果是强化不正确的反应，妨碍任务完成，除低了活动的效率，所以起阻抑作用。科特雷尔（N. Cottrell，1967）的一项研究也证明，他人在场会提高熟练工作的效率，而干扰非熟练工作的效率。

由此可知，优势反应强化理论，对于熟练的行为起到的社会促进作用，而对于不熟练的行为则是社会抑制的作用。

2. 评价的恐惧理论

在有他人存在的情境中，人们由于在意别人的评价而引发激情，并进而对个体的心理或行为造成一定影响。

在Cottrell（1972）的一项试验中，设置了三种情景。情境一是被试单独从事一项工作；情境二是在被试完成工作时试验助手出现，并与被试做同样的工作；情境三是一个双盲试验，即被试和助手在不知道试验目的的情况下做同样的工作,只知道自己正在进行一项知觉试验。结果情景二表现出了社会促进作用。在第二组中他人在场和评价的恐惧都对被试的行为产生了促进了作用。双盲这一情景下,社会促进作用没有出现,被试的反应与第一组没有差异。由于双盲组中没有对被试的绩效进行评价,所以对被试没有产生促进的作用,所以这一结果支持评价恐惧理论,而与他人在场的解释相矛盾。因此,按照评价恐惧理论的观点,如果他人只是出现了,而没有对他人的工作表现加以注意,他们的出现不会产生社会促进的效果。

评价的恐惧理论说明了社会促进或抑制作用是否会发生,及有多大程度的影响,与被评价者是否知道自己被评价、评价者的身份与态度和被评价者的年龄与个性有很大的有关系。

(1) 活动者知道自己在被评价。活动者知道自己在被评价,知道被评价的相关细节越多,社会促进或抑制作用表现越明显。如教师在知道有教师来听他的课的表现与不知道教师来听课的表现是不一样的。

(2) 评价者的身份和态度。一般来说,评价者越具有权威性,社会促进或抑制作用表现越明显。例如,旅客在观看民航服务人员的表现与乘务长在看服务人员的表现时,民航服务人员的表现是不一样的。从态度上看,如果评价者越是表现出严肃认真,场面越正式,对活动者的影响就越大;如果评价者表现也不在意,则对被评价者的影响较小。

(3) 被评价者的年龄和个性特征。从年龄上说,儿童很希望得到他人的肯定,因此当有他人在场时,其表现欲越比成人在强,社会促进的作用明显。从性格上说,小心谨慎、自主能力差、缺乏自信的人对他人在场更为敏感。从气质上看,相对于多血质的和黏液质的人,胆汁质和抑郁质的人更在乎别人的评价。

3. 分散冲突理论

分散冲突理论(distraction - conflict theory)由桑德斯(Sanders,1983)和巴伦(Baron,1986)提出。该理论认为,当个体在从事一项工作或活动时,他人在场会分散和转移他的注意,产生两种基本趋势之间的冲突:注意观众和注意任务,这种冲突能增强唤醒水平,对其工作效率造成影响。唤醒是提高还是降低绩效取决于活动者对任务的熟悉程度与任务的难度。如果任务不熟悉或难度大,需要高度集中注意力才能完成,此时,分散注意就会干扰进度,降低效率;如果任务熟练或简单,由于活动者已达到"自动化"程度,不需高度注意,为了弥补干扰,会更加专心和努力,从而提高工作绩效。

总之,可以用各种理论来解释社会促进现象,但不同的理论解释之间并不相互对立和排斥,它们可能同时存在于社会促进的过程中。通过理论解释,能更好地了解社会促进或抑制的影响因素,通过对因素的调整与改变,环境的创设,能够有效运用社会促进或社会抑制。

(三) 他人在场在民航服务中的运用

1. 他人在场在民航工作人员中的运用

1) 加强培训,提高员工的服务技能

社会促进效应告诉问我们,当他人在场时,个体对于熟悉的技能会更高效完成,而对于不熟悉的技能则会降低绩效,出错机会增加。因此民航企业要积极加强员工培训,使员工工作技能达到熟练乃至自动化的程度,从而旅客越多越能促进他的工作效率。让旅客满意的同时,增强员工的自信心,提升服务质量。

2）组织评比，提高员工的工作绩效

评价恐惧理论告诉我们，当活动者知晓自己被评价时，往往会表现得更积极，评价会促进他们的工作。对于简单、熟悉的任务，他们会出色地完成，对于不熟悉、复杂的任务，则会受到评价的干扰，从而降低工作效率或降低成功率。因此，熟练掌握工作技能的员工遇到评价会很开心，因为他们可能通过好的表现得到肯定，而工作技能不太熟练的员工因为害怕不好的成绩会自我加压，不断提高自己的能力。所以评价对员工来说，会促进员工的工作绩效。但是在这里有一点需要特别指出，评价之后一定要有奖励并且要依据员工的需要设置奖励，只有这样才能使员工重视评价，民航企业要能设定根据工作需要，组织开展多形式的业务评比活动。

3）及时反馈，规范行为

由社会恐惧理论可知，当他人在场且未表现出注意行为时，则不会产生社会促进作用。因此民航企业要做反馈、督促管理，制定相关的反馈、督促制度，并切实履行。让员工知道公司在对其工作进行了监督，并且监督的结果是与其绩效挂钩的。这样员工会时刻注意自己的行为。

4）营造良好企业文化，减少社会懈怠

个体的行为会受到其所在团体的行为的影响。因此民航企业要创建良好的企业文化与企业氛围。要互帮互助的氛围，创建信任的氛围。在社会懈怠的现象中我们看到个人由于他人的存在，而减少努力。如果员工有强烈的集体荣誉感、相互信任，减少社会懈怠现象的产生。

5）职责明确，避免社会懈怠

在团体的工作中，如果职责不明确，那么责任的分散将导致社会懈怠。所以民航公司应明确员工的责任，并有相应的制度作为保障，从而使得员工在团队的工作有针对性和方向性。需要特别注意的是，职责明确的同时，奖罚制度也要相应的跟上。只有这样明确的职责才能有效避免社会懈怠。因为如果在团队合作后取得了成功，如果领导者不分贡献的大小都平均分享奖励的话，那么一些人就会想着搭便车，坐享其成。

2. 他人在场在旅客中的运用

1）借助合作旅客的力量改变不合作旅客的行为

评价恐惧理论告诉我们，当个体觉察他人在评价自己时，其行为会表现出更高的绩效。旅客人数众多，面对民航众多规定，有些旅客是配合的，有些旅客是不配合的。当不合作的旅客在得知他人在评价他们的行为时就会更多地表现出合作的行为。所以劝告不合作的旅客时可以运用他人在场效应。如旅客不愿意关机、不愿意调直座椅、带违规物品等，民航服务人员可借助其他旅客的力量，例如让其他旅客知道这些行为对飞行安全的危害，从而让他们共同帮助自己解决问题。

2）制定对旅客的奖惩制度，增强旅客的合作意识

对于旅客的合作行为和举报的行为进行奖励，如累计积分、折扣、服务兑换和服务增值等。对于不合作的旅客施行惩罚制度，增强其合作意识。通过旅客的互相监督，使旅客更多地关注自己的行为，为提升民航服务重要保障条件。

3）让旅客知道你在注意他的表现

一般情况下，当旅客知道自己的行为在被他人注意和评价时，会表现出更为合作的行为。因此民航人员要让旅客知道自己的行为在服务人员的关注之下。服务人员一定要脚勤和眼勤，从而让存在侥幸心理的旅客放弃不合规定的行为。

安全带①

这是一个从北京飞往成都的航班。飞机正在滑行,乘务员都已落实了各项安全检查,并各就各位。突然一名旅客站起身想换座位,我刚想起身制止,却发现他又回到原来的座位旁扣好他刚用过的安全带,然后才换到了前一排的空座位上并系上了安全带。

另一次是从广州到乌鲁木齐。由于航段较长,旅客们坐得太久觉得难受,好多人都喜欢站起来溜达。我看见一位旅客回到座位但还不愿坐下,而是坐在了座椅扶手上,我赶紧叫一位乘务员过去制止,谁知这位旅客看见乘务员朝自己迎面走来,立刻就明白了,不等乘务员走到面前,赶紧回到座位上,系好安全带,还给我们留下了一个会心的微笑。

通过这两件事情,我发现多数旅客其实非常了解我们的安全规定,只是愿不愿意遵守。如果乘务员责任心不强,忘记了提醒,放松了监管,旅客也就不重视了。第二位旅客,显然在考验乘务员的监管力度,本以为往座椅扶手上一坐,可以松快松快,反正也没有人管,谁知立刻被乘务员发现。

第一位则应该是一位安全观念很强的旅客,在换座位前竟然还能扣好自己用过的,散落在座位两侧的安全带。他看到乘务员在每次巡视客舱时都不忘提醒旅客系好安全带,看到乘务员不断低下腰将空座位上的安全带拾起系好时,他就会明白这是必须执行的一项程序。

安全无小事,一条小小的安全带在关键时刻也许能挽救宝贵的生命。客舱部在组织乘务员学习讨论时,强调一定要让旅客全程系好安全带。刚开始执行这一规定时,很多乘务员都很为难,因为有很多旅客并不理解为什么要从始至终都系安全带,特别是时间较长的乌鲁木齐航线,似乎很难让所有旅客遵守并配合。(南航北京公司)

三、去个性化

(一)去个性化的概念

前面提到,他人的在场可以产生社会助长作用,也可以产生社会抑制作用,此外,他人在场所还可以产生去个性化的作用。这种去个性化可以促进好的行为发生也可以是不好的行为发生。例如,让不勇敢的人变得勇敢,让彬彬有礼的人做出让人发指的行为。

1. 去个性的含义

去个性化是指放弃正常的约束而服从于群体力量的现象。处于去个性化的状态是指在群众情境下,个体自我意识水平及自我控制能力降低的状态。②

2. 去个性化的影响因素

1)群体成员数

一般来说,在所有影响要素相同的情况下,群体的成员人数越多,个体的去个性化倾向会更容易发生。因为群体不仅能引发唤起状态,还能使个体身份模糊化。人数增加了认同感的力量,对于负面行为来说,还增强了个体"法不责众"的想法。中国式的过马路就很好地阐述了这一点。"中国式过马路"就是"凑够一撮人就可以走了,和红绿灯无关"。在这里并不是每个过的人在他们是一个人时,都闯会红灯;但在人多的情况下,则会减少对于自己的约束,做出随波逐流的行为。再如,暴徒团伙的规模越大,越容易失去自我意识和自我约束,倾向并乐于

---

① 高敏,安全带.中国民航报,2007-12-5.

② 【美】戴维·迈尔斯(Myers,D.G).心理学.7版.黄希庭,等译.北京:人民邮电出版社,2006.

去做违法的事情。

2）群体归属感

在群体中，个体对于团体的归属感越强，个体的去个性化倾向更容易发生。一方面，其他成员对于个体的行为支持力度会随着归属感增加而增加，另一方面，个体会因为归属感及支持力度而越显示出去个性倾向。相对于群体的成员数，群体的归属感对于个体的去个性化影响更强。

3）个体期望群体的认可强烈度

个体希望得到群体的认可越强烈，他越容易受到群体的情境影响。当群体的每个人都做出一种行为，而作为群体的一员没有做如此行为时，那么他将被群体所排斥，此时越孤独就会越需要被认可，去个性化表现越有可能发生。

就负面的行为来说，去个性化现象可以是轻微的失态，也可能是严重的破坏。轻微的失态比如街上随意乱扔垃圾、看比赛时的尖叫和吹口哨和踩踏草坪等；严重破坏如损害公物、偷窃、偷窥甚至具有破坏性的社会暴力行为。

4）群体的匿名性

群体行为的匿名性更易使人做出违法行为。处于群体中的个体认为，行为是群体是做出的，而不是自己一个人这样做的，并且结果是群体的行为结果，而不是个人的行为结果。

研究者金巴尔多就去个性化进行了试验研究，他召集了一些女大学生作为被试，要求她们对隔壁一个女大学生进行电击，告诉她们只是试验不需要她们负任何道义上的责任。通过镜子，被试们可以看到被自己电击的女大学生。实际上这个女大学生并不受到电击但是她需要在被试按下电钮时假装受到电击大喊大叫，流泪求饶。被试分为两组。第一组被试都穿上了带头罩的白大褂，只露出了眼睛，她们彼此间谁也不认识。试验时，主持人不叫她们的名字，整个试验在昏暗中进行。第二组被试穿着平常的衣服，每个人胸前都有一张名片挂着。在试验时，主持人叫着每个人的名字。房间里明亮的。

试验结果发现，两组被试都顺从指示，电击目标。但电击程度却有很大差别：匿名的那组被试平均电击 900 时距，而未匿名的那组被试则平均电击 470 时距。由此可见，匿名性能够增加去个性的现象。

擅动救生衣　民航法不依①

2000 年 3 月 20 日晚 19 时 02 分，广州至杭州的 MU5360 航班上有一旅客擅自将机上救生衣打开充气后，不接受安全员的批评教育，并拒绝广州白云机场民警让其下机接受处理。为避免进一步扩大事态，耽误其他旅客，影响飞行安全，广州警方让该旅客继续乘坐飞机回杭州，请杭州机场警方协助调查处理。当晚 20 时 35 分，5360 航班在杭州落地后，民航公安处杭州机场巡警队迅速派员将该旅客带至队部进行调查，经查：该旅客汪宝华（男，43 岁，浙江省安吉县人）于 3 月 20 日晚 18 时 10 分在登上 5360 航班飞机后，出于好奇，擅自将座位底下的航空救生衣取出充气，并在同行人员（共 30 余人）的鼓动怂勇下，不接受机组人员的批评教育，拒绝广州白云机场警方让其下机接受处理，引起机舱内秩序混乱，并直接导致该 5360 航班延误 40 分钟，造成了恶劣影响。

汪宝华的这一行为违反了《中华人民共和国民用航空安全保卫条例》第二十五条第四款

---

① 擅动救生衣　民航法不依. 中国东方航空网，2003－11－8. http://easternmiles. ceair. com/guide/lxxzwtjd/t 201349_5596. html .

之规定:在航空器内禁止故意损坏或擅自移动航空救生物品和设备,对违反者依照《中华人民共和国治安管理处罚条例》予以处罚。经中国民航总局公安局授权,由杭州警方对汪宝华这一违法行为进行处罚,予以治安罚款200元,并责令其赔偿损失680元。

航空救生衣属一次性机上救生用品,一旦损坏,在紧急关头将直接影响旅客的人身安全。有关部门向广大旅客呼吁:为了确保您和他人的人身安全,当您在正常乘机旅行时,切莫擅自触碰机上救生物品和设备!

(二)去个性化的理论解释

1. 去个性化的渊源——去个性化是找到归属

去个性化最早是法国社会学家G·L·博恩在其著作《人群》一书中提出来的。博恩认为,从历史的观点看,人类原本是要从根深蒂固的亲属关系、纽带关系和部族关系中挣脱出来的,但个体离开群体的心理距离越远,个体在享受自由的同时孤独感也越强。因此个体的孤独又激发着个体重新加入各种群体活动,于是个性又溶化于群体之中,去个性化复又出现。因此他认为去个性化是指个体在群体中与群体一起从事某种活动时,个体对群体的认同或以群体自居,使个体的个性溶化于群之中,从而失去了个性感。

2. 去个性化——匿名与责任分散力量增强去个性化

费斯廷格和纽科姆认为,环境对群体的注意,把个性淹没在群体之中,使个体失去了个性的环境。由此减弱了社会对其的约束力,为个体从事反常行为创造了条件。从心理学上来说,有两个原因:一是群体成员的匿名性。群体成员的角色溶化了个体的个性,群体成员便会觉得自己作为匿名者而存在,并肆意破坏社会规范。二是责任分散。群体活动使得责任分散,或者说任何一个具体成员都不必承担该群体所导致的责任。因此对群体的注意增强了去个性化,反过来又强化了通常受制约的行为。

3. 去个性化——"趋奖避罚"效应引发去个性化

一些学者认为,在社会生活中个体学会了奖励和惩罚的效应,生活经验让他们把个性与奖励情境匹配起来,把去个性化与惩罚情境匹配起来。因此当个体出色地完成了某项任务时,他会期望奖励;但是当个体觉得要避免惩罚时他便会将自身沉浸于群体之中,用分散责任的策略来避免惩罚。所以去个性化问题应当同个体"趋奖避罚"的心理联系起来。

4. 去个性化的双面性

学者津巴多认为,不能把个体加入群体后的行为作单极地分析。就其去个性的作用而言,它是双面性的,即有积极作用又有消极作用。这也就是说去个性化既能导致反常的或消极的行为,也可能导致建设性或创造性行为。就去个性化的原因而言,一方面是因为环境把注意力投向群体或回避道德责任的否定评价,另一方面还有大量的因素如匿名性、群体规模、情绪的激发水平、情境不明确时的新奇感、群体中的独特刺激、参与群体活动的程度等因素的影响。在所有的作用力之下,个体对于外部刺激(如社会规范和准则)较少遵守,只在群体制度约束下活动,从事那些消极和积极的活动。这样,便带来了去个性化后的不良社会结果。

(三)去个性化理论在民航服务中的运用

1. 对于旅客

1)及时制止

依据去个化的影响因素之一群体的数量规模的影响,人数越多,对于行为的支撑力度越大。因此当旅客有违反规定的行为时，服务人员要及时制止。如果没有及时制止，随着效仿的人员的增多，那么管理难度将大幅增加。

2）各个击破（化整为零）

当民航旅客群体性违反规定时，民航服务人员要采取将群体人员小规模隔开，实施各个击破策略，以消弱群体规模的力量。

3）否定后果承担责任到人

基于群体成员的"群体活动分散了责任或者说任何一个具体成员都不必承担该群体所导致的责任"的思想，增强去个性化行为这一思路，当一个旅客群体违反规定时，民航公司因依据个人行为的实施及其行为后果来定个人的责任。惩罚到人能够减少为责任分散而产生的去个性化行为。

4）记住名字

从去个性的影响因素与去个性化实验我们了解到"匿名性"增强了去个性化的行为。因此对于团队性的旅客民航相关负责人员要了解这个团队及团队中的人员信息。最好能够说出他们的名字，并且让旅客知道你们知道他们的信息。如此一来，便能减少团队旅客的不合作的行为，减少因为匿名性带来的负面的去个性化行为。

5）利用标签效应

美国心理学家贝科尔认为，人们一旦被贴上某种标签，就会成为标签所标定的人。在第二次世界大战期间，美国心理学家在招募的一批行为不良的新士兵中做了一个试验：让他们每人每月向家人写一封说自己在前线如何遵守纪律、奋勇杀敌和立功受奖等内容的信。结果，半年后这些士兵发生了很大的变化，他们如信上所说的那样去努力了。当旅客团队中有人违反规定时，为了防止旅客团队其他成员对此成员的违反行为进行支持，那么服务人员可以先行一步利用标签效应来制止去个性化现象的产生。例如，表扬这个团队做得好的方面，并用一些赞美性的词来形容这个团队，让团队人员对成员的违反进行支持，同时站到服务人员的立场来规劝旅客。

2. 对民航服务人员

1）透明身份

前文提到匿名性对于去个性化的影响，因此为了在工作让服务人员能够更好地服务于旅客，民航公司要实施挂牌工作，把每个工作人员的工号、职位、姓名、监督电话都写在牌上，由此来减少民航服务人员去个性化的行为。

2）增强员工归属感

去个性化具有双面性，它不仅仅有消极的作用，同时也有正面的作用。去性化是归属的需要与认可的需要。因此要民航公司要增加员工的积极行为，必须让员工对于组织有归属感，从而在组织的影响下更好地工作。

3）榜样激励

将一些表现不好的员工放到标兵队伍中去，让榜样影响此员工，同时该员工为了得到认可，不断地改正自己的不好的行为，养成一些积极行为，从而真正把自己培养成和榜样一样的人。

四、群体思维

（一）群体思维的概念

美国历史学家施莱辛格曾说"一个人对没有意义的做法叫停的冲动，在讨论中很容易被抑制”。这实际上阐述了一个群体思维的现象。1961 年,1400 名由 CIA 训练过的古巴流浪者袭击古巴,行动失败,古巴与苏联更为团结,肯尼迪大呼:“我们怎么做出了如此愚蠢的事呢?”贾尼斯研究了导致此次惨败的决策程序。他发现新当选的总统及其顾问高昂的斗志使他们对于这个计划过度自信。为了保持良好的团队感,任何反对的意见都被压制或接受自我审查,特别是当总统表达了自己对一计划的热衷后更是如此。因此没有人提出强烈反对,每个人都认为大家意见一致。为了描述这种表面一致却不切实际的群体性思维,贾尼斯将其命名为“群体性思维”。①

(二)群体思维的理论解释

最初的群体思维理论是由贾尼斯(Janis)于 1972 年提出并于 1977 年和 1982 年进一步扩展的。他在 1972 年通过对一小群体的问题解决行为的观察,提出了一系列的假设,并将这些假设综合后称为群体思维。随后,Janis 与其学者运用群体思维概念解释了一些美国历史上失败的高层政治和军事决策事件,例如珍珠港事等。由此理论可知,群体思维的影响因素及群体思维现象症状的表现。

1. 群体思维的影响因素

在研究中学者们发现过分的自信、从众的心理、自我合理化和群体极化助长了群体性的思维。

1)过分自信

过分自信常表现为觉得自己的观点、计划等完美无懈可击。纵观一些历史事件不难发现,当人们对自己、对计划、对方案等过度自信时,往往容易导致不赞成者知道他们努力的无用性,从而改变自己的观点或者保持沉默。这一点在领导者表现过度自信时表现的尤其明显,因为下属不愿意违背领导者的意志。许多历史事件都证明了这一点。

2)从众心理

从众的心理导致群体的思维常发生以下两种情景中:一是领导已经表明了态度,下属不愿意违背领导的意见;二是决策目标不清楚,所有人都没有主见或好的想法,当有一个人提出一个看似合理的建议时,往往容易造成其他人的从众心理,从而产生群体思维。经群体作出的决策,责任被分散了。决策朝两个极化的方向发展,或者过于保守,或者过于冒险。

3)自我合理化

自我合理化表现为两方面:一是当个体感知到认知冲突时,改变自己原有的想法,达到心理或认知的平衡;二是当个体已经做出了决定,他们有方向性选择支持决策的信息,而忽略其他信息的存在。当群体领导者已对某项决策持有肯定的态度,那么下属会进行第一种表现的自我合理化解决自己的认识冲突,而领导者会表现出第二种现象寻求并关注支持自己决策的信息。由此群体思维现象便产生了。

4)群体极化

群体极化的表现是如果一个群体由想法相似人的组成,讨论会强化群体内的主导意见。当权威者提出了他的观点,他人鉴于权威者的权威性即使有不同意见也不愿意表达,因为没有表达,其他人不知道持不同意见的到底有多少人,从而认为多数人赞同,因此随主流意志,进而产生了群体极化的现象。

---

① 【美】戴维·迈尔斯(Myers,D. G). 心理学. 7 版. 黄希庭,等译. 北京:人民邮电出版社,2006.

2. 群体思维现象症状表现

（1）群体成员把他们所做出的假设进行合理化，即“自我合理化”。不管客观的事实与他们的假设冲突有多么强烈，成员们的行为都继续强化着这种假设。

（2）群体成员会对那些不赞成群体共同观点的人施加直接压力。这种压力或者是来自于团队认可的压力、群体归属的压力、利益的剥夺或权力的强制性等。群体成员接受了其所在群的道义，却忽视了社会的制度、规范、社会会的伦理或道义。

（3）观点不一致的人向压力屈服。在压力的情景下，原本持有怀疑或不同看法的人，往往或改变自己的态度或想法，或者保持沉默，或者会表达出来但是降低了自己看法的重要性，从而尽力避免与群体观点不一致。

（4）群体成员一致同意的错觉。如果某个人保持沉默，大家往往认为他表示赞成，而不愿意表露自己的想法。因此，沉默者或者缺席者往往被看成是赞成者。

（三）群体思维理论在民航服务中的运用

依据群体思维理论，在民航服务的管理中民航公司应注意的方面以下几方面：

1. 减少权威的作用（过分自信、从众心理）

过分自信会影响群体思维现象，因此要避免或减少群体思维现象的产生，民航管理中在管理过程中，要认识到个人能力的有限性，要学会倾听。在做某项决策与决定前不要事先就表明自己的想法与态度。如果管理者事先表明自己的态度，那么员工为了不违背管理者的意见就会选择改变自己的想法或者保持沉默。

2. 创建民主的氛围

群体思维现象的一个表症就是“群体成员会对那些不赞成群体共同观点的人施加直接压力”。因此要减少群体思维的现象那么民航公司要创建民主的氛围。这一民主要制度化，而且不仅仅是文件上的制度化、嘴中的制度化还应该是行动上的制度化。例如领导者身正为范和给员工发声的渠道等。

3. 注意结构比例

群体极化的表现是，如果一个群体由想法相似的人组成，讨论会强化群体内的主导意见。因此由这样的一群人在一起讨论，通常可能出现冒险的人更冒险，顽固的人更顽固或保守的人更保守。鉴于这一因素的影响，民航公司在工作人员的选择与搭配上要注意结构比例的合理性。例如要选择多种气质类型的人员、选择不同能力、不同年龄段、不同的性格的人员等。人员的多样性一定程度上能够防止或减少群体极化的现象，从而防止或减少群体思维现象的产生。

案例阅读

航班延误与机场群体性事件[①]

民航资源网2011年11月17日消息：近几年，我国航班正常率在80%左右，航班延误对于乘机往来频繁的旅客来说，已经习以为常，不是什么新鲜话题。因为航班延误多数是不可抗拒

① 张欣. 航班延误与机场群体性事件. 民航资源网，2011－11－17. http://news.carnoc.com/list/205/205743.html.

的因素造成的，所以出于为旅客的安全着想，航班必须延误。旅客虽感不快，但能理解，问题是延误后的服务，往往怠慢，甚至是缺位，使旅客的利益受到侵害，加剧了旅客的愤懑，诱发了群体事件的可能性。试举一例，今年7月28日，某航空公司由昆明分别飞至长沙和贵阳的航班延误，造成170多名旅客滞留昆明机场，延误原因和时限无人向旅客详细说明，也没服务人员照料旅客的餐饮和住宿，所有旅客只能在飞机上或候机厅过夜。第二天，大批滞留旅客与机场维持秩序的警察发生肢体冲突，打砸机场的电脑，现场一片混乱，致使航班一延再延。类似的例子，诸如罢机、霸机和毁坏公物，也屡有所闻。十分明显，航班延误后的服务与机场的群体性事件存在着直接的因果关系。笔者作为机场的业内人士，对这种激怒旅客的服务现象耳闻目睹，主要表现有以下三个方面。

首先，航班延误后服务缺位，旅客失去知情权，这种表现比较突出。即当航班出现延误时，旅客只能听广播和看公示板，就是不见服务人员在第一时间出现在旅客面前，旅客得不到延误原因和时限的确切解释，找一个柜台去问，通常一问三不知，碰一鼻子灰。航班延误时间短时，旅客忍一忍就走了。如果延误时间较长，旅客的愤懑就与时俱进了，孕育着群体事件的诞生。

其次，航班延误后服务人员姗姗来迟，态度冷漠，非常傲慢，与旅客对话，话语权不对称，往往出现有伤旅客人格的语言。所谓人性化微笑服务，那是榜上贴的，嘴上说的，现实中少见。去年某机场曾发生“母亲下跪为婴儿讨热水”的事情，激怒了在场的旅客，也许这就是航班延误后的实情。

再次，航班时间较长，旅客有心烦意乱的感觉，急待得到宽慰。然而有些航空公司的安排，既不热情，也不周全。旅客的餐饮、过夜和接送都显得很被动，似乎不情愿。特别是旅客提出索赔要求时，必须据理力争，激烈地讨价还价，甚至是大吵大闹，才能得到补偿。

诚然，各航空公司为改善航班延误后的服务，都采取了力所能及的措施，但收效甚微。这是因为，航班延误后的服务问题，只不过是表象，它隐含着管理制度上的痼疾，既有历史上的因素，也有现实制度上的桎梏。改革开放以来，我国主要由三大航空公司垄断着国内80%的客运市场份额，计划经济经营理念的惯性仍然很强，公司的背后仍然是行政化的权利依附，政企不分，服务的行业意识淡薄。更由于垄断，其生存和发展不受市场竞争的威胁，服务质量不受生存的驱动，航空公司就不可能制订出改善服务的行业有效的措施。笔者认为，解决航班延误后的服务问题，必须解放思想，按照科学发展观，在管理制度上进行颠覆性变革，既要有针对性，也要有前瞻性，对此，笔者有如下的思路。

其一，航空公司本身就是一个大的服务行业，迎来送往，收旅客的钱就得付出服务，而旅客花钱就应享受服务。因此，优质的服务才是航空公司的形象和品牌的标志。为此，最关键的就是加速航空公司市场化进程，平等利用空域，平等竞争条件，优胜劣汰，创出有中国特色的品牌。应向国外先进的航空公司学习，如新加坡航空公司服务人员积极主动，想旅客所想，热情周到为旅客服务，成为2008年佼佼者；新西兰航空公司的服务追求是“没有最好，只有更好”。对这样的航空公司，旅客的满意度非常高，不可能有群体性事件。

其二，设置统一的管理机构。当前各航空公司在机场是各自为政，出现航班延误时，由延误的航空公司自行处理，有时因为航班进出港繁忙，难免出现航班延误后服务缺位和怠慢，莫如在机场设置一个航班延误后统一的服务机构，暂定名为“航班延误服务处”，3～5人即可，附属在机场公司里，并在全国各机场形成网络，掌握航班延误第一时间信息，这样就可以在航班延误后，第一时间为旅客全面服务，零距离地满足旅客的需求，按照现有的规章制度及时处理有关事宜，取代各航空公司各自单独的服务方式。这样，方能较好地消除航班延误后的群体事件，构建和谐机场，满足旅客和谐消费。

复习题

1. 正式群体与非正式群体有哪些区别？
2. 举例说明社会促进与社会抑制的表现。
3. 在民航服务中如何运用他人在场的作用？
4. 去个性化的影响因素有哪些？
5. 在民航服务中如何运用去个性化的作用？
6. 群体思维的影响因素有哪些？

第二节 社会影响

一、从众行为

（一）从众的概念

从众是指个人因受群体的压力改变初衷，转而采取与群体中多数人一致的意见或行为。

（二）从众的原因

1. 规范的社会影响

在个体做出行为时，个体很容易受到规范的影响。因为个体对社会规范很敏感，个体明白哪些规范是被人们接受的，哪些行为是受群体期望的，做出哪些行为会付出沉重的代价。例如，在1991年海湾战争时，美国某意大利籍篮球队员由于不在自己的制服上展示美国国旗。在球队巡回旅行中，遭受球迷谩骂。最终，他难以忍受，只得离开球队返回意大利。

2. 群体的压力

群体中存在群体规范，群体成员希望得到群体的认可。因此当个体的或少数人的意见与群体中大多数人的意见不一致时，个体可能会做出从众的行为。著名的阿施（Solomon Ash）实验便是一个很好的例证。1955年，阿施设计了一个试验，6人参加，其中5人是假被试，1人是真被试。真被试走进实验室时其他5人已坐定，他只能坐在第6个位置上。他们6人要做的事情是辨别三条线段，哪一条与标准线段等长。一共有三组比较，前面两组都是正常进行的，被试在回答时也比较自信，等到第三组比较时，正确的答案明显是第二条线，但是第一个人给出了令被测者很吃惊的错误答案"第三条"，而紧接着第二～第四个人都给出了与第一个人同样的答案，被试直起身子斜着眼睛看着他们，当第五个人要说出同样的答案时，被测者感到心跳加速，表情十分不自然。此时，研究人员询问被试者答案，被试很迷惑，他不知道是该坚定自己的眼力，还是说出一个和其他人一样但是自己认为不正确的答案。在以大学生为被试的大量重复实验中，单独的回答这种问题犯错几率小于1%，而当有假被试在场并给出错误答案时，有超过1/3的被试为了与群体保持一致，而愿意违背自己的想法。

3. 群体成员的暗示

在群体中,群体成员的暗示会影响到其他成员的行为,尤其当这个暗示的成员身份比较高或者具有权威身份时,被暗示者比较容易做出从众的行为。

(三)从众的影响因素

1. 群体的人数

群体压力对从众行为产生重要影响,压力的大小取决于意见不一致与意见一致的人员相差悬殊性。一般来说,悬殊越大压力越大。

2. 暗示成员的身份

在群体中并不是的所有成员的暗示都能成功。暗示的成功性与暗示成员的地位有很大的相关性。一般来说,暗示成员的地位越高,被暗示人员的从众的行为越有可能发生。

3. 从众行为人员的认知

当个体对于所讨论的事情认知较少或者对认知不够自信,那么个体很容易受"信息的社会影响"①,而做出从众行为。

巴伦及其同事们在 1996 年利用试验非常巧妙地阐述了人们在复杂而又重要的判断上对信息影响的遵从。实验中的任务分为比较简单的(被试有 5 秒钟来观察 4 个人)或者比较困难的(被试验有半秒中的观察时间)。被试的判断任务还分为不重要(仅仅是初步测试目击者的识别程序),或重要的(为一种真实的侦破程序建立常模,并给判断最准确的参与者 20 美元的奖励)。当任务不重要时,人们在有 2 名助手给出错误答案的情况下,从众的可能性是 1/3,而在判断的准确性比较重要时,如果任务简单,人们很少从众,而如果任务困难,则有一半的可能从众。当难以确定哪个正确以及什么时候正确时,人们就变得极易接受他人的意见。②

4. 群体的凝聚力

群体的凝聚力对于群体成员的从众行为有直接的影响,一般而言,群体的凝聚力越强,群体成员的从众行为越容易出现,反之,则越不会容易出现。因此那些临时组成的群体、松散型群体的群体成员从众行为发生的机率比较低。当然,如果设计到自身利益,那么即使是临时性群体或松散型群体,其群体成员从众行为的发生机率还是比较高。例如,在机场因为各种原因使得飞机延误时,一名旅客的情绪爆发极易引起其旅客的不良情绪爆发。

5. 是否当众表态

当个体处于群体中并且要求对于某一行为、观念、方案等进行当众表态时比其在私下作出做出表态要更容易出现从众行为。因此在选举中往往使用的是匿名性的选举和投票,从而减少人们的从众压力。

(四)正确对待旅客的从众行为

当航班延误或取消时,旅客通常会表现出"焦虑""不安全""期待被关注""抵触"等心理。此时,旅客不论是利益还是情绪上的发泄,都会使得这个松散型群体关系更紧密,从而使得从众行为表现的更突出。面对旅客的从众行为民航服务人员要有正确的态度与行为,通过自己

---

① 当个人接受他人关于现实问题的意见时,个体是在对"信息的社会影响"做出反应,因为个体认为群体可以提供有价值的信息。

② 【美】戴维·迈尔斯(Myers,D. G). 心理学.7 版. 黄希庭,等译. 北京:人民邮电出版社,2006.

的行为来化解冲突。一般来说民航服务人员要做到以下几方面：

1. 换位思考，理解旅客的心理

旅客有群体性的情绪爆发时，民航服务人员，首先要做站在旅客的角度理解旅客心理。要学会主动地去倾听旅客的想法、宽容性地对待旅客的不礼貌行为。因为旅客此时多处于焦躁与不满的状态，而不礼貌甚至是一些过激行为是其发泄的表现，并不是旅客常态下的理智性表现。所以民航服务人员要多一份理解与宽容，从而更好地开展劝解与服务工作。如果不能及时调整不良情绪，那么后果将会越来越严重，甚至会恶性循环。

2. 热情服务，减少旅客的怨气

当旅客们满腹怨气时，服务人员更应该保持良好的服务状态，并及时提供优良服务，主动提供餐饮、报纸，并积极创造条件满足旅客的正常需求。旅客通常会由于自己被关注、被尊重，会主动配合民航服务人员，越来越多地表现出理智行为。

真诚感人的微笑　化解旅客的怨气①

1999 年春运期间，由于机场上空正遇军事演习，航路关闭。这时旅客已在飞机上等待长达六个小时了。将心比心，他们的心情差极了。作为乘务员的吴尔愉在客舱里不厌其烦地为每位旅客提供服务，送上歉意的微笑，主动和旅客打招呼。此间有一位台湾旅客火气特别大，然而，吴尔愉采取的不是回避，也不是视而不见，而是每当她走到这位旅客面前，总是先对他微微一笑，然后，轻轻问一句："先生，您还需要什么服务吗?"起先，这位台湾旅客对吴尔愉总是置之不理，可是"功夫不负有心人"，当吴尔愉第六次微笑着询问他时，他终于怀着歉意地说："小姐，刚才是我态度不好，对不起!"吴尔愉仍笑着回答："延误航班虽不是上航的原因，但你们的心情我的确理解。我希望通过我们的服务把你们的不愉快降低到最低，因为能够得到旅客的理解和谅解是乘务员的最大心愿"。

3. 透明信息，争取旅客的理解

旅客通常只知道航班延误的事实，并不知晓航班延误的原因。在未知的等待中，旅客的心情更容易急躁，从而更容易产生从众行为。航空公司应该改掉一直以来的延用的"天气原因""机械原因"等模糊字眼来说明延误的原因。在旅客看来，天气很晴朗，怎么会是天气的原因呢?! 模糊的字眼更多地增加了旅客的怀疑态度，将旅客与民航公司对立起来。民航公司与服务人员要做到尽可能清楚的解释原因，积极争取旅客的理解和配合，从而减少旅客的不良从众行为。

旅客吐槽航班延误真相难知晓　航空公司觉委屈②

对从事地面服务工作的民航人来说，关注天气预报是每天必做的功课，也是一件容易让人"心惊肉跳"的事。因为恶劣的天气意味着会有大面积的航班延误，而大面积航班延误容易让机场变成"战场"。一年到头，全国各地旅客与地服人员发生冲突的新闻频繁见诸报道，地服人员被殴打、工作柜台被砸的情景几乎每逢雷雨天就会上演。

但在不少的民航乘客的心中，一旦碰上航班延误，不免嘀咕：不要老是拿"天气"说事，在航班延误已成为痼疾的今天，我们乘客也不是好忽悠的，为什么不能及时而真实地让乘客知道

① 吴尔愉服务法. 上海：上海航空股份有限公司，2005：9.

② 中国时报网. http://www.chinadaily.com.cn/hqsj/shbt/2013-08-07/content_9791609.html　blz-insite.

航班的情况?! 于是,一些乘客把失望和愤懑用行动表达出来。看来,理解和信任,也需要在乘客和民航业之间重建。

解释延误:地服表现常招来不满

今年(2013 年)广州的雷雨季来得特别早。3 月底,白云机场就已启动了两次航班延误最严重级别的红色预警,之后几乎每个月,雷雨都在频频光顾。

在广州某大型企业上班的王杰(化名)经常因公务往返北上广,7 月份他出差五次,四次遇上航班延误,而且延误时间均超过 4 小时。"中奖的概率太高了,而且每次都是因为流量控制,流量控制又是什么原因,工作人员都回答不上来。"王先生说,他遇到延误一般会第一时间咨询机场地服人员,但地服总是不能给出圆满的解释,好似"鸡同鸭讲",让他非常纳闷。

记者了解到,目前国内大多数航空公司在各机场的地面服务均"转包"给代理企业,像在白云机场除南航外,东航、海航等公司均是由机场方面代理地面服务业务。也就是说,地面服务人员不一定直接对航空公司负责,航班发生延误或取消时,地服人员也无法确保在第一时间获悉航空公司的信息通知。这容易导致旅客感觉地服人员总是在推托。

当然,为了保证地面服务质量,航空公司通常会派驻一定的人手在自家的岗位之间巡视观望,以便随时能出面解决问题。某航空公司地面服务部门负责人张向(化名)经常要在旅客闹情绪、找领导时挺身而出,用他掌握的全部信息与旅客展开沟通解释。他对记者表示,这些年地面服务工作越来越难做,即使有代理在负责,航空公司也不得不逐年加派人手。

旅客吐槽:航班延误真相难知晓

航班延误有多方原因造成,包括天气不适航、流量控制、机械故障以及航班公司计划变动等。但许多旅客吐槽,航空公司"习惯"于将一切责任推给天气原因或流量控制,而从来很少公布自身的原因。

"有时广州天气明明很好,航空公司也解释说是因为天气原因,这时大家意见就会很大。"王先生经历了很多次这样的延误,一开始他和其他旅客一样不解,直到有一次地服人员跟他解释航路及目的地天气同样限制飞行,他才明白航空公司口中的"天气原因"原来内涵丰富。

张向认为,当下有太多渠道可以获知天气甚至是航班运行信息,航空公司不可能用谎言"忽悠"旅客,在这样的环境下,必须对旅客说真话。

今年广州某航空公司曾因飞机故障耽误航班起飞,上百旅客坐在候机室等不到起飞通知时,微博上有行业内人士曝出飞机故障的真相,随后在很短的时间内,相关的新闻就已经见诸各大媒体,航空公司显得非常被动。

"航空公司碍于面子或者逃避赔偿责任,经常瞒报机械故障等事实,甚至面对记者追踪采访时也避而不谈,但真相根本堵不住,现在的媒体太发达了。"一位资深民航媒体人建议,航空公司应利用官网、微博、微信等众多公共平台,及时发布真实的航班延误信息,不然只会招来更多质疑和误解,小事化大。

张向也建议,对于一些常识性的解释工作应该提前广泛普及,譬如什么叫流控,为什么会产生流控,不要等到事情发生时再硬着头皮去解释。

4. 加强协调,解决旅客的顾虑

不正常的航班,不仅旅客不愿意碰到,航空公司更不愿意碰到。一旦有不正常的航班,民航公司一定要加强各部门的协调,尽可能减少旅客的损失与公司的损失。例如,旅客有很重要事情时间不能耽误,因为延误时间令旅客很气愤,那么此时服务人员因尽可能的协调,如着陆后安排第一个下飞机、安排车辆接送等,减少旅客顾虑,进而取得旅客的谅解。

二、顺从

(一)顺从的概念

1. 顺从的概念

顺从是指人们在外在的压力下(非命令,如他人的请求)而改变原有的行为,使他人的请求得以满足。

2. 顺从与从众、服从的关系

1)从众与顺从的关系

二者都是个体因外在的影响而产生的行为变化。顺从是因特定对象对个体施加直接影响而产生的;从众是个体在群体的压力之下自发产生的一种跟从行为。

2)服从与顺从的关系

服从是由某种命令而改变行为,是命令者与服从者之间存在着规定性的社会角色联系,是外在理由的强制性导致的。顺从是请求者与顺从者之间的关系。顺从的理由是内在的,因顺从者必须有一定的认同,才会顺应其要求去行为。

(二)典型的顺从效应

1. "登门槛"效应

"登门槛"效应指在,提出一个较大要求之前,先提出一个小的要求,从而使别人对较大要求的接受性增大的现象。其采用的是递进的方式提出要求,诱发人们顺从。

2. "低球"效应

与"登门槛"效应相似的是"低球"效应,即提出一个需要别人付出较大代价的要求时,先提出一个小的要求,从而使别人对较大要求的接受性增大的现象。与"登门槛"技术不同的是,"低球"效应的大小要求之间的操作是紧接在一起的,没有较长的时间间隔,并且两要求间是有直接联系的。例如,当你去买衣服时,店里的人员会说"喜欢就试试",等你真的试好了以后,服务人员马上就会问到"很好看,要不要购买"。

3. "留面子"效应

"留面子"效应是指当人们拒绝了一个高要求之后,对较低的要求接受性出现增加的现象。因为在人际交往中,当人们拒绝了别人的一个要求后,当别人再次提出较低的要求时,出于面子的问题,往往会愿意做出一点让步,从而使别人获得满足。关于此效应有研究者做了一项试验。研究者请求大学生担任一个少年管教所的义务辅导员,时间是两年。几乎所有的被请求者都拒绝了。研究者接着又提出一个小的要求,让大学生带领少年管教所的少年们去动物园玩一次,结果有50%的人接受答应了,而当研究者直接向大学生提出要他们带少年管教所的少年们去动物园玩一次,只有16.7%的人同意。

4. "过度理由"效应

"过度理由"效应是指以外在理由取代人们行为的原有内在理由,从而使行为由内部控制转向外部控制的现象。当人们为自己的行为找到足够多的理由时,人们一般就不再去寻找内部的原因,从而改变原有的作为。"过度理由"效应采用"欲擒故纵"的方法让别人顺从。

1971 年，德西和他的助手使用了试验方法很好地证明了“过度理由”效应。他以大学生为被试，请他们单独解答具有诱惑力的测量智力的问题。试验分为三个阶段：第一阶段，每个被试自己解答问题，不给奖励；第二阶段，被试分为两组，试验组被试每解决一个问题就得到 1 美元的报酬，控制组中则依然没有奖励；第三阶段，自由休息时间，被试想做什么就做什么。目的是考察被试是否维持对解答问题的兴趣。

结果发现，给予奖励的试验组在休息期间明显减少了解答问题的兴趣，而控制组在休息时则依然在解答问题。由此看到，第一阶段，被试很认真地解答问题，此时他们解答问题的兴趣来自于解答问题本身。第二阶段时给予试验组金钱奖励，金钱奖励作为外加的过度理由，产生明显的过度理由效应，使试验组被试将获得奖励与解答问题联系起来，认为解题就得获得奖励，如果不给予奖励则不需解答问题，从而使自己原来对解答问题本身的兴趣出现了变化。在第三阶段，休息期间奖励没有了，对态度已经改变的试验组被试，由于没有奖励则就没有继续解答问题的理由，而控制组被试则因存在解答问题的兴趣而继续答题，没有受到过度理由效应的影响，因而在第三阶段休息时依然保持着解题的热情。

这个试验说明，人们为了使自己的行为看起来合理，总是倾向于为发生过的行为寻找原因。在寻找原因的过程中，往往是先找那些显而易见的理由。如果找到的理由足以对行为做出解释，那么人们也就不再往更深处追寻了，此时他们原有态度的支持力已经悄然地发生了改变。

（三）促进旅客顺从的技巧

依据以上提到的几个效应，促进旅客的顺从行为时，民航服务人员可以从以下几个方面来着手：

1. 在提出较大要求前先提出较小的请求

“登门槛”效应与“低球”效应告诉我们，当要旅客接受一个较大请求时，先让他们接受一个小的请求。例如航空公司在一些促销式的活动、在旅客服务方面有些改变时或者与旅客有愉快发生时，“登门槛”效应可以发挥它的作用。

2. 在说服务过程中要多用“面子”

正如前文讲到的“留面子”效应是指当人们拒绝了一个高要求之后，对较低的要求接受性出现增加的现象。在这里，“面子”是关键，因此作为服务人员来说，当自己提出的较高的要求被旅客拒绝时，服务人员不要气馁，要试着降低要求，利用“留面子”效应，使旅客顺从。在下面这个案例中，服务人员吴尔愉就成功地做到了这一点。

3. 采用“迂回式”沟通方法，使顾客顺从

找准危机突破点，化解干戈为玉帛①

一次，一位男旅客上飞机时就向乘务员要三条毯子。由于毯子供量有限，乘务员给了他一条。旅客非常生气，对乘务员的解释置若罔闻，甚至闭上眼不理乘务员。吴尔愉得知这一情况后，主动要求做客舱服务。观察后，吴尔愉发现这排三位旅客是一家三口。她看了看坐中间的男孩，微笑着对其旁边的母亲说：“你儿子长得真壮，您平时一定十分注意他的饮食。我的女儿长得又瘦又小，您一定要好好教教我，回去后我也好帮女儿补补！”。那位母亲笑得合不拢嘴，摸摸自己儿子的头发说：“有好多人都问我这个问题。其实是我儿子不挑食，你女儿一定

① 吴尔愉服务法. 上海：上海航空有限公司，2005：39.

也要好好吃东西才是啊!”一说到儿女的养育问题,那位母亲与吴尔愉滔滔不绝地与吴尔愉聊了起来。期间,吴尔愉又为没有毛毯的事向她道歉,那位连连摇手说:“不要紧,没事的!”

在这个案例中可以看到,教育孩子的问题与毛毯问题这两事件本身来说没有丝毫的联系,但是吴尔愉以孩子的教育问题作为突破口,采用“迂回式”沟通方法,寻求到与旅客的共同点,拉近了与旅客间的心理距离,使气氛缓和,再次道歉便顺理成章地被接受。

三、利他行为

由于社会分工不同,人们在社会分工中产生了利益关系与价值关系,鉴于利益与价值,往往产生利他行为。

(一)利他行为研究的起源

1. 利他行为的含义

所谓“利他行为”,是指个体所做出的行为对他人是有利的,而对自己则并没有明显的利益。在这里利他行为本身对行为的发出者当时是没有利益的,但是并不代表行为所产生的结果在以后不会给行为者带来利益。利他行为一般发生在突发性事件中。

2. 利他行为的实验

1)利他行为研究的开始

利他行为的研究源于心理学家对1964年纽约谋杀案的研究。此谋杀案发生在1964年3月14日凌晨,一位叫Kitty的妇女在纽约被谋杀。当她下班回家,从停车场穿过街道回到她住的公寓时,遭人袭击。她大声呼救,听到叫声,许多公寓的灯都亮了,并有人从窗口探出头来看看究竟发生了什么事。看到人探头看,这名攻击的男子准备离开,但当他发现没有人帮助这名受害者时,他就又回过头来刺杀这名妇女。尽管妇女不断地尖叫,但是仍然没有人出来相助,最后妇女死去了。后来的调查显示,有38位目击者听见并看见这次可怕的持续了48分钟的袭击,但是却没有人出来提供帮助或向警署报案。

心理学家(Darley,Latane)研究认为,人们之所以没有提供帮助,是因为存在责任扩散问题。旁观者越多,每个人承担的责任就越小。为此,他们依据此推测做了一个简单的试验:他们邀请大学男生们参加一个据称是一个校园生活的研究,每个人都独居在一个房间,并通过对讲机与其他学生沟通,讨论如何适应大学生活。在他们的对话过程中,被试会突然遇到一个突发事件——与之交谈的学生突然身体不适,且情况很严重,表现出说话困难的病症,并说他要死了,需要帮助。之后,便悄无声息了。此时的求助者实际是一段录音,但是被试并不知道。

心理学家(Darley,Latane)安排了以下几种情景:在第一个小组中,被试认为只有自己与那位求助者交流。他是唯一知道危机发生的人。在第二个小组中,被试知道他是跟另两个学生在交谈,他是两个知道突发事件的人中的一个。在第三个小组中,被试知道他是五个知道突发事件的人中的一个。

结果显示:当是一个人知道的时候,有85%的人出去相助了,并且从知道到决定提供相助花费的时间是52秒;当认为有两个知道的时候,有62%的人出去相助了,并且从知道到决定提供相助花费的时间是93秒;当认为有五个人知道的时候,出去相助的人只占31%,并且从知道到决定提供相助花费的时间是166秒。

2)利他行为的五个步骤

在通过研究后,心理学家Darley和Latane在1971年将利他或亲社会行为划分为五个基本的步骤：

当旁观者面对突发事件时一般他们经过以下五个基本步骤：旁观者注意到了吗？旁观者将其解释为突发事件吗？旁观者觉得自己应该承担行动责任吗？旁观者拥有提供帮助的知识、技能和训练吗？旁观者决定履行帮助决定吗？只有当所有答案为肯定时，人们才会采取利他行为。如果其中的任何一个不成立，那么利他行为都会受阻。例如，在第一阶段，因没有注意到，所以不会提供帮助；第二阶段，虽然注意到了，但是认为所注意的事件并非是紧急事件，也不会提供帮助；在第三阶段，虽然意识到是紧急事件，但是知道的人很多，认为是其他人应做的事情，所以不会提供帮助；在第四阶段，虽已注意到，也想提供帮助但因缺乏必备的知识、技能，也会心有余而力不足，因此没有提供帮助；在第五阶段，因害怕消极后果或积极动机不足，也不会提供帮助。

（二）利他行为的影响因素

个体是否会做出利他行为受到很多因素的影响。从利他行为的分析来看，下面这些因素影响个体的利他行为：

1. 个体道德素质的高低

由于利他行为，是对他人有益，而对于做出利他行为的本人是要有所付出的。因此当面对别人需要帮助的时候，个体是否愿意给予帮助与个人的道德素质有直接关系。一般来说，个体的道德素质越高，越有给予他人帮助的意愿。例如，在路上看到别人掉了东西，是否愿意告知他人或者帮助其捡起；面对乞讨的人，是否愿意给予帮助。

2. 个体间关系的密切性

一般来说，个体间的关系越密切，个体越容易对对方做出利他行为。这种行为在亲属间、朋友间、同学间、战友间的表现尤其明显。

3. 个体间利益关系程度

利他行为包含有纯粹的利他行为，这种行为多发生在亲属血缘关系人之间。生活中有很多利他行为是依托着利益的，利他行为人的付出是以获得某些需要为条件的。一般来说，个体间的利益关系越强，则利他行为越容易出现。

4. 是否具备利他的环境

利他的行为需要一定的环境作为支撑，可以是大的社会环境也可以是即时的小环境。在很多的时候，一场巨大的变故、巨大的事件都会引起人们的利他行为。古尔德（Gould）在9·11事件发生后提出："有一种事实我想把它称为伟大的对称，即每一次惊人的灾难之后都会有10000个善行来补偿，这些善行大多是不引人注意和不为人所知的，是大多数人的'普通'的努力与付出。"这也就很合理地解释了，为什么在灾难面前，人们表现得会那么团结，那么愿意帮助需要帮助的人。但是一些负面的社会现象，也会抑制利他行为的发生。例如，在还没有出现"彭宇案""许云鹤案"时，如果有老人摔倒，就会有很多人去扶起老人，但是当这些案例出现后，越来越多的人采取犹豫和观望的态度。虽然从小到大我们都在接受尊老爱幼的教育，但是在现实中一些人利用人们的同情心去发财，一些人让救人的英雄流血又流泪，这就使得越来越多的人开始考虑和犹豫，从而使越来越多的真正需要帮助的人在冷漠、无视、猜疑中受到了伤害。

5. 利他行为的能力

在一些情景下，个体愿不愿意做出利他行为和个体的能力也有很大的关系。因为利他需要个体付出一定的代价，当代价超出个体的能力时，个体会趋向于选择不作为或者做自己能力范围内的事。例如,一个不会游泳的人看到有人落水时,由于不会游泳,他不会像其他一样跳入河中救人,最多是叫救护车及做一些力所能及的事。

6. 可以提供利他行为的人的数量

数量在个体是否提供利他行为中起着很大的作用。它可以起到责任分散的作用,使人们都不作为,也可以是带动他人做出利他行为的重要力量。在这里主要是看有没有人带头做出利他行为,如果有人带头做出利他行为,那么其他人也容易做出同样的行为。如果没有人做出第一步,那么人越多,越不可能产生利他行为。

7. 利他人是否意识到需要利他的行为

在心理学家 Darley 和 Latane 提出的利他或亲社会行为划分为五个基本的步骤中,是否注意到需要利他的行为排在第一位。它是利他行为产生的首要条件。当个体没有意识到有需要帮助时,那么个体将不会做出利他的行为。在生活中,人们通常只会关注自己生活范围内的事,对于无关的事通常是忽略。因此在许多场合,当突发的事件发生时如果人们没有发现突发事件也是正常的。

(三) 积极唤起旅客的利他行为

在民航服务中,有许多的特殊人群,如无成人陪伴的儿童、孕妇旅客、残障旅客、老年旅客、晕机的旅客和患重病的旅客等,他们其实都是需要人们关注并适时提供帮助的。而民航服务人员的力量是有限的,因此民航企业要能积极采取相关措施,激发旅客的利他行为。

1. 为旅客创设利他的环境

当旅客与民航发生服务关系,民航企业的服务环境势必对旅客产生影响。为增强旅客的利他行为,民航公司可以在候机室提供利他线索,如做一些标志尊老爱幼的标志、设立特殊人群的专座、或在适当的地方张贴一些温馨的爱心提示,让旅客在不知不觉中加入到利他的队伍行列中来。

2. 引起旅客的注意

旅客来来往往,被需要帮助的人常隐没在人群中,由于彼此间只是由于同一空间与时间的相遇,对于他人并没有深入了解,也不知道他人是否需要帮助。因此如果民航服务人员能及时发现有需要帮助的旅客,那么可以通过一些活动或者语言上的嘱托来引起旅客的注意,从而让旅客加入到利他的行列中来。

案例阅读

南航免费载患儿　空中募捐献爱心 ①

近日,一封特别的感谢信由南航 CZ3688 航班乘务组从北京带回到南航贵州公司客舱部。信是一位患儿的父亲写来的,信中写道:"首先感谢南航贵州公司及 CZ3687 航班全体机组成员!作为一名先天性心脏病患儿的家长,我此次从贵阳到北京,不仅成行之前就得到了南航贵州公司的大力支持,免去了我们一家三口的往返费用,而且在登机时也得到了机组成员的细心照料。尤其是在飞机上,在机组和爱心人士的呼吁下,全机旅客共同发起了为我儿黄仁君捐款

① 赵梁,武强. 南航免费载患儿　空中募捐献爱心. 中国民航报,2008-6-11.

的活动，在此，我代表全家向你们和全体旅客表示感谢。”

事情还得从头说起。患儿黄仁君是5月12日出生的，这位在地震发生同时诞生的婴儿，出生后不久即被查出患有复杂先天性心脏病，必须在两周内接受手术，首期手术费用20万元。

高额的手术费对患儿家庭来说是个天文数字，患儿父亲黄先生无奈向社会发出了呼吁，《贵州商报》5月15日以“谁能帮我救救孩子”为题进行了报道。文章见报后，社会各界纷纷伸出援助之手。小仁君是幸运的，几天后，黄先生在民间先心病患儿家庭联盟的帮助下，辗转来到了南航贵州公司。

南航贵州公司客舱部的吴永香、徐天姣接待了黄先生一行，并将情况向值班领导进行了汇报。为使孩子尽早到北京得到救治，贵州公司立刻启动“爱心之翼”计划，积极帮助患儿家庭办理往返程免票，垫支燃油附加费和机场建设费及患儿乘机的相关手续。考虑到刚出生的婴儿严重缺氧，一般飞机难以保证其氧气供给，飞机维修厂在当日的CZ3687航班上为小仁君配备了氧气瓶，全力以赴为孩子开辟绿色生命通道。

在南航CZ3687航班上，小仁君得到了机组叔叔阿姨最好的服务，乘务组在征得黄先生的同意后，通过客舱广播发起了全机旅客为小仁君献爱心活动。小仁君的故事在旅客中引起了关注，大家纷纷拿出钱来帮助小仁君，当场共计筹得捐款7870元。钱虽不多，但它对出生仅有16天的小仁君来说，意味着无私的关怀。

3. 培养旅客的利他人能力

个体能力直接影响着利他行为，因此要让旅客做出利他行为，培养旅客利他的能力是一个重要路径。民航企业要能通过媒体广泛普及逃生、黄金五分钟抢救、应急设备使用方法、特殊旅客注意事项等知识。在遇到突发事件或特殊旅客需要帮助时，就会有更多旅客有能力及时提供帮助。

4. 引发旅客的正情绪

如果他人的求助很明显，帮助不会给施助者带来消极后果，那么正情绪将增加个体的利他行为的可能性；如果利他的行为会破坏一个人的好心情，那么为了保持这种好心情，个体会拒绝提供帮助。在需要旅客做出利他行为时，必须要引发旅客正情绪，增加其利他行为。

成都航空乘务组与乘客联合救助机上晕倒旅客受赞誉①

2013年11月1日，成都航空EU2759成都至南京的航班上发生了一起感人的事件，乘客和机组联合行动，救治了一名突发疾病晕倒的旅客。

突发情况：乘客晕倒在万米高空

“快过来，有人晕倒了”，飞机起飞后不久，后排旅客便急促的呼喊，原来是乘客汤益巧在去后舱卫生间时，突然晕倒在卫生间门口，躺在地上的她脸色苍白、眉头紧锁，脉搏较弱，四肢冰冷僵硬、发麻，成都航空后舱乘务员黄婧岚及时赶到，为旅客施救，她首先利用平时的救助常识解开旅客的胸衣腰带、掐住乘客人中，同时放置坐垫，保持旅客头低脚高，并呼喊离她最近的乘务员王璐，王璐将情况汇报给乘务长，同时取出后舱氧气瓶，帮助旅客吸氧。

万米真情：机组乘客联合救助

乘务长马怡靓及时将情况汇报给机长，她一面协助救助旅客，询问病史，同时广播寻找医生，将急救情况随时向机长汇报，来自成都中医药大学附属医院的退休人员包医生听闻广播后

---

① 四川新闻网. http://china.rednet.cn/c/2013/11/19/3201370.htm.

赶到后舱，他通过询问得知旅客在乘机前没怎么用餐，有颈椎病，但无高血压、心脏病等病史时，包医生运用中医疗法，对旅客的关键穴位进行按摩，在大家的共同努力下，旅客的病情得到缓解，体温逐渐正常。乘务员将准备好的糖水喂给旅客，并将她搀扶到最后一排平躺休息，乘务长要求组员全程监控该旅客，到达目的地后，旅客一切正常，安全下机，整个客舱的乘客对成都航空的乘务组投以赞许的笑容和目光。

专业精神：诠释"服务，用心而至"理念

据乘务长马怡靓介绍，乘务组成功处置机上突发事件的案例数不胜数，这和公司平时加强业务训练、定期组织开展乘务员应急处置演练密不可分，她表示，只有平时加强学习演练，关键时刻才能临危不乱，用行动诠释成都航空"服务，用心而至"的理念，才能为更多的旅客保驾护航。

对此类事件，成都航空也向广大乘客发出温馨提示：乘飞机前不宜空腹，由于乘机时血糖消耗量的急剧增加会产生低血糖反应，出现头晕、恶心、呕吐等症状，使原有的"晕机"症状加重，所以，上机前既不要吃得太饱，也不宜空腹乘机。

复习题

1. 从众的原因有哪些？
2. 哪些因素影响着人们的从众行为？
3. 如何正确地对待旅客的从众行为？
4. 如何使旅客顺从民航服务人员？
5. 利他行为的影响因素有哪些？
6. 如何唤起旅客的利他行为？

参 考 文 献

[1]　向莉,周科慧. 民航服务心理学. 北京:国防工业出版社,2009.
[2]　李永,张澜. 民航服务心理学. 北京:中国民航出版社,2006.
[3]　杨丽明,廉洁,郑向敏. 民航服务心理学. 上海:上海交通大学出版社,2013.
[4]　于海波. 民航服务心理学教程. 北京:中国民航出版社,2007.
[5]　魏全斌. 民航服务心理与实务. 北京:北京师范大学出版社,2012.
[6]　向莉,岳继勇. 民航服务心理. 北京:科学出版社,2013.
[7]　吴尔愉服务法. 上海:上海航空股份公司,2004.
[8]　李祚山,胡朝兵. 心理学. 北京:北京师范大学出版社,2011.
[9]　张洁. 心理学. 北京:北京师范大学出版社,2010.
[10]　张春兴. 心理学. 上海:上海人民出版社,2009.
[11]　乐国安. 社会心理学. 2 版. 北京:中国人民大学出版社,2013.
[12]　戴维. 迈尔斯. 社会心理学. 8 版. 侯玉波,等译. 北京:人民邮电出版社,2006.
[13]　俞国良. 社会心理学. 2 版. 北京:北京师范大学出版社,2010.
[14]　刘军,王砥. 消费心理学. 北京:机械工业出版社,2009.
[15]　李晓霞,刘剑. 消费心理学. 北京:清华大学出版社,2010.
[16]　黄希庭. 消费心理学. 上海:华东师范大学出版社,2012.
[17]　陈国海. 组织行为学. 2 版. 北京:清华大学出版社,2009.
[18]　关培兰. 组织行为学. 3 版. 北京:中国人民大学出版社,2011.